MÉMOIRES

DE

PIERRE THOMAS

SIEUR DU FOSSÉ

ROUEN. — IMPRIMERIE DE H. BOISSEL

Rue de la Vicomté, 55

MÉMOIRES

DE

PIERRE THOMAS

SIEUR DU FOSSÉ

PUBLIÉS EN ENTIER, POUR LA PREMIÈRE FOIS

D'APRÈS LE MANUSCRIT ORIGINAL

AVEC UNE INTRODUCTION ET DES NOTES

PAR F. BOUQUET.

—

TOME II.

ROUEN

CHEZ CH. MÉTÉRIE, SUCC^r DE A. LE BRUMENT,

LIBRAIRE DE LA SOCIÉTÉ DE L'HISTOIRE DE NORMANDIE

RUE JEANNE-DARC, N° 11

—

M DCCC LXXVII

MÉMOIRES

DE

PIERRE THOMAS

SIEUR DU FOSSÉ.

CHAPITRE XIII.

— 1657-1658 —

M. Le Maître songe à travailler à la Vie des Saints. — Ses vues sur
cet ouvrage. — Trois essais en ce genre. — Il engage l'auteur à
composer la Vie de Saint Alexandre. — Il corrige son travail. —
Du Fossé commence la rédaction des Mémoires de M. de Pontis,
d'après ses entretiens avec lui. — Détails sur ce Solitaire. —
Aventure singulière arrivée à l'auteur; il entend des coups mystérieux, à Port Royal des Champs. — Ils annonçaient la mort de
M. Le Maître. — Une Picarde, cardeuse de laine, inspirée de
Dieu. — Son voyage à Sevran. — Son séjour à Port-Royal des
Champs. — Preuves de sagacité qu'elle y donne. — L'auteur la
consulte. — Relation de la mort de M. Le Maître dans une lettre
de l'auteur adressée à M. Du Fossé père. — Réflexions sur cette
mort. — Les coups mystérieux de Port-Royal l'annonçaient. — La
bonne femme de Picardie, loin de Port-Royal, donne à M. Hermant
des détails sur la maladie de M. Le Maître. — L'évêque de Beauvais refuse d'admettre son fils dans les ordres. — Elle entre en
lutte avec lui. — Elle perdit dès lors ses lumières surnaturelles (1).

Comme M. Le Maistre desiroit depuis longtemps pouuoir trauailler à la Vie des Saints, et qu'il auoit recherché,

---

(1) Tout ce chapitre a été résumé, par le premier éditeur, dans les
quatre pages (159-163) qui terminent le chapitre XVIII de son Premier
livre.

I

par le moyen de M. d'Herouual (1), son amy intime, tout
ce qu'il auoit pu découurir d'originaux d'actes de Martyrs et d'autres vies édifiantes, il songeoit à composer
une Legende, qui fust purgée de toutes les fables, que les
anciens moynes, ou peu sinceres, ou peu informez de la
verité, y ont introduittes. Et sa principale intention étant
d'edifier les ames, et de les instruire solidement, tant
par les exemples, que par les paroles des Saints, il étoit
bien aise que ce qu'il exposeroit dans le public fust fondé,
autant qu'il seroit possible, sur quelques authoritez,
qu'on eust peine à réuoquer. Ce n'étoit pas assurément
une petite entreprise. Car vouloir changer les idées vulgaires du peuple, c'est attaquer en quelque sorte la déuotion populaire, et s'attirer en même temps mille critiques
et mille contradictions. Il préuoyoit bien toutes ces
choses ; et, quoyque la difficulté de l'ouurage l'étonnast
en quelque sorte, il ne laissoit pas de rapporter à cette
veuë toutes ses lectures, et de trauailler toujours sur ce
plan, qu'il s'étoit formé.

Il nous donna un excellent échantillon de ce qu'il auroit pu faire, dans la Vie qu'il composa de saint Ignace,
éuesque d'Antioche et martyr, dans celle de saint Jean
Climaque, et dans son Histoire si touchante des martyrs
de Lion. La mere Marie Angelique Arnauld enuoya cette
derniere à la Reyne de Pologne dans une grande affliction qui lui suruint (2) ; et cette princesse en fut si édifiée

(1) Antoine Vyon, seigneur d'Hérouval, auditeur des Comptes, « étoit
« lié avec les plus celebres en toutes sortes de sciences... et brûloit
« d'un ardent desir de seconder ceux qui cultivoient les lettres avec le
« plus de succès. » Il leur fournissait des pièces innombrables, qu'il
déterrait dans la poussière des chartriers et des archives des divers
établissements. Une foule de savants ont profité de ses longues et persévérantes recherches. Voir le *Grand Dictionnaire historique* de
Moréri, 1743, t. VI, p. 209-210. — Du Fossé en a déjà parlé, t. I, p. 294.

(2) Vraisemblablement l'invasion des Suédois, en 1655. « Charles

et si consolée que, regardant l'histoire de ces saints
martyrs comme une espèce de pierre pretieuse, elle crut
ne jamais mieux reconnoistre le present qu'on luy auoit
fait, qu'en enuoyant à Port Royal une agathe de grand
prix, dont on se seruit à un Reliquaire (1).

Ce fut dans ce même dessein qu'il auoit, qu'il m'exhorta
à lire d'abord quelque chose de l'Histoire ecclesiastique,
et qu'ensuitte il m'appliqua à trauailler à une Vie particuliere, pour pouuoir juger en quelque sorte de ce dont
j'étois capable. Je choisis la Vie de saint Alexandre, patriarche d'Alexandrie, et prédécesseur de saint Athanase,
qui fut le premier de tous les éuesques de l'Eglise, qui
découurit et qui condamna les impietez d'Arius, l'un des
prestres de son diocese. Je trouuay un fort grand goust à
cette sorte de trauail, et je peux dire même, assez de
facilité. Comme c'étoit proprement mon premier ouurage,
et que je ne connaissois point encore de regles pour me
borner, je donnay toute l'étenduë à mes pensées, et au
feu de mon imagination. Et n'ayant aucune idée de la
solide beauté d'un ouurage, je me figuray que celuy que

« Gustave parut un lion qui tient sa proie dans ses ongles, tout prêt
« à la mettre en pièces... La reine n'a plus de retraite; elle a quitté
« le royaume : après de courageux, mais de vains efforts, le roi est
« contraint de la suivre ; réfugiés dans la Silésie, où ils manquent
« des choses les plus nécessaires, il ne leur reste qu'à considérer de
« quel côté alloit tomber ce grand arbre ébranlé par tant de mains
« (Suédois, Cosaques, Moscovites) et frappé de coups à sa racine, ou
« qui en enlèveroit les rameaux épars. » — Bossuet. *Oraison funèbre de
la Princesse Palatine.* — La mère Angélique Arnauld, en correspondance régulière avec la reine de Pologne, Marie de Gonzague, parle
de cette crise, dans ses lettres des 20 et 27 janvier 1656.

(1) Le *Necrologe de Port Roïal des Champs* (in-4°, 1723) dit : « A sa
« considération le Roi de Pologne nous donna un saint ciboire d'une
« agathe enchassée dans de l'or et enrichie de petits diamans, que l'on
« estime quatre mille écus... Ces présens sont demeurez à notre
« Maison de Paris. » P. 191.

j'auois fait étoit fort beau. Je le montray à M. Le Maistre,
qui ne voulut pas d'abord me décourager, et qui loüa au
contraire dans cette Vie ce qu'il y auoit de loüable pour
un jeune homme; c'est à dire, beaucoup de feu, et une
abondance de pensées. Car, comme remarque Quintilien,
le plus grand maistre en eloquence qu'il y ait eu dans
l'antiquité, il est plus auantageux de trouuer à retrancher, qu'à ajouter, dans les ouurages de ceux qui com-
mencent (1). Mais lorsqu'il eut pris ensuitte cette même
Vie, et que, l'ayant examinée en son particulier, il m'y
eut fait remarquer toutes mes fautes, que je ne voyois
point auparauant, j'auoüe que je demeuray tout interdit,
et même découragé, n'apperceuant plus que ratures dans
mon ouurage, et le regardant alors comme un édifice
renuersé de fonds en comble. Mon Dieu! s'il en est
ainsy, à la fin de nostre vie, et que la lumiere de vostre
éternelle vérité, sans comparaison plus à craindre que
celle d'un homme mortel, venant à nous éclairer, nous
fasse voir dans ce qui nous paraissoit le meilleur et le
plus pur de nos actions, des impuretez et des tachos, qui
en soüillent le mérite deuant nos yeux; quelle étrange
consternation pour nous, à moins que la grande misericorde du Redempteur ne desarme en quelque sorte vostre
justice! Après néantmoins que je fus un peu reuenu à
moy de mon premier étourdissement, et que conuaincu
de la justesse de toutes les corrections qu'on auoit faittes
dans mon ouurage, j'eus pris résolution de faire un
nouuel essay de mes forces; je commençay à trauailler
de nouueau sur les endroits où l'on m'auoit fait remarquer mes fautes; et il est vray que les regles que M. Le

____

(1) « Melior est indoles læta, generosique conatus, et vel plura
« justo concipiens interim spiritus. Nec unquam in his discentis an-
« nis offendat, si quid superfuerit. » Quintilien, *Orat. Instit.*, liv. II,
ch. iv.

Maistre me donna firent une si forte impression sur mon
esprit, par la peine même que je ressentis de me voir
ainsy coupper bras et jambes, sans qu'il restast presque
qu'un tronc informe dans mon ouurage, qu'il fut luy
même surpris du profit que j'auois tiré de ses bons
auis (1).

C'etoit vers ce même temps, et depuis encore, que je
trauaillay à recüeillir les Memoires du sieur de Pontis (2).
Comme l'on y a marqué au commencement la maniere
dont ils furent recüeillis (3), je diray icy seulement que
je fis une liaison tres étroitte auec ce grand homme de
guerre, qui eut des bontez pour moy que je ne puis
exprimer. Etant jeune encore, et sans experience du
monde, j'étois rauy de trouuer de l'ouuerture et de la
confiance dans ceux qui auoient vieilly à la cour et dans
les armées ; principalement lorsque c'étoient des gens
qui, en viuant dans le monde, auoient fait sur toutes les
choses du monde les réflexions solides qu'on doit faire.
Car je trouuois qu'il y auoit beaucoup à apprendre pour
moy dans l'entretient de ces personnes ; et le pouuant faire
sans peril, je ne croyois pas deuoir negliger ce qui pouuoit me seruir dans toute la suitte de ma vie. Car on ne
sçauroit s'imaginer combien la connoissance du monde,
telle que je la représente icy, est necessaire à ceux mêmes
qui viuent dans la retraitte, et combien de fautes l'on
commet, pour n'auoir rien veû, qu'on éuiteroit souuent,
si l'inexperience de la vie ne rendoit les gens moins

---

(1) Il s'agit ici des règles de la composition proprement dite. Nous
avons donné (t. I, p. 329-331) les « Règles de la traduction françoise, »
que Du Fossé tenait du même guide.

(2) Dans sa liste des *Ouvrages de M. Du Fossé*, le premier éditeur a
dit : « Mémoires de M. de Pontis écrits en 1657 et 1658 ». P. xxxiv.

(3) Voir l'*Avertissement sur ces Mémoires*, reproduit dans la nouvelle édition de 1715, 2 tomes in-12.

traittables, et de plus difficile société. Le sieur de Pontis
auoit passé, comme on le peut voir, par toutes sortes
d'états; il auoit hanté les gens de la cour et de l'armée,
autant qu'aucun officier de son siècle; il s'étoit veû engagé en mille affaires differentes. Et s'étant tiré par son
esprit, par sa sagesse, par sa patience, ou par son courage, de mille pas tres fâcheux, où beaucoup d'autres
auroient péri, il auoit le droit de donner d'excellentes
leçons, à ceux qui vouloient en profiter, sur tous les
éuenements de la vie : ce n'étoit pas qu'il eût aucune
démangeaison de parler de toutes ces choses. Il sçauoit
fort bien se taire, et ne parler que lorsqu'on l'y obligeoit.
Mais comme je retirois un grand auantage de ses entretiens, aprenant de luy ce que je ne pouuois sçauoir par
moy même, je l'engageois insensiblement à me parler
sur toutes les differentes occasions où il s'étoit rencontré
pendant l'espace de 56 ans qu'il auoit passez à la cour ou
dans les armées, et à m'apprendre en même temps mille
choses, qui pouuoient seruir pour ma conduitte et celle
des autres (1). Mais ce qu'on deuoit le plus admirer en
luy, étoit la simplicité étonnante auec laquelle il viuoit
alors dans la solitude de Port Royal. Celuy qui toute sa
vie, n'auoit eu qu'une passion ardente pour s'approcher
de la personne des rois differens, souz lesquels il auoit
vécu (2), ne songeoit plus qu'au Roy immortel, et qu'à
Dieu seul, goûtant alors sans comparaison plus de douceur dans son seruice qu'il n'en trouuoit auparauant
dans celuy des rois de la terre. C'est pourquoy il auoit
toujours dans le cœur, et tres souuent dans la bouche,

(1) Les mêmes idées se retrouvent dans l'*Avertissement* que M. du
Fossé avait mis en tête des *Mémoires du sieur de Pontis*, publiés en
1676.

(2) Le titre de ses Mémoires porte : « Qui a servi dans les armées
« cinquante-six ans, sous les rois Henry IV, Louis XIII et Louis XIV. »

ces paroles que l'Eglise chante tous les jours dans son office : *Regi sæculorum immortali, inuisibili, soli Deo, honor et gloria in sæcula sæculorum*, etc. (1). Celuy qui auoit accoutumé de marcher à la teste des régimens, la demye picque à la main, ne paroissoit plus qu'auec une serpe à son costé, et un rateau, ou une besche en sa main, allant tous les jours réguliérement trauailler en un endroit des jardins, qu'on nommoit la Solitude (2) : et courbé souz le poids des années et de ses seruices, il consacroit ces restes si pretieux de sa vie et de ses forces, à des ouurages proportionnez à sa foiblesse. Celuy qui, depuis près de soixante ans s'étoit fait une habitude de commander d'une manicre absoluë aux officiers subalternes et aux soldats, qui seruoient souz luy, sembloit estre alors comme un enfant, ayant une telle soumission pour celuy qui le conduisoit (3), qu'il paroissoit ne se souuenir de son ancien commandement, non plus que cet officier si loüé dans l'Euangile, que pour en estre mieux soumis à l'égard de Dieu, et pour témoigner une plus grande foy par toutes ses actions (4).

(1) Capitule de Prime, tiré de la 1ᵉ Épitre de saint Paul à Timothée, ch. i.

(2) « Il y a dans la partie du Midi un petit bois fort couvert qu'on « appelle *la Solitude.* » Relation d'une visite faite à Port-Royal des Champs, le 27 mai 1693, par M. Louail, attaché au jeune abbé Louvois. — Dans le *Nécrologe de Port-Roïal des Champs*, la vignette du mois d'octobre représente *La Solitude*, où des Religieuses sont en conférence, assises sur des bancs disposés en cercle.

(3) Il y avait d'abord, dans le Ms. : « *le sieur de Sacy,* » biffé et remplacé par *celuy*. Le *Supplément au Nécrologe* dit : « Il se mit « d'abord sous la conduite de M. Singlin, qui le fit passer ensuite « sous celle de M. de Saci. » P. 670. — C'est en 1653 qu'il s'était retiré à Port-Royal des Champs.

(4) La précision de ces détails montre combien Voltaire a eu tort de dire, après avoir nié l'existence de Pontis en Dauphiné : « Il est « fort douteux que Pontis ait existé. » *Siècle de Louis XIV*, dans le *Ca-*

Je ne dois pas oublier ce qui m'arriua vers ce même temps, c'est à dire vers le commencement de 1658. J'étois, comme je l'ay dit auparauant, logé auec M. Le Maistre, en un quartier de l'abbaye de Port Royal, un peu écarté (1). Un jour, que j'auois beaucoup de lettres à écrire, qui m'empescherent de me coucher, auant onze heures du soir, lorsque j'écriuois actuellement, j'entendis un fort grand coup, comme à la porte, non de ma chambre, mais de la montée, y ayant un petit tambour entre deux. Cela me surprit d'abord. Mais comme dans ce tambour, qui étoit près de ma chambre, il y auoit une trappe audessuz, qui donnoit dans un grenier, je me figuray que ce pouuoit estre quelque rat, ou quelque chat, qui eût fait tomber une bûche sur cette trappe, et causé ce bruit. M'étant rassuré sur cette pensée, je me remis à écrire. Mais au bout d'un *De profundis* ou enuiron, j'entendis un second coup, de la même force que le premier. J'auouë qu'alors, ne pouuant plus me figurer ce que c'étoit, je commençay à auoir une tres grande frayeur; car j'étois seul éucillé ; et cela arriuoit à une heure tres induë, puisqu'il étoit, comme je l'ai dit, onze heures de nuit, et en un quartier fort recullé. Dans le moment néantmoins que j'eus entendu ce second coup, je criay fort haut : « Qui est ce qui est là ? », quoyque sans sortir de ma chambre. La plume me tomba à l'heure même de la main ; et tandis que, fort inquiété, je songeois en moy même quelle pouuoit estre la cause de ce bruit extraordinaire, un troisiéme coup se fit entendre de la même force. Je criay encore fort haut : « Qui est ce qui est là ? », en ouurant la porte de ma chambre, et en regardant

talogue des Ecrivains, article Pontis. M. Daunou a reproduit, sans examen, cette erreur, dans son *Cours d'Etudes historiques*, t. I, p. 323.

(1) Le quartier de Saint-Antoine. Voir t. I, p. 293.

de tous costez dans le tambour, si je ne pourrois point
apperceuoir la cause d'un bruit qui me chagrinoit si fort ;
mais je n'osay ouurir encore la porte qui donnoit sur
l'escalier, parce qu'il me vint en l'esprit que, si c'estoit
quelque voleur qui nous en voulust, comme nous estions
en un quartier fort éloigné, il pourroit bien, dans le
moment que j'aurois ouuert ma porte, me donner un
coup de pistolet dans la teste, sans que je pusse le parer.
Je rentray donc dans ma chambre ; et, ayant fermé ma
porte, je me remis sur mon siége, étant hors de moy.
Aussitost après, jentendis un quatriéme coup aussi sec,
et aussi fort que les autres. Il est vrai que, ne me pos-
sedant plus alors, et résolu, à quelque prix que ce fust, de
voir ce que ce pouuoit estre, je sortis, comme un lion,
de ma chambre, allay ouurir les deux verroux, et la
porte de la montée ; et là, regardant de mes deux yeux ,
je criay de toute ma force : « Qui est ce qui est là donc?
« Répondez, et montrez vous. » Ne voyant personne, et
n'entendant aucun bruit, je refermay cette porte auec
ses verroux ; et jugeant alors qu'il y auoit en cela quelque
chose de surnaturel, je rentray fort effrayé dans ma
chambre. Un moment après que j'en eus fermé la porte,
j'entendis un cinquiéme coup tout semblable aux quatre
premiers. Je déliberay si j'éueillerois M. Le Maistre,
qui dormoit alors profondément dans sa chambre ; et ne
pouuant plus soutenir seul cette crainte qui m'auoit
saisy, comme elle en auroit sans doute saisy beaucoup
d'autres, je r'ouuris ma porte, j'allay dans sa chambre
qui étoit tout proche, et je luy criay, pour l'éueiller :
« Vraiment (1), Monsieur, je me meurs de peur ; j'entens
« icy des bruits furieux, dont je ne sais point la cause. »
Comme il étoit dans son premier sommeil, il me répondit

(1) Le texte donne : « vramment, » par inadvertance sans doute.

seulement tout endormy : « Qu'est ce, Monsieur ? » Puis
se retournant de l'autre costé, il continua à dormir comme
auparauant. Je n'osay le réueiller de nouueau ; et m'abandonnant à Dieu, je refermay la porte de sa chambre, et
je me mis à prier, en ayant sans doute un tres grand
besoin ; car j'étois tout transi et à demy mort, ne pouuant
me familiariser auec ces bruits de l'autre monde. Il fallut
pourtant que je m'y accoutumasse en quelque sorte,
puisqu'aussitost que je me fus renfermé dans ma chambre, j'entendis un sixiéme coup de la même force que les
cinq premiers. Je ne m'en remuay point dauantage, étant
conuaincu que ce bruit ne venoit point de la part des
hommes, mais qu'il auoit une cause superieure et surnaturelle. Je continuay donc à prier Dieu qu'il me forti-
fiast dans le trouble qui m'agitoit. Et au bout du même
interualle, qui auoit été entre tous les autres coups, j'en
entendis un septiéme, puis un huitiéme et encore un
neuuiéme. Mais lorsque je ne sçauois plus que dire ny
que penser, et qu'à force de craindre je commençois en
quelque façon à me rassurer, le bruit s'arrêta et je n'entendis plus rien. Je me couchay sur cela, et, quoyque
tout renuersé au dedans de moy par un éuenement si
surprenant, je ne laissay pas de m'endormir. Mais ce
qu'il y eut encore de remarquable, c'est que m'étant figuré
que ce pouuoit estre une espece d'auertissement, que
Dieu me donnoit, pour me préparer à la mort, je n'osay
jamais en parler, du viuant de M. Le Maistre, ni à luy,
ni à qui que ce soit de mes amis. Je portay ce poids tout
seul, songeant souuent à la mort, dont je croyois estre menacé, et je n'eus point la force de m'en ouurir à personne,
qu'après la mort de celuy là même que tous ces bruits
regardoient, c'est à dire de M. Le Maistre , et de plusieurs autres personnes de consideration, qui moururent

dans l'espace d'une même année (1); comme de M. du
Gué de Bagnols, de Madame Daumont qui s'étoit retirée
à Port Royal, et qui viuoit dans une grande pieté, et
d'autres encore. Ce que je diray dans la suitte de semblables bruits qu'entendirent bien des personnes dans
le même temps, confirmera la vérité de ce que j'ai cru
qu'il y auoit là assurément quelque chose de surnaturel (2).

Vers les premiers mois de l'année 1658, une bonne
femme de Picardie (3), de mettier de cardeuse de laine,
vint à Port Royal, comme beaucoup d'autres, pour s'édifier par la veuë de tant de saintes Religieuses, et de personnes seculieres, qui y viuoient d'une maniere admirable. Elle paroissoit fort simple et fort humble : et se
tenant dans son état, elle ne parloit gueres ordinairement
que lorsqu'on l'y obligeoit. Mais il est vray que, toutes
les fois qu'elle y étoit engagée par l'authorité de quelque
personne, à qui elle crust deuoir obéir, elle le faisoit
d'une maniere si pleine de foy, et en même temps si
éleuée, qu'il paroissoit visiblement qu'il y auoit en cela
quelque chose de surnaturel, et qu'une femme d'une si
basse profession ne pouuoit point produire de son propre
fonds des choses si excellentes, et j'ose dire si diuines,

(1) La remarque n'est exacte qu'en partie. M. de Bagnols mourut
le 15 mai 1657; M. Le Maître, le 4 novembre 1658, et dame Anne Hu-
rauld de Chiverny, veuve de messire Charles d'Aumont, lieutenant
général des armées du Roi, le 19 décembre 1658. *Nécrologe de Port-
Royal des Champs.*

(2) Cette dernière phrase a été intercalée, de la main même de
du Fossé, dans la copie du Ms., affirmant ainsi sa croyance au merveilleux et au surnaturel. — Cette aventure était connue de M. Fontaine, qui l'a résumée dans ses Mémoires (1738), t. II, p. 178-179, en
ayant peut-être sous les yeux le manuscrit des Mémoires de du Fossé
publiés en partie, l'année suivante.

(3) Le Ms. portait d'abord : « Beauuais » , que du Fossé a biffé.

à moins que l'Esprit de Dieu ne remplist son cœur, et ne parlast, pour le dire ainsy, luy même en elle. J'en puis rendre témoignage, puisque mon pere, l'ayant une fois menée à Seuran, où étoit son fils, je l'accompagnay dans ce voyage (1). Elle fut d'abord un assez long espace de chemin sans rien dire et fort recüeillye. Et je crois qu'elle eust gardé le même silence, tout le reste du voyage, paroissant fort disposée à ne point sortir du recüeillement où elle étoit, quoyque sans affectation. Mais mon pere, qui connoissoit son merite, et qui en auoit beaucoup entendu parler, n'étoit pas content qu'elle ne dist mot, quoyqu'il en fust édifié. Et il commença exprès à l'interroger sur plusieurs choses. Elle répondit d'abord fort simplement, comme une personne qui ne vouloit point sortir de son état, et qui n'auoit nulle demangeaison de parler. Mais étant ensuitte pressée par mon pere, qui vouloit s'assurer par luy même de ce qu'on luy auoit dit, elle se mit insensiblement à parler sur les sujets qu'on luy proposa, auec tant d'éleuation et de spiritualité, mais d'une spiritualité tres bien entenduë, et non outrée, que nous en fûmes également surpris et charmez. Je ne pouuois me lasser de l'entendre s'expliquer sur les matieres les plus releuées, en des termes vraiment dignes du sujet qu'elle traittoit; et cela, auec une facilité et une simplicité qui seruoient beaucoup à augmenter mon étonnement.

Etant donc venuë un jour à Port Royal, comme je l'ay dit, elle édifia extrémement tout le monde, par l'humilité qui paroissoit dans tous ses discours, et dans toute sa conduitte. Et comme on nous auoit dit qu'elle auoit même le don de prophétie, et du discernement des esprits, il y eut quelques personnes qui, pour s'en assurer en quel-

(1) Voir t. I, p. 259.

que sorte, luy firent differentes questions sur quelques
uns de ces Messieurs, qui viuoient là retirez. Entr'autres
choses, on l'interrogea sur M. de la Riuiere, dont j'ay
parlé (1), l'un des cadets de la maison d'Eragnie, qui
gardoit les bois, et qui auoit assurément un exterieur si
negligé qu'il paroissoit difficile de le prendre pour ce
qu'il étoit. Et après qu'on l'eut pressée de vouloir dire
qui elle croyoit que fust un tel homme, elle répondit
fort simplement qu'elle l'auoit veû foullant sous ses pieds
une épée, et toutes les marques honorables d'un grand
homme de guerre : ce qui étoit en effet le caractere de ce
seruiteur de Dieu qui, renonçant à tous les emplois honorables, où sa naissance et son courage auroient pu
l'éleuer, ainsy que ses autres freres, dont l'aisné auoit
été colonnel d'un regiment, et ensuitte gouuerneur d'une
place (2), et le cadet s'étoit distingué parmy les plus
braues officiers de l'armée, souz le nom de du Pertuy,
si connu du Roy et de toute la cour, viuoit alors en cette
abbaye de Port Royal, dans la pénitence et dans l'oubly
de tous les hommes, comme s'il auoit été effectiuement
un garde de bois ordinaire (3).

Tout le monde sçait que le visage et la taille de
M. Arnauld ne répondoient pas à sa grande reputation;
et, à le voir, il paroissoit veritablement si peu connoissable pour ce qu'il étoit, qu'il sembloit presque impossible de le deuiner. Aussi je me souuiens que
m'étant trouué un jour avec l'éuesque d'Ollone (4), dans

(1) T. I, p. 121, 122, 123.
(1) Guy du Pertuis, gouverneur de Courtrai.
(3) Il y était entré en 1645.
(4) « Mallevault (Jean de), évêque d'Aulone, suffragant de Clermont;
« vicaire général de l'archevêque de Rouen pour le spirituel, et son
« délégué pour les fonctions pontificales de 1654 à 1658. » *Inventaire
des Archives de la Seine-Inférieure*, par M. de Beaurepaire, t. I de

un des jardins de Port Royal, où il l'attendoit, ayant pour
luy une veneration particuliere, et souhaittant extrêmement de le connoistre, comme je le vis au bout des jardins
qui venoit à nous auec quelque autre personne, je le dis à
ce prélat. Mais, parce qu'il s'étoit figuré tout un autre
homme, et que l'idée qu'il s'étoit faitte de M. Arnauld ne
se rapportoit nullement à celuy qu'il voyoit alors, il me
demanda plusieurs fois qui étoit celuy que je luy mon-
trois, en me repetant : « Quoy donc, ce petit homme ! ce
« petit homme est le grand Monsieur Arnauld ! » Ce qui
fait juger combien il étoit difficile de le connoistre et de
le discerner entre plusieurs autres. Cependant l'on tient
que cette bonne femme de Beauuais (1) le reconnut tout
d'un coup ; je dis qu'elle le reconnut, parce qu'elle prétendoit l'auoir veû d'une maniere surnaturelle, comme
un homme qui deffendoit genereusement la verité, au
depends de tout. M. de Sacy, qui n'auoit aucun penchant
pour les voyes extraordinaires, quoyqu'il respectast
les dons de Dieu dans ses scruiteurs, s'edifia beaucoup,
non de ce qui paroissoit surnaturel dans cette femme,
mais de son humilité. La Mere Marie Angelique Arnauld,
cette abbesse incomparable dont j'ay tant parlé, qui auoit
une si grande foy, et qui étoit par elle même fort éloignée
des visions, où elle craignoit toujours quelque illusion,
fut cependant étonnée, et même effrayée, à ce que je me
puis souuenir, de ce qu'elle remarqua dans la conduitte
et dans les entretiens de cette femme, qui demeura quelques jours à Port Royal ; soit qu'elle sentist d'une maniere extraordinaire la presence de l'Esprit de Dieu dans

la série G. — Olonne, Aulone sont ici pour Aulon, évêché de la première province d'Achée, dans l'Exarchat de Macédoine.

(1) « Picardie, » comme plus haut, p. 11.

elle ; soit même qu'elle luy predit plusieurs choses touchant sa maison, dont elle se sentit frappée (1).

J'ay cru aussy que, dans l'entretien particulier qu'elle eut auec M. Le Maistre, elle luy donna sujet de juger qu'il n'auoit pas encore long temps à viure, et que sa penitence finiroit après quelques mois. Car depuis ce temps jusqu'à celuy de sa mort, qui fut de sept à huit mois, il me parut tout autrement recüeilly et plus détaché qu'auparauant ; se retirant plus qu'à l'ordinaire, et priant auec un plus profond annéantissement deuant Dieu, comme un homme qui se préparoit effectiuement à paroistre deuant luy. Pour moy, je voulus aussy la consulter en secret sur ces coups extraordinaires, que j'auois, comme je l'ay dit, entendus pendant la nuit. Il me semble qu'elle me parla de la mort de quelques personnes ; mais je ne m'en souuiens point assez pour en assurer. Et comme j'eus la curiosité de l'interroger sur ce qui me regardoit en particulier, elle me parla d'une maniere qui m'a donné lieu de juger, dans la suitte, que Dieu luy auoit fait connoistre quelque chose de ce qui regardoit effectiuement la suitte de mes occupations et de ma vie. Je dois encore parler de cette femme bientost après. Et je viens presentement à une des grandes afflic-

(1) Du Fossé montre trop de facilité pour voir du merveilleux et du surnaturel dans des faits qui peuvent bien s'expliquer autrement, et l'on conçoit que le premier éditeur en ait supprimé le récit, à l'exemple du second éditeur des *Mémoires de Pontis*, rédigés par du Fossé : « La plupart de ceux qui ont lû ces Mémoires, dit ce dernier dans « l'*Avis*, ont été choquez de trouver des horoscopes, c'est-à-dire des « prédictions vaines et superstitieuses, dans un livre qui leur pa- « roissoit d'ailleurs très-utile, quoiqu'on ne les eût rapportées que « pour avoir lieu d'en faire voir la vanité. Et ainsi on a jugé les devoir « ôter tout-à-fait du corps de l'histoire. » Notre auteur avait donc, de longue date, la tendance dont ses *Mémoires* fournissent trop souvent la preuve, jusqu'à la fin de ses jours. C'était un travers presque général en ce siècle.

tions que j'aye euës, et à la perte la plus sensible que
j'aye faitte de ma vie : je parle de la mort de M. Le
Maistre qui, me tenant lieu de toutes choses, et m'étant
d'un secours infini, dans la jeunesse où j'étois, et dans
le genre de vie où j'étois étably, me fut enleué tout d'un
coup, aussy bien qu'à tous ses amis, lorsqu'on y pensoit
le moins. Comme j'ay trouué dans les papiers de mon
pere une lettre que je luy écriuis de sa maladie et de sa
mort, je crois qu'il vaut mieux que je rapporte icy cette
lettre même, comme en étant une relation originale. Je
l'abregeray seulement (1), et ajouteray aussi quelques
circonstances que j'y auois oubliées, et qui doiuent auoir
place dans ces Memoires.

    « Monsieur mon tres cher pere,

    « [Je ne puis mieux vous commencer cette lettre, que
« je vous écris dans mon affliction, qu'en vous disant au
« vray le commencement, le progrès. et la fin de la ma-
« ladie de celuy, auquel je ne sçaurois plus penser sans
« pleurer Je vous supplie de l'écouter auec patience, et
« d'en faire part à ma mere, et à tous ceux qui desire-
« ront de l'entendre.] Il y auoit six ou sept mois, que
« Dieu disposoit M. Le Maistre à cette heure redoutable
« aux méchans, mais pretieuse aux gens de bien. J'auois
« remarqué en luy durant tout ce temps un recüeille-
« ment [en Dieu], et un amour de la prière encore plus
« grand, qu'il n'auoit eû jusqu'alors. Il alloit tous les
« soirs, après souper, dans une petite chapelle de

(1) Les mots : « Je l'abregeray seulement et ajouteray, » ont été mis
par du Fossé, quand il révisait la transcription du copiste et qu'il biffait
quelques passages. Mais ces suppressions ont été rétablies et mises
entre crochets. Quant aux additions, elles viennent à la suite de la
lettre. — Nous reproduisons fidèlement cette lettre inédite, dans toute
sa teneur, et avec sa ponctuation et son accentuation, qui s'éloignent
sensiblement de celles de nos jours.

« l'Eglise, où il se prosternoit souuent en terre étant
« seul : et là il demeuroit, enuiron une demye heure, en
« une oraison tres feruente. J'étois éxtrémement édifié
« de sa deuotion : mais je l'étois encore plus de l'amour
« [que je remarquois en luy] pour la pauureté, qui étoit
« [si] grand que [peu de jours auant que de tomber ma-
« lade, il voulut faire mettre des manches neuues à un
« justaucorps usé, de peur de s'en faire faire un neuf] (1).
« Pour ce qui est du manger, il ne recommandoit autre
« chose [aux Religieuses], sinon que l'on retranchast de
« sa portion, soit pour la quantité, ou pour la qualité des
« viandes. Il y auoit quinze ou vint années, qu'il auoit
« été sollicité par M. l'abbé de Saint Cyran, pour tra-
« uailler aux Vies des Saints, et qu'il s'y préparoit.
« Cependant son humilité et son détachement étoient si
« prodigieux ; qu'ayant commencé proprement depuis un
« mois à trauailler à ce grand et saint ouurage, il me dit, je
« ne sçay combien de fois, qu'il ne croyoit pas, que Dieu
« voulust se scruir de luy, pour une chose qu'il tenoit
« infiniment éleuée au dessuz de soy. Et deux jours auant
« qu'il tombast malade, il dit auec un grand sentiment
« d'humilité la même chose à M. de Sacy son frere, et
« son directeur ; ajoutant que Dieu se contenteroit du
« desir qu'il auoit eû de faire cet ouurage, et qu'il se
« seruiroit peut estre d'autres instrumens plus dignes
« que luy, pour l'éxecuter.
    « Le 27. d'octobre, qui étoit le dimanche, il commença
« à se trouuer mal, et prit le matin un petit remede pour
« se purger : mais il rejetta à l'heure même le boüillon
« dans lequel il l'auoit pris. Au disner il sentit un tel

(1) Quarante ans plus tard, la vulgarité de ce détail caractéristique disparaîtra de cette lettre, effacé par l'auteur ou par toute autre
personne chargée de la révision ou de l'impression de ses Mémoires.

« dégoust, qu'il ne mangea presque point. Lorsque la
« nappe fut leuée, il s'assit, et je m'assis auprès de luy,
« Alors étant touché d'une inspiration particuliere, il
« commença, je ne sçay comment, à me raconter la
« maniere dont Dieu l'auoit retiré du monde, dans le
« plus grand éclat de reputation où il étoit. Et le senti-
« ment qu'il eut d'une grace si singuliere le fit sanglotter
« et pleurer. Il me dit, entre autres choses, que lorsque
« dans le monde, après qu'il auoit parlé en public, des
« personnes de grande condition venoient luy applaudir
« et luy donner des louanges, il se tournoit aussitost vers
« Dieu, et se confessoit miserable au fonds de son cœur ;
« de sorte que lors que tous les autres enuioient sa for-
« tune et l'estimoient infiniment heureux, il se déploroit
« luy même, et reconnoissoit sa misere : ce qui parois-
« troit presque incroyable, s'il ne me l'auoit dit, et assuré
« plusieurs fois : mais je crois aussy qu'il parloit alors
« principalement du temps que Dieu commença à le
« toucher.

« Après qu'il m'eut entretenu quelque temps de la
« sorte, je le quittay pour aller un peu prendre l'air, et
« m'occuper ensuitte. Etant de retour, je le trouuay sur
« le lict auec la fieure ; ce qui m'étonna un peu : et ni ce
« jour, ni le lendemain, ni le troisiéme jour, qui étoit le
« mardy, l'on ne put luy faire rien prendre, qu'il ne re-
« jettast presque à l'heure même, ou dans le temps de
« son redoublement ; car sa fieure deuint continuë auec
« redoublement. Le mardy il prit quelque petite chose,
« dont il ne rejetta qu'une partie. Le jeudy on luy donna
« un vomitif, qui luy fit jetter plein un bassin de ville-
« nies, et d'eaux gluantes, qui se tenoient toutes comme
« des glaires d'œuf. Le lendemain qui étoit le jour
« de la Tous Saints, il se trouua beaucoup mieux. Et
« son redoublement, qui deuoit venir à six ou sept

« heures du matin, ne vint point, [ainsy que je vous le
« manday.]

« Alors il m'appella : et m'étant approché de son lict,
« il me dit ; qu'il auoit cru, que Dieu auoit voulu le tirer
« du monde ; et qu'il m'auoüoit, qu'il l'auoit souhaitté,
« et demandé à Dieu : mais que puisqu'il se sentoit
« mieux , peut estre que son dessein auoit été de le puri-
« fier dans l'ame et dans le corps ; afin qu'il pust tra-
« uailler plus saintement, et plus sainement à l'ouurage
« de la Vie des Saints, auquel il l'auoit engagé. Ensuitte
« me prenant la main, il continua de la sorte : Je vous
« assure, mon cher frere, quoy que je desirasse de mou-
« rir, je confesse, que j'auois un seul regret, en mourant,
« qui étoit de vous abandonner, et de vous quitter en un
« temps, où je croyois pouuoir vous seruir en quelque
« chose, et où Dieu nous auoit unis si étroittement : quoy
« que neantmoins je sçauois bien, que vous gagneriez à
« ma mort ; puisque vous vous approcheriez de quelque
« autre personne plus digne que moy. Sur quoy, comme
« vous pouuez juger, sentant mon cœur se fendre en
« moy même, je luy répondis : Helas ! Monsieur, vers
« qui pourrois je aller, en vous quittant ? Il me répondit,
« que M. de Sacy son frere m'approcheroit de luy : mais
« je ne crus point que cela pust jamais arriuer. Il reprit
« la parole, et me dit : Je veux maintenant, que nous
« soyons liez plus étroittement que jamais. Dieu nous
« unit ensemble d'une maniere bien particuliere : je veux
« que nous soyons freres à la vie et à la mort : et en me
« disant ces mots, il tenoit ma main, qu'il vouloit appro-
« cher de sa bouche, pour la baiser : sur quoy je fis
« résistance ; mais par force il me la baisa ; et je baisay
« ensuitte la sienne. Il me dit après, que j'allasse com-
« munier pour luy et pour moy, et que je priasse Dieu
« pour luy : et il ajouta ; qu'il auroit été bien aise, d'auoir

« une Image de tous les Saints, afin qu'il s'y appliquast
« un peu pendant ce jour, et qu'elle seruist à le faire
« souuenir du bonheur incomparable dont ils jouïssoient
« par la possession de Dieu même dans le ciel. J'allay aus-
« sitost en demander une. Et je luy portay celle qu'on me
« me donna. Il fit paroistre beaucoup de deuotion en la re-
« ceuant ; et il passa tout le jour dans un grand recüeil-
« lement, jettant sans cesse les yeux sur cette image, qui
« presentoit à sa veuë et à son esprit le plus grand objet
« de son cœur, qui étoit l'union de tous les saints auec
« Dieu, de tous les membres auec Jesus Christ leur
« diuin chef réünis en Dieu, qui est, comme dit saint
« Paul, tout en tous.

« Son redoublement, qui auoit manqué à l'heure ordi-
« naire, le prit entre midy et une heure. Le lendemain il
« se porta assez bien au matin, et nous dit d'embrasser
« tous nos amis de sa part, et de leur demander pardon
« de toutes les fautes qu'il auoit pu commettre contr'eux.
« Mais helas ! en quoy pouuoit il les auoir offensez, luy
« dont le cœur étoit tout remply de charité ; jusques là
« qu'ils ne pouuoient gueres l'entendre parler de Dieu,
« qu'ils ne se sentissent embrasez du même amour dont
« il brûloit, luy dont toute la vie étoit comme une pré-
« dication viuante de pieté et de pénitence ! C'est sans
« doute qu'il étoit très viuement penetré des mêmes
« sentimens que le roy prophete, lorsqu'il disoit au
« Seigneur par le mouuement tres sincere d'une com-
« ponction interieure : *Ab occultis meis munda me, Domine,*
« *et ab alienis parce seruo tuo* (1).

« Mais, lorsque nous ne nous attendions à rien moins,
« son redoublement l'ayant pris à midy, ce même jour,
« qui étoit celuy des Morts, il se fit tout d'un coup un

(1) Psaume XVIII, verset 13. *Domine* n'est pas dans le texte

« transport au cerueau, et il tomba dans une profonde
« léthargie. C'est ce qui m'épouuenta fort : car jus-
« qu'alors j'auois cru que sa maladie n'étoit rien. Mais
« dès que je l'eus veû dans cet assoupissement, je com-
« mençay à craindre beaucoup pour luy, et encore plus
« pour moy même. Je ne pouuois me consoler de me
« voir priué tout d'un coup de la consolation que j'auois
« de m'entretenir auec luy. Je le cherchois étant auprès
« de luy, et je ne pouuois le trouuer ; puisque, lors que je
« luy parlois, il ne m'entendoit pas : lorsque je m'appro-
« chois de luy, il ne me connoissoit pas. Je ne pouuois
« neantmoins le quitter. Je luy parlois assez par mes
« larmes ; mais il ne me répondoit que par des réueries,
« qui m'étonnoient encore dauantage. Il se leuoit quel-
« quefois sur son seant, et me demandoit ses habits : et,
« quoy que toutes ces choses m'effrayassent, je ne pou-
« uois qu'auec peine m'éloigner de son lict, et je me
« sentois plus inséparablement attaché à luy, lors que
« j'étois sur le point d'en estre séparé. Enfin, mon tres
« cher pere, je ne puis bien vous exprimer l'état où il
« étoit, ni celuy où j'étois moy même. Je me mourois
« auec luy ; et il me sembloit qu'en le perdant je perdois
« tout. Car je n'étois pas encore accoutumé aux grandes
« afflictions (1).

« Ce qui m'affligeoit encore sensiblement, c'est qu'en
« cet état il ne pouuoit receuoir le saint Viatique. Il est
« vray qu'il auoit communié le jour même qu'il tomba
« malade, et que s'étant préparé sans cesse à la mort,
« depuis vint années, par une continuelle pénitence, il
« ne pouuoit en estre surpris. Mais je souhaittois neant-
« moins beaucoup qu'il ne partist point de ce monde,
« sans estre de nouueau fortifié par cette viande celeste,

____

(1) Il n'avait alors que vingt-quatre ans.

« et par ce pain des anges, qui deuoit luy donner des
« forces pour arriuer, comme le prophete, jusqu'à la
« montagne du Seigneur.

« Ç'auoit été jusqu'alors le celebre Maistre Jacques, de
« qui j'ay déja parlé dans ces Memoires (1), qui l'auoit
« traitté. Car comme il l'auoit guery, trois ans aupara-
« uant, d'un mal tres considerable, il auoit pris confiance
« en ses remedes, et s'étoit mis absolument entre ses
« mains. Comme je vis neantmoins que ce jour là, et la
« nuit suiuante, et tout le matin du lendemain se pas-
« serent, sans que les remedes qu'il luy donnoit eussent
« la force d'arréter ce transport si violent qui s'étoit fait
« au cerueau, je luy fis entendre qu'il étoit de sa sagesse
« de ne pas laisser mourir une personne de la conse-
« quence qu'étoit M. Le Maistre, sans appeller du se-
« cours ; puisque tous les medecins les plus habiles en
« usoient ainsy. Il me témoigna qu'il n'empeschoit pas
« qu'on ne fist venir des medecins, et je compris en effet
« que, dans cette extrémité où il voyoit le malade, il
« n'esperoit plus le soulager. J'allay donc trouuer sur
« l'heure même M. Hamon, dont j'ay parlé auparauant (2),
« qui étoit medecin de la maison. Il vint dans l'instant.
« Et dès qu'il l'eut regardé, il jugea bien que c'étoit
« un homme mort. Il ordonna neantmoins aussitost
« qu'on le saignast. Il luy fit faire une seconde sai-
« gnée, quatre heures après, et une troisiéme sur le
« milieu de la nuit (3). Ainsy, ayant été saigné trois
« fois en l'espace de douze heures, le jugement et la
« raison luy reuinrent sur les six heures du matin. Et

(1) T. I, surtout p. 188. 189, 190, etc.
(2) T. I, 212, 213, 214.
(3) Telle était l'une des deux médications fort à la mode :
L'un meurt vide de sang, l'autre plein de séné.

BOILEAU, *Art poét.*, ch. IV

« Dieu luy donna ce bon interualle, afin qu'il pust rece-
« uoir le saint Viatique. Car je courus auertir M. de Sacy,
« qui se hasta de le venir confesser, et qui ensuitte luy
« apporta le Saint Sacrement, qu'il receut auec beaucóuq
« de deuotion sur les neuf heures. Mais deux heures
« après, son redoublement l'ayant pris, il retomba plus
« que jamais dans son assoupissement; et au bout d'une
« heure il n'étoit plus connoissable.

« Vers les deux heures après midy, M. de Singlin
« arriua de Paris, fort étonné de ne l'auoir point cru
« si malade : et étant entré dans la chambre, où il espe-
« roit pouuoir encore luy parler, il fut si saisi, lorsqu'il
« le vit dans ce pitoyable état, qu'il pensa s'éuanoüir.
« Comme il auoit amené deux medecins de Paris, ils
« consulterent auec M. Hamon sur ce qu'il y auoit à faire
« pour le soulager : et ayant jugé qu'il falloit le ven-
« touser, ils témoignérent neantmoins qu'il falloit luy
« faire receuoir auparauant l'extreme onction, de peur
« qu'il ne mourust dans l'operation, auant que de l'auoir
« receu. Après donc qu'on luy eut apporté les saintes
« Huiles, on luy appliqua les ventouses. Mais durant
« l'opération même, je m'apperceus qu'il tomboit dans
« l'agonie. On cessa l'operation, qui ne seruoit qu'à
« auancer encore sa mort. On courut chercher M. de
« Singlin, qui étoit allé manger un morceau, et qui le
« trouua, en arriuant, prest à expirer. Tout le monde
« fondant en larmes, M. de Singlin se contenta de dire
« tout, haut, pénétré de douleur, après qu'il fut mort :
« *Dieu nous fasse la grace de viure et de mourir dans la peni-*
tence, comme il a fait.
« Quant à moy, après auoir versé quelques larmes, je
« reconnus la verité de cette parole d'un Ancien : que
« les petites douleurs nous picquent, mais que les plus
« grandes afflictions nous étourdissent, et nous rendent

« comme stupides. Je ne vous diray point, mon cher
« pere, quelle étoit alors ma disposition : car je ne puis
« et n'oserois vous le dire , de peur de renouueller trop
« sensiblement mon affliction. Je crois que vous n'aurez
« pas de peine à la comprendre, [s'il est vray que vous
« ayiez jamais senty une douleur pareille à la mienne].
« J'eus pourtant assez de courage pour le dépoüiller,
« pour l'enseuelir, et pour le mettre en terre. Je parlay
« hier à M. de Singlin, lequel me dit qu'il croyoit que je
« pourrois m'approcher de M. de Sacy, et que le frere
« succederoit au frere , dans l'affection qu'il m'auoit
« portée. Si cela arriue, ce que M. Le Maistre me dit
« dans sa maladie sera accomply. Cependant je me
« recommande tres humblement à vos prières, dans un
« état où vous voyez que j'en ay un si grand besoin.
« *Ce 7. nouembre* 1658 (1). »

Voila quelle fut la mort de ce grand homme, qui après
auoir condamné sa langue au silence, pendant qu'il
viuoit, et lorsqu'il eût pu se faire admirer de tout le
monde par son éloquence, comme il auoit commencé,
mourut de même dans un silence étonnant, qui ne put
pas neantmoins empescher que son cœur, qui étoit remply de Dieu, ne luy parlast fortement, dans tous les
bons interualles que sa maladie luy laissa. Il ne fut point
du nombre de ceux qui, s'étant mis peu en peine de
viure, durant leur santé, en vrais pénitents, preschent
à la mort la penitence, et font alors les plus beaux discours touchant le mépris du monde, et le néant des
grandeurs et des richesses du siècle. Mais sa vie ayant
été une prédication continuelle de la penitence, il donna
lieu à tous ceux qui le suruiuoient, de juger des senti-

(1) Nulle part ailleurs que dans cette lettre entièrement inédite, on ne trouverait des détails aussi complets ni aussi précis sur la dernière maladie et sur la mort de M. Le Maître.

mens qu'il pouuoit auoir à sa mort. C'est pourquoy il merita qu'un homme celebre, qui auoit fait sur sa retraitte ces quatre vers excellens que j'ay rapportez à l'endroit, où j'ay marqué qu'il quitta le monde, n'eut pas plutost sceu sa mort, qu'il fit son éloge en ce peu de mots : *Le grand orateur de la Langue Françoise parle maintenant le langage des anges* (1).

Ce fut alors que je me souuins de ces coups miraculeux que j'auois, comme je l'ay dit, entendus auparauant; et que je ne doutay plus qu'ils ne m'eussent auerty de cette mort. Un jour, comme j'en parlay à M. de Luzancy, l'un des fils de M. d'Andilly, il me témoigna estre étonné et raui en même temps de ce que je luy disois. Car il se souuint aussy luy même de ce qu'il auoit oüi dire à quelqu'une des Religieuses, que, vers ce temps là même, plusieurs des sœurs auoient entendu durant la nuit de semblables coups, qui les auoient effrayées de telle sorte que plusieurs, transies de peur, s'étoient venuës réfugier dans la chambre de l'abbesse, à qui elles auoient raconté la cause de leur frayeur. Et j'ay sçeu depuis d'un homme de Picardie, ou de Flandre, à qui je parlois un jour de ce qui m'étoit arriué, que c'étoit une chose fort commune dans son païs, que lorsque quelqu'un étoit absent, si un de ses proches venoit à mourir, il entendoit ces sortes de coups extraordinaires, qui luy marquoient cette mort. Il me dit même que, lorsqu'il contoit un jour dans Paris la même chose à un de ses amis et des miens, qu'il me nomma, ils entendirent subitement deux ou trois de ces grands coups, et qu'alors il dit à cet amy : « Voila une preuue de ce que je vous dis; et je me « tiens assuré que dans peu de jours j'apprendray la mort

(1) V. t. I, p. 85, le quatrain de Gomberville, que le premier éditeur avait déplacé pour le mettre devant cet éloge, cité par lui, p. 163, après le plus sec des résumés du tableau de cette mort.

« de quelqu'un de mes parens. » On luy manda en effet,
trois ou quatre jours après, qu'une de ses tantes étoit
morte. On ne peut donc contester la vérité du fait. Et
quant à la cause, il est difficile de la penetrer. Nous ne
pouuons toutefois douter que Dieu même n'en soit l'autheur, soit qu'il le fasse, ou qu'il le permette, pour de tres
bonnes raisons ; quand ce ne seroit que pour nous assurer
qu'il y a un autre monde, auquel on ne pense point assez,
pour estre trop sensiblement attaché à celuy cy.

Mais j'ay reserué à marquer icy une circonstance remarquable de la lumiere surnaturelle de la bonne femme
dont j'ay parlé, au sujet de la maladie de M. Le Maistre.
Elle étoit alors en son païs, et elle auoit pour directeur
un homme tres éclairé et qu'il n'étoit pas aisé de tromper par des illusions. C'étoit M. Hermant, docteur de
Sorbonne, tres connu par plusieurs ouurages qu'il a
donnez au public (1). Lors donc que M. Le Maistre tomba
malade, elle en auertit son directeur, et luy parla de tous
les états de sa maladie, comme si elle y auoit été presente. Entre autres choses, elle luy marqua qu'on luy
auoit apporté une image de tous les Saints, le jour de
leur feste ; qu'il étoit fort appliqué à la regarder, et tres
recüeilly en Dieu. Enfin, quoy que ce docteur si sage,
pour la tenir dans l'humilité, n'osast pas luy témoigner
son étonnement, de ce que les choses les plus éloignées
étoient presentes à la lumiere et aux yeux de son esprit,
comme si elles eussent été proches ; il ne pouuoit neantmoins n'admirer pas en luy même un effet si surprenant
de sa foy : car il n'étoit pas permis, en considerant la

(1) Hermant (Godefroy), chanoine à Beauvais, en 1643 ; recteur de
l'Université de Paris, en 1647 ; docteur de Sorbonne, en 1650, savant
et zélé janséniste, qui composa de nombreux ouvrages, dont une trentaine ont été imprimés, et qui a laissé, en manuscrit, une *Histoire du
Jansénisme* et des *Mémoires*, où M. Sainte-Beuve a souvent puisé.

simplicité et l'égalité de sa conduitte, de l'attribuer à une autre cause (1).

Cependant, ô profondeur des jugemens impenetrables de Dieu! on vit depuis cette même femme se démentir d'une maniere étonnante, et dégénerer de cet esprit d'humilité, pour auoir voulu écouter la chair et le sang, et suiure plutost ses lumieres prétenduës, que celles de son éuesque et de son directeur, dans une affaire purement spirituelle, où elle étoit obligée de ne prendre aucune part. J'ay marqué auparauant qu'elle auoit un fils, qui demeura à Seüran pendant quelque temps (2). Ce fils eut dessein de s'engager dans l'état ecclésiastique; et il entra, dans cette veuë, au seminaire où son éuesque auoit établi des superieurs tres éclairez pour examiner ceux qui se presentoient, non selon les regles d'une coutume relâchée, mais selon l'esprit et les canons de l'Eglise (3). Après qu'il y eut demeuré le temps necessaire, pour estre éprouué et examiné, on le jugea tout à fait incapable du ministere ecclesiastique où il aspiroit. L'éuesque luy en parla auec cette charité, qui faisoit un des principaux caracteres de son épiscopat, et luy fit entendre que, comme il paroissoit visiblement que ce n'étoit point la volonté de Dieu qu'il s'engageast dans cet état, pour lequel il n'auoit point les talens qu'il demandoit à ses ministres, il pourroit faire son salut dans quelque autre profession, plus conforme à la portée de son esprit. Ce jeune

____

(1) Avant de conclure ainsi, sur ce fait et sur d'autres semblables, du Fossé aurait bien fait de relire le chapitre de la *Logique de Port-Royal*, où son ami Nicole parle « Des diverses manières de mal rai« sonner, que l'on appelle sophismes. » IIIe partie, ch. xix. — « Ces « sortes d'interprétations, au reste, sont généralement très prodiguées « à Port-Royal, aussi bien que les prédictions et les miracles, dont « celui de *la Sainte-Epine* est le plus connu. » M. Sainte-Beuve, *Port-Royal*, II, p. 28, à la note.

(2) Voir plus haut, p. 12.

(3) L'évêque de Beauvais était alors Nicolas II Choart de Buzenval, monté sur le siége le 8 janvier 1651.

homme, qui auoit tres mal profité des leçons qu'il auoit
reçuës parmy des personnes aussy éclairées qu'étoient
celles qui demeuroient à Seuran, se réuolta contre son
éuesque, et se crut luy même digne d'un état, dont il le
jugeoit indigne. C'étoit agir bien directement contre la
doctrine de saint Paul, qui déclare : « que nul ne s'ingère
« de luy même dans cette dignité, mais qu'il faut y estre
« appelé de Dieu, comme le fut Aaron (1). » Cependant
on pourroit dire que la honte de se voir ainsy refusé,
joint à une grande jeunesse, qui étoit encore sans expé-
rience, purent bien faire une si forte impression sur son
esprit, qu'il ne fut point tout à fait maistre de ses mouuemens. Mais ce qui parut entierement inexcusable, fut
la conduitte que tint sa mere en cette importante conjoncture. Elle sçauoit le sentiment de son éuesque sur
le sujet de son fils. Elle connoissoit parfaittement le
merite de ce prelat. Son directeur lui fit entendre qu'elle
deuoit engager son fils à se soumettre au jugement de
son éuesque, et il luy representa même les justes sujets
qu'auoit ce prélat de le refuser à l'ordination. Cependant, et contre l'auis de son éuesque, et contre le sentiment de son directeur, elle soutint fortement que Dieu
vouloit que son fils receust les ordres sacrez : et quelque
chose qu'on pust luy représenter, elle persista toujours
à dire que c'étoit la volonté de Dieu que son fils le seruist dans l'etat ecclesiastique (2). Ainsy elle consentit
qu'il se pouruust au Métropolitain (3), scandalisant par
un tel entestement tous ceux qui la connoissoient : ce
qui obligea son directeur de l'abandonner à sa propre
conduitte, puisqu'elle même se départoit de la soumis-

(1) Epître aux Hébreux, ch. v, verset 4.

(2) C'était une conséquence forcée de ce don de prophétie, « de cette
« lumière surnaturelle, » qu'on lui avait si inconsidérément accordés
sur d'autres points.

(3) L'archevêque de Reims.

sion qu'elle deuoit à son pasteur, et à ceux qui la conduisoient. [Et dès ce temps, il parut que l'Esprit de Dieu
s'étoit éloigné d'elle ; car on ne vit plus de trace de cette
lumiere surnaturelle que l'on admiroit dans ses discours,
depuis qu'elle se fut écartée de la voye de l'humilité dans
sa conduitte (1)_. Il est inutile de faire beaucoup de réflexions sur un changement si déplorable. Le penchant
continuel de l'homme vers son néant doit estre un sujet
perpetuel de frayeur aux plus justes mêmes. Et l'exemple
de cette chutte n'est pas necessaire pour nous conuaincre
de nostre extrème fragilité ; depuis que nous auons veû,
et dans la chutte du premier ange, le plus éclairé de tous
les Esprits, et dans celle du premier homme, si parfait
dans l'état de son innocence, de quoy est capable la plus
sainte creature, si elle ne se tient toujours inuiolablement attachée à la volonté de son Créateur. Mais peut
estre que la faute où tomba cette femme dont j'ay parlé,
ne luy seroit dans la suitte qu'à l'humilier dauantage
deuant Dieu, et à empescher que les loüanges qu'on luy
donnoit à cause des dons éminens qu'elle auoit receus,
ne fussent enfin cause de sa perte (2). Car j'ay connu tres
particulierement des personnes, qui, après une vie tres
sainte, et une penitence rigoureuse de vint années, sont
tombées de même dans de grandes fautes, et qui, étant
reuenuës à elles, se seruirent auantageusement de leur
propre chutte, pour s'appuyer plus sur la misericorde de
Jesus Christ que sur toutes leurs austeritez, s'étant re-
gardées toujours depuis comme des vases d'argile entre
les mains de leur Sauueur.

(1) Passage biffé dans le Ms.

(2) Il y a plus de charité que de vraisemblance dans cette hypothèse,
ajoutée par du Fossé, de sa main, ainsi que la fin du chapitre, sur une
bande de papier collée dans le Ms.

CHAPITRE XIV.

— 1659—1661. —

Depuis la mort de M. Le Maistre, M. de Sacy, son frere, se regarda comme obligé en quelque sorte, pour suiure ses intentions et sa derniere volonté, de prendre de moy

______

(1) Le premier éditeur, supprimant la plupart des détails relatifs à l'auteur, a résumé ce chapitre en une dizaine de pages, dont il a fait les chapitres xix et xx, , p. 163-174, de son Premier livre.

un soin encore plus particulier qu'auparauant. Et je ne puis en effet me souuenir de son extrême bonté, sans me sentir penetré d'une tres viue reconnoissance. Comme l'état où je me trouuois alors, priué d'un soutient aussi puissant qu'étoit celuy de l'amy incomparable que j'auois perdu, m'exposoit à un danger beaucoup plus grand, il crut deuoir m'engager à un ouurage important, afin que l'attache que j'aurois à cette occupation me tînt lieu en quelque sorte de préseruatif contre beaucoup de tentations, qui naissent souuent de l'oisiueté : ce qui étoit encore plus vray à mon égard qu'à l'égard de beaucoup d'autres, à cause du caractere particulier de mon esprit, qui n'étant point occupé à de bonnes choses, se laisse emporter par mille idées dangereuses, qui me donnent bien sujet de m'humilier deuant Dieu. Or le trauail corporel ne me conuenoit en aucune sorte, selon que je l'ay souuent éprouué. Car outre que la foiblesse de ma poitrine et de mon temperemment ne pouuoient pas me permettre de soutenir un trauail penible; si je n'auois point l'esprit appliqué à la lecture, et même à la composition, ou à la traduction, je me trouuois accablé par une foulle de pensées qui me venoient malgré moy et qui me troubloient : ce que je remarque exprès, pour faire connoistre que, si je me suis dans la suitte occupé à beaucoup d'ouurages, qu'on a cru deuoir donner au public (1), ce n'a point été par une simple démangeaison d'écrire, mais par la nécessité où je me suis veû de m'occuper, pour les raisons que j'ay dittes. Aussy je me souuiens qu'ayant eû quelque pensée de quitter l'étude, après auoir acheué ma philosophie, que j'étudiay souz M. Bour-

(1) La liste s'en trouve dans la *Vie de M. Pierre Thomas du Fossé*, en tête de l'édition de ses Mémoires, 1739, p. xxxiv-xxxvi. Ils sont au nombre de sept, avec l'indication de ceux où il n'a été que collaborateur.

geois (1), connu depuis sous le nom de l'abbé de la Mercy
Dieu (2), qui eut la bonté de nous l'enseigner à M. de
Villeneuue et à moy, d'une maniere tout à fait charmante.
et voulant alors m'occuper, comme la plus part de ceux
qui étoient au même lieu, à quelque trauail des mains;
M. de Singlin et M. de Sacy, qui connaissoient mieux que
moy le caractere de mon esprit, jugerent tous deux que
ç'auroit été visiblement une tentation pour moy de le
faire; et ils m'obligerent par un tres sage conseil, comme
je le reconnus depuis, à demeurer dans l'état de vie où
j'auois été jusqu'alors. Car c'est dans ces importantes
occasions où il est besoin, pour ne se pas égarer, de suiure l'auis de gens éclairez, et de ne pas s'arrêter à la lumiere, souuent trompeuse, de son propre jugement.

Pour reuenir donc à ce qui m'a donné occasion de
parler de ce que je viens de dire, M. de Sacy ayant sceu
du marquis de Laigue (3) que les reuerends Peres Jaco-
bins, et entr'autres le Pere Baron, l'un des principaux
d'entr'eux, souhaittoient beaucoup que l'on voulust trauailler à une Vie excellente d'un saint archeuesque de
leur ordre, nommé *Dom Barthelemy des Martyrs* (4), archeuesque de Brague, en Portugal, il me proposa de le
faire. Mais, comme tout ce qui auoit été écrit de l'histoire de cet éuesque, étoit en langue espagnole, il falloit.
pour estre en état d'y trauailler, apprendre d'abord cette

(1) Jean Bourgeois, prêtre du diocèse d'Amiens, docteur en théologie de la Faculté de Paris, dont il a été question, t. I, p. 108.

(2) Abbaye de l'ordre de Citeaux, au diocèse de Poitiers. Il s'en
démit, vers 1679, et y fut enterré, en 1687.

(3) Geoffroy, marquis de Laigues, capitaine des gardes du corps de
Gaston d'Orléans, joua un rôle dans la Fronde ecclésiastique.

(4) Mort en 1590, il était honoré, comme vénérable, le 16 juillet, à
Viane, en Portugal, où son archevêché de Brague se trouvait, dans la
province nommée Entre-Douro-Minho, sur le Cavado. Il était de
l'ordre de S. Dominique.

langue. L'entreprise étoit donc considerable, puisqu'il
s'agissoit d'abord de se donner tout entier à l'intelligence
de l'Espagnol, pour pouuoir le bien traduire ; et ensuitte.
de s'appliquer à la traduction d'un volume inquarto, qui
contenoit plus de huit cents pages. Je n'en fus pas neantmoins étonné : et persuadé de la vérité de cette parole
d'un ancien : *Labor improbus vincit omnia* (1) ; flatté aussi
peut estre d'une secrette complaisance, étant jeune, de ce
que mon trauail pourroit estre utile, je me disposay à
exécuter ce qu'on m'auoit conseillé. J'auois un grand
auantage pour cela, en ce que M. de la Riuiere, dont j'ay
parlé (2), sçauoit fort bien cette langue. Je luy en parlay
et luy demanday son secours. Il me le promit, et il seconda en effet si parfaittement l'ardeur que je témoignois
pour apprendre promptement, que je me vis en état au
bout d'un mois ou de six semaines au plus. de commencer cette traduction. Car entre ses autres bonnes qualitez, il auoit celle d'une grande patience, et d'une
methode fort claire, pour faire comprendre ce que l'on
n'entendoit pas. Et ç'auoit été en sa propre personne qu'il
auoit appris à estre bon maistre ; n'ayant jamais eu,
comme je l'ay dit ailleurs (3), d'autre maistre que luy
même, pour apprendre le Latin, le Grec, et l'Hébreu ; et
s'étant donné la peine et la patience d'écrire deux fois,
pour le moins, tous les mots hébreux, auec leur signification. à cause de la difficulté qu'il auoit à les retenir. Il est
vray qu'il ne trouua pas en moy de si grands obstacles,

---

(1) Plus que personne du Fossé prend des licences avec ce passage
de Virgile, si souvent mal cité. Il devait mettre :

Labor omnia vincit

Improbus.

Géorgiques, I, vers 145.

(2) T. I, p. 121, 122, 123.
(3) T. I, p. 123. où il ne parle pas du Latin.

3

pour m'apprendre ce que je vouloys; soit parce que la langue espagnole est fort aisée, en comparaison de l'Hébraïque; soit parce qu'étant jeune, lorsque j'aprenois cette langue, j'auois encore tout le feu et toute la viuacité de la jeunesse. Mais enfin je dois reconnoistre que ce fut pour moy un secours tres considerable d'auoir pour maistre un homme de tres bon sens, qui n'auoit apris ce qu'il sçauoit qu'auec beaucoup de trauail, et qui connoissoit par consequent tous les degrez. par lesquels il falloit arriuer à la science.

Quand j'eus une fois jetté la veuë sur le volume que j'entreprenois de traduire, et examiné le style et le genie de l'autheur, je remarquay qu'il s'égaroit fort souuent hors de son sujet, , soit en se jettant sur des lieux communs, par de grands discours assez inutiles; soit en s'étendant sans beaucoup de necessité sur tous les saints de son ordre. Aussi je jugeay qu'il y auroit bien des retranchemens à faire, pour ne pas gaster une histoire qui, étant purgée de toute cette superfluité de paroles, pouuoit estre tres édifiante et tres agreable. Je commençay donc à y trauailler tout de bon; et à mesure que j'auançois, je trouuois et dans la vie et dans les paroles de ce saint prelat, tous les caracteres d'un grand homme; non seulement d'un Religieux accomply dans sa vocation, mais d'un pasteur qui excelloit dans tous les deuoirs de sa dignité, et qui joignoit à un esprit éminent, et à une grande érudition, une humilité et une pieté qui seruoient infiniment à releuer l'un et l'autre aux yeux de toute l'Eglise. Je ne pus pas neantmoins acheuer cet ouurage à Port Royal, dont nous fûmes obligez de sortir encore une fois, pour les raisons que je diray bientost.

Je passay aussi quelque temps alors à aprendre la langue italienne. Je crus deuoir profiter d'une occasion fauorable qui se presentoit, de la connoissance que j'eus

d'un gentilhomme, nommé le sieur Brunetti (1), qui demeuroit chez le duc de Luynes, en son chateau de Vaumurier, tout proche de Port Royal. L'amitié particuliere
que je fis auec luy me porta à luy demander qu'il voulust
bien m'aprendre sa langue. Et comme il aimoit l'Italien
pardessuz toutes les autres langues, y trouuant et y goûtant des beautez qu'un François, comme j'étois, auoit
peine à y découurir aussi bien que luy, il se fit un singulier plaisir de me rendre ce seruice. Etant de la ville
de Florence, où la langue est plus pure que dans le reste
de l'Italie, et ayant eû une application toute particuliere
à bien étudier sa langue, ce que la plus part des gens
negligent, comme si, pour estre nez Italiens, François ou
Espagnols, ils sçauoient parler chacun, comme il faut, la
langue de leur païs, il ne faut pas s'étonner s'il possédoit
en perfection la pureté de l'Italien. Il me donna donc
beaucoup de son temps, non seulement pour me bien
aprendre sa langue, mais pour me faire remarquer toute
la force, ou toute la délicatesse de certaines expressions
de ses poëtes, dont il étoit grand admirateur. En lisant
ainsy le Tasse ensemble, il s'arrétoit quelque fois tout
transporté de la beauté de certains endroits qui luy paroissoient inimitables. Mais comme je n'étois gueres
moins passionné pour ma langue que luy pour la sienne;
et que d'ailleurs l'admiration même où je le voyois excitoit en moy un malin desir de luy contester le sujet de
son admiration, nous nous échauffions souuent pour
donner chacun le prix à notre langue. Je reconnus neantmoins que j'auois tort, ou, pour mieux dire, que nous
auions tort tous deux : puisque, comme je ne possedois

----

(1) De plus, « il étoit dans la confidence des jansénistes et les ser-
« voit avec bien de l'attachement. » *Mémoires du P. René Rapin*, édités par M. Léon Aubineau, t. III, p. 192.

pas assez sa langue, ni luy peut estre la mienne, pour estre en état de comparer les beautez de l'une et de l'autre, nous estions également incapables d'estre bons juges dans cette cause. Ç'a été luy qui a traduit les Lettres provinciales en Italien, telles qu'on les voit dans l'édition en quatre colonnes qu'on en a faitte, où est le François de M. Pascal, le Latin de M. Nicole, l'Italien du gentilhomme dont je parle, et l'Espagnol d'un autheur, qui, pour n'estre pas connu, n'en est pas moins estimable (1).

Toute l'année 1659 se passa ainsi en différentes occupations, qui seruoient beaucoup à empescher que le temps, qui paroist ordinairement ennuyeux et un peu long à la jeunesse, ne m'ennuyast. Je receus au commencement de l'année suiuante, qui étoit 1660, la nouuelle de la mort d'un de mes deux freres jumeaux (2). C'étoit l'aîné, qui portoit alors le nom de Bosroger qu'a porté depuis celuy qui l'a suruecu (3). Cette affliction se trouuoit en même temps accompagnée de tant de sujets de consolation, que je ne puis m'empescher de mettre icy un extrait de deux lettres qu'on m'en écriuit de Beauuais, où il étoit mort (4). Elles ser-

(1) « Les Provinciales, traduites en latin par Guil. Wendrock « (P. Nicole), en espagnol par Gratien Cordero, et en italien par « Cosimo Brunetti. Cologne, 1684, in-8. » — (Brunet.) — Au pseudonyme latin : *A. Willelmo Wendrockio Salisburgensi Theologo*, pris en 1658, dans la traduction en latin des *Provinciales*, du Fossé substitue le vrai nom du traducteur ; mais il ignorait le nom du traducteur en espagnol. — Plus que toutes les autres, la traduction latine servit à populariser les *Provinciales* en Europe.

(2) Joseph Thomas, alors en pension à Beauvais, comme l'auteur l'a déjà dit, t. I, p. 151 et 260. Il était au séminaire, d'après la Vie de M. Thomas du Fossé, placée en tête de ses *Mémoires*, 1739, p. xxiii.

(3) Augustin Thomas, le dernier des enfants de cette famille.

(4) A l'âge de dix-huit ans, vers la fin de janvier 1660. « Il est en « terré dans Sainte Marguerite à Beauvais. » *Origine et Généalogie de Messieurs Thomas de Roüen : Manuscrit de Thomas du Fossé, qui*

nirent à faire admirer la grande misericorde de Dieu sur
le fils d'un pere qui, depuis qu'il auoit connu, comme je
l'ay dit(1), par les instructions du celebre abbé de Saint
Cyran, les deuoirs de son état, n'oublia et n'épargna rien
pour procurer à tous ses enfans une éducation vrayment
chrestienne. Car il aimoit mieux s'incommoder que de
manquer aux depenses necessaires pour s'acquitter en ce
point de ses obligations, et il n'étoit point étonné par le
nombre de huit enfans, qu'il mit en pension, tant à Port
Royal qu'ailleurs; parceque sa charité étoit vraiment
grande et genereuse, et que son cœur étoit ouuert et non
resserré pour tout ce qui regardoit l'accomplissement de
ses deuoirs. Voici donc de quelle maniere M. Herman (2)
m'écriuit pour me consoler de la perte de mon frere.
Après m'auoir fait quelques excuses de ce qu'il auoit
tardé à m'écrire sur cette mort, qu'il appelloit le sujet de
sa consolation et de sa joye, il ajoutoit : « Certes, Mon-
« sieur, nous serions ingrats, si nous ne benissions Dieu
« de cette grande misericorde. L'innocence est rare dans
« la corruption de ce siecle malheureux. Mais quand elle
« se trouue jointe auec la ferueur et auec le zele, dans
« la plus importante occasion, c'est un bonheur qu'on
« ne peut assez estimer. C'est neantmoins la dispo-
« sition dans laquelle est mort votre bon frere. Il a
« receu l'arrest de sa mort auec un ardent desir d'aller à
« Dieu. Il s'est offert comme une victime volontaire. Il a
« regardé la ruine de son corps mortel, comme un moyen
« souhaittable de posséder Dieu. Je m'estime heureux,
« d'en auoir été le témoin, et de luy auoir dit sur ce
« sujet les dernieres paroles qui ont frappé ses oreilles,

nous a été confié par M. de Bosmelet, et auquel nous aurons souvent
recours.

(1) T. I, p. 46, 51, 52.

(2) Voir plus haut, p. 26.

« lors même qu'il ne pouuoit plus me répondre. Mais
« mon bonheur sera plus grand, si Dieu, par le secours
« de ses prieres, me fait la grace de l'imiter, etc. *Ce 19 fe-*
« *urier* 1660. »

Ce que son maître m'en écriuit est encore quelque
chose de plus singulier et de plus édifiant. Et son temoi-
gnage est d'autant plus considerable que. l'ayant continuellement souz ses yeux et le voyant dans tout le particulier de sa conduitte, il le connoissoit en quelque sorte
plus parfaittement. Son nom de famille étoit Diroys (1);
mais il portoit celuy de *du Limon.* Il vit encore à l'heure
que j'ecris ces Memoires, étant chanoine et penitencier
d'Auranches, et homme de tres bon esprit, d'un grand
jugement, et d'une solide pieté, qui luy a fait meriter de
souffrir plusieurs persecutions, dont je pourray bien
auoir occasion de parler ailleurs (2). Voicy donc en abregé
ce qu'il me mandoit au sujet de la mort de mon frere :

« Dieu a voulu que j'aye eû lieu de mander à Monsieur
« vostre pere des choses de ce cher fils, qui luy font dire.
« qu'il est mort comme un ange. En effet, Monsieur, la
« mort de vostre frere Joseph a été tout à fait pré-
« tieuse et pleine d'onction. Elle ne nous a point donné
« de frayeur pour une chose, qu'on appelle la plus ter-
« rible de toutes les choses terribles. Elle nous la fait
« desirer. Elle nous a fait sentir quelque chose de ces
« desirs du martyre, que la veuë du martyre des chres-
« tiens donnoit aux autres chrestiens. Il ne nous est pas
« venu dans la pensée, de douter du salut de cette âme,
« sans même auoir fait réflexion sur l'innocence et la
« pieté de sa vie passée. Il est vray que cette vie a été

(1) Voir t. I, p. 150, 151.
(2) Il en parlera dans la partie de ses *Mémoires*, où il se montrera si
satisfait de le retrouver, à Avranches, en 1691.

« des plus innocentes. Je ne sçache pas, qu'il ait jamais
« fait mal, ni donné sujet de plainte à personne : au con-
« traire, il étoit toujours le premier à recüeillir les nou-
« ueaux venus, à consoler les affligez, et à assister les
« malades. Il est vray encore, que ces deuoirs ne ve-
« noient pas tant du bon naturel que Dieu luy auoit
« donné, que d'une pieté veritable, qui le faisoit com-
« battre contre les ennemis de sa pureté auec une tem-
« perance perpetuelle, auec de feruentes prieres, et sur-
« tout auec une assiduité tres grande à l'étude, et au
« trauail de son jardin, auquel il donnoit presque toutes
« ses récreations.

« Mais après tout cela, les dispositions qui ont paru à
« sa mort, n'ont pas laissé de nous surprendre. Un jeune
« homme de dix huit ans, non seulement ne point crain-
« dre la mort, ni regretter la vie, mais soupirer après
« l'autre, et trouuer qu'il ne souffroit pas assez dans la
« maladie. Toutes les fois qu'on luy a parlé du bonheur
« de l'autre vie, qui consiste à estre uni à la souueraine
« Justice, on a trouué dans son cœur le desir d'aller à
« Dieu : et la derniere parole qu'il a ditte, une petite
« demy heure, auant que de passer, lorsqu'il n'en pou-
« uoit presque plus prononcer, c'est qu'il y auoit bien
« du plaisir, à chanter les loüanges de Dieu, comme on
« luy disoit, qu'il iroit faire. Et lorsque, sur la fin, on
« disoit le pseaume *Confitemini*, il repeta distinctement ce
« verset ; *Non moriar, sed vivam, et narrabo opera Do-*
« *mini* (1).

« Je ne dois pas omettre ce qui regarde un point qui
« nous a fait peine à nous deux dans la personne du
« deffunt; j'entends ce que nous auons appellé legereté
« d'esprit. Voyez donc, par ce que je vais dire, s'il n'est

(1) Ps. cxvi, verset 17.

« pas vray, que Dieu acheuant son ouurage dans cette
« maladie, et meurissant cette ame pour le ciel, a remply
« icy bas jusqu'à ce vide, non de son cœur, mais de son
« esprit. Il appeloit son frere (1), deux jours auant que
« de passer : et comme il ne venoit point, il dit à un de
« ses compagnons : Dites luy, s'il vous plaist, qu'il donne
« un tel liure à un tel, à qui je l'ay promis ; et un autre
« liure, tel qu'il luy plaira, à un tel, parce qu'il est un
« peu fâché contre moy. Le même jour me disant à Dieu,
« il me dit en m'embrassant, que son frere luy auoit
« promis de mieux faire, et de seruir Dieu icy bas pour
« tous les deux. Que dittes vous de ce testament? Trou-
« uerez vous qu'il parte d'un esprit leger? Nous luy
« auons fait tort, de l'appeller leger ; car comment accor-
« der ce deffaut, auec la constance qu'il a toujours témoi-
« gnée dans ses entreprises et dans ses trauaux? Je finis,
« en vous disant ce que Dieu a permis qu'il m'ait déclaré,
« pour la consolation de tous ses amis en Jesus Christ ;
« Qu'il auoit, du temps auant que d'estre malade, un
« dessein formé de quitter le monde, et qu'il prioit tous
« les jours, de l'affermir en cette sainte résolution.
« J'espere que nous profiterons tous d'un si grand exem-
« ple (2). J'ay bien des sujets de douleur, je ne dis pas,
« de nostre séparation ; car nous ne sommes point sépa-
« rez ; mais des fautes que j'ay commises en son endroit,
« et que je luy ay fait commettre : mais la joye du
« bonheur dont il joüit pour jamais l'emporte infini-
« ment. Ce 4 feurier 1660. »

Je ne trouue pas seulement ma consolation à rapporter
en ce lieu des circonstances si édifiantes de la vie et de la

(1) Augustin Thomas, qui était en pension, à Beauvais, avec lui.
Voir plus haut, p. 36.

(2) Le premier éditeur a jugé à propos de ne citer que cette seule
phrase de la lettre.

mort d'une personne qui m'étoit si proche ; mais je suis
bien aise encore de faire ainsi remarquer de quel auantage on a priué le public, en détruisant, comme on a fait,
souz de faux pretextes, plusieurs établissemens semblables (1), si utiles à l'éducation, pour procurer la conseruation de leur innocence, si rare en ces jours mauuais, et les établir autant dans la solide pieté que dans
les sciences. Cependant Dieu, dont les jugemens sont
impenetrables, ne permit pas seulement que la jalousie
de ceux à qui la grande reputation de Port Royal et des
amis de cette sainte maison sembloit faire ombrage,
s'opposast, comme je l'ay dit, à tout le bien qui se faisoit
en diuerses pensions, où plusieurs enfans de qualité
étoient éleuez tres chrestiennement ; mais encore qu'elle
fist sortir tout de nouueau de cette celebre abbaye ceux
qui s'y étoient retirez, pour viure dans la solitude et
la pénitence. Comme les princes ne peuuent connoistre
eux mêmes la verité de ce qu'on leur dit, et sont ainsy
exposez à estre surpris par ceux qui les approchant de
plus près empeschent que les personnes qu'ils n'aiment

(1) Les Petites Ecoles de Port-Royal subsistèrent environ vingt
ans, de 1640 à 1660, s'établissant successivement à Port-Royal des
Champs, au Chesnay, à Paris, dans le cul de sac de la rue Saint Dominique, aux Granges, aux Troux, à peu de distance de l'Abbaye, enfin
à Sevran. Il y eut encore quelques élèves isolés, à Magny et au château de Vaumurier. La première persécution est de 1656 et l'entière
destruction en 1660. « Les Jesuites sentirent bientôt le tort que ces
« écoles étoient capables de faire à leurs colleges. C'est pourquoi ils
« penserent à les détruire, voulant toûjours être les seuls dans tout ce
« qui se fait de bien… Les Jesuites revinrent à la charge contre les
« Ecoles de Port-Roïal avec tant de chaleur, que les maîtres de ces
« Ecoles aussi bien que les enfans, n'eurent que vint-quatre heures
« pour se retirer. » *Mémoire de* M. Guillaume Wallon, *marchand à
Beauvais, et neveu de* M. de Beaupuis, *sur les Petites Ecoles de Port-
Roïal, où il avoit été élevé.* — Voir le *Supplément au* Nécrologe de
Port-Royal, I partie, édit. in-4°, 1735, p. 61.

pas ne puissent leur faire connoistre leur innocence, il
ne faut pas s'étonner si de temps en temps on voyoit
venir des ordres nouueaux pour troubler la paix de ces
solitaires. Se tenant dans leur desert, ils étoient tout à
fait indeffendus, et, quand même toutes les auenuës ne
leur auroient pas été fermées du costé de la cour par leurs
ennemis, ils étoient assez portez par eux mêmes à abandonner leur cause à Dieu. Quoyque je ne fusse reuenu à
Port Royal, comme je l'ay dit, que par un ordre du cardinal Mazarin (1), je fus neantmoins obligé d'en sortir,
comme plusieurs autres (2). C'étoit durant le caresme de
l'année 1660. Et l'on peut juger de l'embarras où nous
nous trouuâmes. Peut estre qu'on me dira que cet embarras étoit volontaire de ma part, et qu'il m'eust été
facile de me placer, ayant pu trouuer dans la maison de
mon pere un établissement si conuenable à mon état.
J'auouë, en effet, que pour une personne qui n'auroit
point eû d'autres veuës que celles du monde, rien ne
paroissoit luy conuenir mieux que de se retirer dans la
maison paternelle. Mais je n'aurois pu le faire, sans
sortir en quelque sorte de la vie où je m'étois engagé.
C'étoit me mettre au milieu de mes parens, qui n'approu-
uant pas ma conduitte m'auroient chagriné. Et je ne pouuois me résoudre, n'ayant nul dessein de m'établir dans
le monde, de m'aller ainsi exposer au milieu d'eux, moy
qui étois encore trop jeune pour me pouuoir assurer de
tenir ferme contre tant de gens possedez de l'esprit du
monde, qui ne pouuoient que se mocquer d'une vie telle
que la mienne. Quoyqu'il en soit, j'aimay mieux aller
passer quelque temps auec un de mes amis, qui étoit

(1) T. 1, p. 291. Ce fut en 1657.

(2) La destruction totale des Petites-Ecoles, en mars 1660, n'avait
été que le signal d'une persécution nouvelle, dont la sortie des Solitaires ne fut que le premier acte.

M. d'Epinoy (1), frere de M. de Saint Ange, premier
maistre d'hostel de la Reine Mere (2). Nous choisîmes
pour cela, non la terre de Saint Ange, qui est près de
Fontainebleau, mais le château de la Muette (3), appar-
tenant au Roy, et de la dépendance de la Varenne du
Louure (4), dont M. de Saint Ange étoit alors capitaine.
Et ainsi je me trouuay logé dans la maison du Roy, lorsque j'y pensois le moins, après auoir été obligé, par un
ordre du Roy même, de sortir de Port Royal. Cette maison est à l'entrée du bois de Boulogne (5), dans une des
situations les plus agreables qui se voyent. Auant que j'y
demeurasse, lorsque j'y auois passé d'autres fois, pour
aller ou à S. Clou, ou à Lonchamp, je m'étois imaginé
qu'on ne pouuoit se lasser d'une demeure si charmante.
Mais je ne fus pas longtemps à comprendre que tout ce
qu'il y a de plus beau au monde n'est point capable de
remplir le cœur et de satisfaire l'esprit de l'homme. Car
je crois qu'au bout de quinze jours cette demeure et cette
veuë si pleine de charmes ne faisoient presque plus d'impression sur mes sens, et que j'en étois moins frappé
que de celle du vallon affreux d'où j'étois sorty (6); parce

(1) Raphaël le Charron, sieur d'Epinay, né en 1631, élève des Ecoles
de Port-Royal, où il se retira comme solitaire, en 1651.

(2) Son frère aîné, qui avait succédé à leur père, après son départ
de la cour, en 1650.

(3) « Lieu secret, séparé et fermé de bois de tous côtés. » *Voyage
pittoresque des environs de Paris*, par d'Argenville, 1779, qui en donne
la description, pp. 18-20.

(4) « Jurisdiction qui se tient au Louvre, établie pour la conserva-
« tion de la chasse dans des plaines qui sont à six lieues à la ronde de
« Paris. » *Dictionnaire de Trévoux*.

(5) Du côté de Passy, où se trouve encore aujourd'hui : *La Porte de
la Muette.*

(6) Le vallon de Port-Royal des Champs, dont il a déjà parlé dans
les mêmes termes, t. I, p. 61, 62.

que je me trouuois en quelque sorte dans un état violent,
me regardant comme étranger en ce lieu, et dans la vraye
disposition où nous deurions tous estre en ce monde,
pour y passer seulement, et non pour nous arrêter dans
la joüissance de ses biens. Je tâchay de m'occuper le
mieux que je pus, quoy qu'en un lieu où tout me manquoit, et où n'ayant pas dessein de m'établir, je négligeay
de faire apporter beaucoup de liures. Je ne laissay pas
neantmoins d'y trauailler à la traduction de la Vie de
Dom Barthelemy des Martyrs. Nous allions souuent
entendre l'office de l'Eglise et la messe, aux Religieuses
de la Visitation de Sainte Marie de Chaillot (1). Et je me
souuiens que nous y entendimes, le dimanche des Rameaux, le sermon d'un R. Pere Jesuite, dont nous fûmes
extrémement édifiez et touchez M. d'Epinoy et moy.

Après six semaines de demeure, ou enuiron, il arriua
un accident qui nous fit résoudre tout d'un coup d'en
sortir, pour nous en aller à Paris. Un homme ayant été
tué dans le bois de Boulogne, les officiers du capitaine
de la Varenne du Louure leuérent le corps et firent toutes
les informations. Mais ceux de la Justice ordinaire pré-
tendirent auoir seuls le droit de connoistre de ce crime.
Sur cette contestation il y eut un fort grand bruit de part et
d'autre. Et l'on crut même qu'ils pourroient en venir
aux voyes de fait. Comme M. d'Epinoy, étant frere du
capitaine, se seroit veû obligé, s'il auoit été present sur
les lieux, de soutenir et l'honneur et les interets de la
charge de son frere, nous jugeâmes qu'il n'y auoit aucune necessité qu'il se commist de la sorte dans une
affaire criminelle qui pouuoit auoir de grandes suittes.
Ainsi, sans faire de bruit, nous sortîmes, le jour de

(1) Henriette de France, veuve de Charles Ier d'Angleterre, les
avait établies, neuf ans auparavant, en 1651, dans la rue Sainte-
Marie, à Chaillot, à l'extrémité du Cours-la-Reine.

deuant que cette affaire denoit éclatter. Et au lieu d'aller à
la promenade du côté du bois, nous prîmes le chemin de
la riuiere, que nous passâmes au bas de Chaillot, d'où
nous nous rendîmes ensuitte à Paris. Ce fut là que je
pris résolution auec M. d'Auissonne, mon amy intime,
qui auoit commandé autrefois la compagnie des Gen-
darmes Ecossois, et qui viuoit alors retiré en une petite
maison de campagne, qu'il auoit fait accommoder tres
proprement, dans la paroisse de Saint Remy, proche
Cheureuse(1), d'aller demeurer chez luy auec M. d'Epinoy, pendant quelque temps. Nous nous étions fort connus, chez M. de Bernieres, Maistre des Requestes, qui
l'aimoit beaucoup, et qui le menant un jour, aussi bien
que moy, passer quelques festes, en sa terre du Chesnay,
nous fit faire ensemble une liaison qui dure depuis quarante ans(2). Ainsy j'allay m'établir auec luy pour quelque temps en sa maison de S. Remy, dont il auoit sceu
rendre le jardin, quoyque petit, fort agreable, par plusieurs canaux qu'il y fit faire auec beaucoup de dépense.
J'y passay quelques moys auec assez de douceur, ayant
tout mon temps à moy et la liberté de trauailler autant
que je le voulois. Aussy j'auançay beaucoup la traduction de la Vie de Dom Barthelemy des Martyrs.
Mais il m'arriua un accident qui me la fit un peu inter-
rompre. Ayant été obligé de me leuer, pendant la nuit, sur
mon seant, pour quelque besoin, je me sentis tout d'un
coup attaqué, et au cœur, et à la teste, d'une suffocation
qui me fit tomber la moitié du corps hors du lit et perdre
entierement connoissance. Je n'ay pu sçauoir si je de-

(1) A deux kilomètres, Est, de Chevreuse, dans la vallée où se
trouvait Port-Royal des Champs. De la son nom actuel de Saint-Remy-
lès-Chevreuse.
(2) Vers 1657, puisque l'auteur écrit ceci, en 1697.

meuray longtemps en cet état. Mais, comme j'auois la
teste en bas sur le plancher, je fus dans une terrible
surprise, lorsqu'étant enfin reuenu à moy de cette foiblesse, je me trouuay dans ce pitoyable état. J'appellay
M. d'Epinoy, qui étoit couché dans une chambre auprès
de la mienne, et qui accourut à moy, lorsque j'étois fort
épouuenté, aussi bien que luy, d'un tel accident. On me
fit quelques remedes. Et, quoy que j'apprehendasse des
suittes fâcheuses de cette foiblesse, qui ne m'étoit point
du tout ordinaire, je n'en eus que la frayeur.

Cependant, comme il arriue toujours plusieurs trauerses, il parut visiblement qu'une telle vie, occupée
depuis le matin jusques au soir, solitaire et tranquille,
ne plaisoit pas à celuy qui aime à troubler le repos de
ceux qui ne songent qu'à seruir Dieu; et il me suscita
une espece de persecution de la part de certaines gens
dont je ne me serois guere deffié. Des gentilshommes,
connus dans tout le païs pour déterminez, vinrent enleuer auec eux M. d'Auissonne, les jours gras (1); et ayant
sceu que j'étois retiré dans sa maison, ils crurent que
ç'auroit été une espece d'affront pour eux, si j'auois pû
demeurer seul à couuert de leur insulte et de leur dé-
bauche : car c'est ainsi que j'appelle ces sortes de repas
où l'on s'abandonne à l'excès du vin, surtout en un
temps où l'Eglise nous inuite de nous préparer à la penitence de la sainte Quarantaine. M. d'Epinoy n'étoit point
alors à S. Remy : et M. d'Auissonne, tout mon amy qu'il
étoit, ne pouuoit point arréter la fougue de ces brutaux,
qui tenoient à gloire d'entraisner dans leurs débauches

(1) Cette date est en désaccord avec l'ensemble du récit, puisque
du Fossé avait quitté Port-Royal « durant le carême de l'année 1660, »
(p. 42), et qu'il était encore au château de la Muette, « le jour des
« Rameaux, » (p. 44), avant de s'établir à Saint-Remy, d'où il sortira
pour aller aux Troux, pendant cette même année 1660.

le plus de gens qu'ils pouuoient, et surtout des gens qu'ils
regardoient comme deuots , et dont la pieté passoit chez
eux pour bigotterie. J'auouë que je me trouuay dans un
tres grand embarras. Mais, comme j'eus tout d'abord un
pressentiment de leur dessein, je commençay par me renfermer dans mon appartement, et je barricaday bien la
porte de la première chambre, résolu de me retrancher dans la seconde, s'ils enfonçoient la premiere. Ils
vinrent d'abord pour ouurir la porte, croyant me surprendre. Mais se voyant préuenus par la sage précaution
dont j'auois usé, ils commencerent à faire grand bruit; à
quoy je ne répondis aucune parole. Mon silence les
étonna; et croyant s'estre mépris, ils descendirent dans
le jardin, dans la pensée que je pouuois bien n'y estre
pas. Mais, soit qu'ils eussent eu de nouuelles assurances
que j'y étois, et que je ne voulois pas répondre; soit qu'ils
s'en doutassent seulement, ils reuinrent à la charge plus
furieux qu'auparauant; et auec menaces, ils faisoient
mine, comme des gens qui auoient déja du vin dans la
teste, de vouloir enfoncer la porte. Je ne répondis à tout
ce bruit que par un profond silence. Enfin, après beaucoup
de fracas, soit qu'ils crussent se tromper, ou qu'ils crai-
gnissent d'user de violence, ils descendirent : et ayant seulement déjeuné auec M. d'Auissonne, ils l'emmenerent
auec eux. Pour moy, me voyant tiré de ce mauuais pas,
et craignant quelque retour de gens emportez de dé-
bauche, je résolus de sortir secrettement de la maison et
d'aller passer un jour ou deux auec un de mes amis, qui
n'étoit qu'à une lieue et demie de là. Mais, parce que je
jugeay que de telles gens, ayant une fois pris le chemin
de la maison d'où j'étois sorty, pourroient bien encore
m'y venir faire quelque insulte, je résolus de changer de
lieu. Et la question étoit d'en trouuer un où je pusse
auoir l'auantage de la solitude, et en même temps de la

compagnie de quelque personne. dont la vie et les occupations eussent du rapport aux miennes. C'est ce que Dieu me fit enfin découurir, selon que je vas le dire.

Il y auoit quelque temps que M. de Bagnols, maistre des Requestes étoit mort (1), de même qu'il auoit vécu. c'est à dire dans une tres grande pieté, ayant laissé orphelins quatre enfans fort jeunes, trois garçons et une fille. L'abbé de Bernay, leur proche parent (2), vouloit auoir leur tutelle, et se charger de tout le soin, non seulement de leur bien, mais encore de leurs personnes. Les autres parens s'y opposoient, ne croyant pas qu'on pust confier à son administration des biens qui étoient si considerables (3), ni à ses soins l'éducation de jeunes enfans, que leur pere auoit fait jusques alors éleuer dans l'innocence et dans la crainte de Dieu, et conserué auec tant de soin comme le plus grand thresor qu'il eust dans le monde. Comme on vit son opiniastreté à le vouloir emporter, on ne trouua point d'autre moyen que d'auoir recours à l'authorité du Roy, et d'obtenir une lettre de cachet, par laquella sa Majesté ordonnoit que les enfans du sieur de Bagnols seroient conduits incessamment du château de Saint Jean des Troux, où ils demeuroient, en la ville de Lion, et mis par l'Exempt qui les conduiroit. en la puissance et en la garde du sieur de Flecheres.

(1) Le 15 mai 1657.

(2) François Feydeau, 37e abbé de Bernay, était leur oncle, M. de Bagnols ayant épousé Gabrielle Feydeau.

(3) Les défiances devaient être légitimes, puisqu'à sa mort, en 1660, les Religieux de l'abbaye de Notre-Dame de Bernay « firent dresser « un état des réparations qu'il avait négligé de faire pendant sa vie, « et que ses héritiers furent obligés de payer une indemnité de « 25,000 livres. » *Dictionnaire historique de l'Eure*, par MM. Charpillon et l'abbé Caresme, p. 326. — La CCIIIe *Historiette* de Tallemant des Réaux est pour lui, et il en parle comme d'un homme « féru de « la vision de tenir la meilleure table de Paris. »

lieutenant general, leur oncle. Cet ordre fut exécuté tres
promptement, pour préuenir toutes les sollicitations et
toutes les oppositions de l'abbé de Bernay; et ainsi le
château des Troux demeura vide. Ils prierent neantmoins le curé de la paroisse, qui étoit M. Burlugay, docteur de Sorbonne (1), et son frere, qui étoit intelligent
dans les affaires, de vouloir y demeurer, pour en prendre
quelque soin. Et M. de Tillemont, fils de M. Le Nain,
maistre des Requestes, auec qui j'auois déja demeuré,
comme je l'ay dit (2), beaucoup de temps, en deux différentes occasions, pria aussi ces Messieurs de trouuer bon
que, dans le temps de leur absence, il demeurast auec
M. Burlugay dans leur château, afin d'auoir l'auantage
de pouuoir étudier, et trauailler à l'histoire de l'Eglise
auec ce sçauant et pieux docteur, qui pouuoit beaucoup le
seruir pour ce dessein qu'il auoit dès ce temps là, et qu'il
a depuis executé d'une maniere si utile pour le public.
Mrs de Singlin et de Sacy, qui me virent dans l'embarras
où j'étois alors, jugerent qu'ils ne pouuoient me procurer une compagnie plus sortable, ni qui dust m'estre
plus auantageuse que celle de ces deux personnes, dont
la maniere de viure et les études se rapportoient tout à
fait auec les miennes. Ainsi je quittay sans peine la maison de Saint Remy, pour aller m'établir en celle des
Troux, qui n'en est qu'à une demie lieuë (3).

<hr>

(1) « M. Jean-Baptiste Burlugai, de Port-Royal, après avoir été
« successivement curé des Troux et ensuite de Magny, après M. Retard,
« dont il a été parlé ci-devant, fut appellé dans le diocèse de Sens
« par M. de Gondrin, qui le fit Chanoine, Théologal et Supérieur du
« séminaire. Il est mort le 17 janvier 1702. » Note du premier éditeur,
p. 170. — M. Sainte-Beuve en fait un docteur « de Navarre, » comme
nous l'avons dit, t. I, p. 257.

(2) T. I, pp. 251, 253.

(3) Les Troux, village de Seine-et-Oise, arr. de Rambouillet, cant.
de Limours, à 3 kilomètres au Sud de Saint-Remy. La carte de l'Etat-
Major l'appelle Boullay les Troux.

Ce château consiste en un grand corps de logis, flanqué
de deux gros pauillons, qui saillissent un peu au dehors,
et qui rendent les appartemens des deux costez d'un
grand escalier, et d'un vaste vestibule, fort considerables. Il y a deux grandes cours, pour arriuer au château.
On passe à trauers le vestibule dont j'ay parlé, dans un
grand et magnifique jardin, où se voit d'abord un parterre tres spacieux, borné d'un costé par une allée en
terrasse le long du château; à main gauche, par une
autre allée, éleuée aussi en terrasse, à main droitte et de
front, par de tres hautes palissades, de charmes. Il y a en
face et à droit de ce parterre plusieurs allées, plus ou
moins longues, selon le terrain, mais tres agreables, à
cause de l'eleuation prodigieuse et de la beauté des palissades, tres bien tonduës, qui les bornent des deux costez. On y voit encore et des espalliers, et de beaux plans
d'arbres fruitiers en plein vent, et une vigne. Enfin on
peut dire que cette demeure a l'utile joint à l'agréement,
si ce n'est qu'elle manque d'eau, et qu'elle n'a point de
veuë, à cause de la hauteur de ses palissades, qui sont
neantmoins deux choses presque necessaires pour rendre
un lieu parfaittement agreable. L'église de la paroisse
tient au jardin, en sorte que, trauersant le parterre et
l'allée du bout, on entre par une petite porte dans le coemetiere; et du coemetiere, dans la chapelle du seigneur (1).
Ce fut en ce lieu que j'acheuay entierement la traduction
de la Vie de Dom Barthelemy des Martyrs, et que l'ayant
acheuée je la mis entre les mains de M. de Sacy, qui
s'en seruit, comme de materiaux, pour en composer cette
excellente Vie, qui a été imprimée et qui a paru auec
beaucoup d'édification dans le public (2).

(1) On trouverait, chez peu d'auteurs, une description aussi complète
du château des Troux.

(2) Paris, 1663, in-8, et 1664, in-4°. — La Biographie Didot range cet
ouvrage parmi ceux d'Antoine Le Maitre, en disant que « quelques

Vers les premiers mois que je demeurois aux Troux,
le Roi étant de retour après son mariage, la Reine fit son
entrée à Paris, où elle fut receuë auec la plus grande
magnificence qu'on y vit jamais (1). M. de Tillemont ne
fut point tenté d'y aller ; ou s'il en eut la pensée, il ne
voulut point se donner cette satisfaction. Pour moy, qui
n'étois pas mort, comme luy. à ces sortes de spectacles,
qui n'arriuent qu'une fois en toute la vie, et que je re-
gardois comme innocens, je me disposay à y aller, et je
partis le septieme de septembre, qui étoit la veille de
cette entrée si magnifique (2), pour me rendre à Paris.
J'y trouuay un concours de monde effroyable, et un mouuement si general et si extraordinaire que je ne crois
pas qu'on vit jamais rien de semblable. J'entray aussi
dans cette même agitation comme les autres ; et j'auouë
que c'étoit comme une espece d'enyurement de se
trouuer au milieu d'un million de toutes sortes de per-

« auteurs l'attribuent à Le Maître de Sacy. » C'est à bon droit, d'après
ce passage. D'ailleurs la traduction, qui servit à le faire, est posté-
rieure à la mort d'Antoine Le Maître. — Nous avons déjà vu le dévouement de du Fossé, quand il s'agissait d'étudier, pour le compte de
M. Le Maître, les manuscrits de saint Jean Climaque et les commentaires d'Elie de Crète, soit à la Bibliothèque du Roi, soit dans celle
du chancelier Séguier. Il était soutenu par le plaisir qu'il lui cause-
rait. (T. I, pp. 294-297.) « C'était l'étude pour Dieu et pour M. Le
« Maître, pour un ami en Dieu. » (M. Sainte-Beuve, *Port-Royal*, t. III,
p. 534.) Ici l'auteur livre encore, avec non moins de désintéresse-
ment et pour les mêmes motifs, les fruits d'un travail long et pénible
à M. de Saci, en n'envisageant que le bien du public et la gloire
d'autrui.

(1) Marie-Thérèse d'Autriche, infante d'Espagne, fut mariée à Fon-
tarabie, le 4 juin 1660, et la cérémonie nuptiale eut lieu, à Saint Jean
de Luz, le 9 du même mois.

(2) Les souvenirs de l'auteur le servent mal. L'entrée eut lieu, le
jeudi 26 août 1660, et non le 8 septembre. C'est le 25 août que du Fossé
se mit en route.

sonnes (1), qui alloient et qui venoient, passant d'un arc
de triomphe à un autre auec grand bruit (2) ; et parmy je
ne sçay combien de compagnies de soldats, qui retour-
noient à Paris après la reueuë (3), et entre sept et huit
mille carrosses, qui fermoient les ruës, et dont il y auoit
jusqu'à cinq rangs, dans la grande ruë du faubourg Saint-
Antoine (4). Quoyque fatigué d'auoir fait ce même jour
sept lieuës à cheual, je ne laissay pas de marcher encore
à pied jusqu'à plus de dix heures du soir. Cependant
j'étois leué le lendemain dès cinq heures du matin ; ce qui
peut faire juger de quoy le corps est capable, quand la
volonté est pleine. Et après que j'eus entendu la messe,
j'allay chez le sieur Crochet, beau frere de M. Burlugay,
curé des Troux, qui demeuroit vis à vis de S. Denjs de
la Charte (5), par où tout deuoit passer. Je ne feray point

(1) D'après un dénombrement fait en 1694, la population de Paris
était alors de 720,000 habitants, chiffre que Vauban donne, dans sa
Dixme royale, en déclarant « qu'il ne peut se figurer que Paris soit
« ainsi peuplé qu'on le fait. » *Tableau* de la page 180 et 181.

(2) Depuis l'entrée de Paris vers Vincennes où s'élevait le « Hault
« Dais ou Throsne royal , » qui devait donner son nom à la barrière
actuelle du Trône, point de départ du cortége, jusqu'à la place Dauphine, point d'arrivée, il y avait huit Arcs de triomphe ou Entrées de
porte.

(3) On n'avait pris, dans la milice de Paris, qu'une partie de l'effectif,
environ 5,000 hommes; mais il en vint « plus de 8,000 compris les
« officiers. » Une planche du récit de cette Entrée donne la « Dispo-
« sition de la Milice de Paris lorsqu'elle parut devant leurs Majes (*sic*)
« entre le Bois de Vincennes et la d^te ville le 23e du mois d'Aoust de
« l'année 1660, trois jours avant l'Entrée. » Cette Milice forma la haie,
le jour de l'Entrée.

(4) En cette même année 1660, Boileau disait :

> Vingt carosses bientôt, arrivant à la file,
> Y sont en moins de rien suivis de plus de mille.
>
> Sat. VI , Les Embarras de Paris.

(5) Dans la « Rue du Haut-Moulin, au coin de la rue de la Cité, n° 1,
« étaient l'église et le prieuré de Saint-Denis de Chatre (*sic*), démoli-

icy le récit de cette entrée triomphante, que d'autres ont
pris le soin de représenter dans tout son détail (1). Mais
je diray seulement, en empruntant le langage de Tertullien, que ce que l'on auoit veû jusqu'alors de plus magnifique à Paris, rougissoit en quelque sorte, par l'excès des
magnificences qui parurent en ce jour, des broderies d'or
et d'argent, des pierreries dont les habits des seigneurs
étoient couuerts, et de ce qui éclattoit dans les vétemens
et dans tout l'extérieur des bourgeois mêmes. Enfin l'on
ne pouuoit voir qu'auec quelque peine que nos Eglises et
nos autels ne sont pas ornez d'une manicre si somp-
tueuse que l'étoient soixante et quinze mulets du Cardinal
Mazarin, dont les vint cinq premiers étoient chargez de
couuertures plus belles que nos plus belles tapisseries;
les vint cinq suiuans en auoient encore de plus magnifiques; et les derniers en portoient de si riches et de si
releuées d'or qu'on n'auoit peut être point veû dans
Paris de broderie plus chargée et plus épaisse (2).

« en 1781. » *Les Quarante-Huit quartiers de Paris*, par Girault de
Saint-Fargeau, 3ᵉ édit. 1850, p. 393. — « CHARTRE, en termes de Pa-
« lais, est un vieux mot qui signifioit autrefois une prison. *Carcer*.
« Il faut toujours écrire *chartre* en ce sens. Il est encore en usage en
« cette phrase : Il est défendu de tenir une personne en prison, en
« *chartre* privée, c'est-à-dire hors d'une prison publique. C'est de là
« aussi qu'est nommé le Prieuré de S. Denys de la *Chartre*, à Paris. »
Dictionnaire de Trévoux. Le saint passait pour y avoir été enfermé.

(1) Le P. Lelong indique dix-huit relations ou pièces se rapportant
à cette entrée. Nous signalerons surtout : *L'Entrée triomphante de
levrs Maiestez Lovis XIV, Roy de France et de Navarre, et Marie
Therese d'Austriche, son espouse, dans la ville de Paris, capitale de
levrs royavmes, au retovr de la signatvre de la paix generalle et de
levr hevrevx mariage. Enrichi de plusieurs Figures, des Harangues et
de diverses pieces considerables pour l'Histoire. Le tout exactement
recueilly par l'ordre de Messieurs de Ville*. In-folio 1662.

(2) Le chiffre officiel de ces mulets était 72. — Voir l'Appendice I
pour tout ce qui se rapporte à cette Entrée.

Quand je retournay à la campagne, ayant été rendre une visite à M. de Sacy, je luy contay auec admiration quelqu'une des choses les plus surprenantes que j'auois veuës. Mais luy, que sa foy tenoit élcué infiniment au-dessuz de toutes ces magnificences du siecle, et à qui elles ne pouuoient seruir tout au plus que comme une image fort grossiere des biens infinis que Dieu reserue à ses seruiteurs ; que ni l'œil n'a jamais veûs, ni l'esprit de l'homme ne peut comprendre ; il se railla agreablement de ma curiosité en deux mots. Car, comme je lui exagerois la beauté si surprenante des habits des grands seigneurs de la Cour, tout enrichis de pierreries, il me répondit en riant ; « que tout cela luy paroissoit « peu de chose, en comparaison de deux diamans aussi « gros que les deux tours de Nostre Dame de Paris qu'il « se figuroit(1). » Il ne faut pas s'étonner, s'il parloit un tel langage, luy qui se nourissoit continuellement de l'Ecriture, et qui dans la description de la celeste Jerusalem, rapportée par saint Jean, y auoit lû ; *Qu'elle étoit d'un or pur, semblable à un verre tres clair ; que sa muraille étoit de jaspe, et les fondemens de cette muraille ornez de toutes sortes de pierres preticuses ; et qu'elle auoit douze portes, qui étoient faites de douze perles* (2). Ces idées si grandes des thresors de l'autre monde effaçoient de telle sorte dans son esprit toutes celles des plus grandes beautez de celuycy, qu'il ne pouuoit arréter en aucune sorte son esprit sur d'autres objets moins dignes de son amour.

(1) M. Sainte-Beuve, citant cette réponse, la juge en ces termes : « Par cette sorte d'admiration en bloc et une fois pour toutes, M. de « Saci se dispensait ingénieusement de toutes les petites admirations « de détail. » *Port-Royal*, t. III, p. 526. Tel est aussi le sens de la réflexion de du Fossé, un peu plus loin.

(2) Apocalypse, ch. XXI. C'est la réunion de trois passages pris dans les versets 18, 19 et 21.

Je m'appliquay dans la suitte à lire l'Histoire Ecclésiastique auec M. Burlugay et M. de Tillemont : et nous faisions conjointement nos remarques, pour seruir d'éclaircissement aux difficultez qui se rencontroient dans cette
lecture (1). Cette étude faitte ainsi auec des personnes
sçauantes et judicieuses eût pu me seruir beaucoup. Mais
le soin que je voulus prendre du ménage, et l'inquiétude
qui en est comme inseparable; la vanité qui me porta
insensiblement à vouloir paroistre en ce lieu, et à me
faire considerer des habitans de la paroisse, qui auoient
recours à moy dans leurs besoins, et pour qui même
j'auançay une fois le quartier de leur taille; le desir de
conseruer les chasses, jusqu'à établir de ma propre authorité un garde qui étoit fort bon tireur, et qui ayant
seruy autrefois dans la venerie auoit été nommé, par le
feu Roy, le comte de Roussy, à cause de la couleur de ses
cheueux (2); enfin la dissipation d'une vie fort differente
de celle que j'auois menée à Port Royal et à S Remy.

(1) « Toutes ces remarques restèrent entre les mains de M. de
« Tillemont, à qui elles servirent pour son Histoire (ecclésiastique).
« On ne saurait concevoir une absence plus entière d'*amour-propre*
« et *d'esprit de propriété* dans le travail intellectuel. Du Fossé se met
« à l'œuvre pour M. Le Maitre (voir plus haut, p. 51, en note), lequel
« se borne lui-même à revoir et à corriger les traductions dites d'An-
« dilly. Tillemont livrera plus tard tous ses Recueils de Saint Louis à
« M. de Saci, puis à M. de La Chaise; et à son tour il nous repré-
« sente sous son nom, le seul aujourd'hui célèbre, ces autres noms
« obscurs et si estimables de son ami du Fossé, de M. Burlugai. »
Ibid., t. III, note de la p. 527.

(2) On devait penser aussi au titre de *comte de Roussy*, porté par
l'un des membres de la famille de La Rochefoucauld. Tallemant
des Réaux n'a point cité ce bon mot, dans son Historiette de Louis XIII,
écrite sous l'influence de préventions défavorables. Si ce mot ne prouve
pas que le roi fût « médisant, » comme Tallemant l'en accuse, il montre
au moins que le monarque ne reculait pas devant un trait piquant aux
dépens de ses sujets.

me firent perdre tout l'auantage que j'aurois dû retirer de
la compagnie des personnes auec qui j'étois. Je le dis
donc à ma confusion, et pour empêcher, s'il est possible,
que d'autres ne tombent dans la même faute, en perdant
une chose aussi prétieuse qu'est le temps, et des auantages aussi grands pour un jeune homme qui étudie, que
ceux que j'auois alors. Je puis dire neantmoins que, si je
tombay dans beaucoup de fautes, et si je me fis beaucoup
d'affaires, surtout au sujet des chasses, pour vouloir les
conseruer auec trop d'inquiétude et de chaleur, ces fautes
mêmes me seruirent dans la suitte pour estre plus sage :
et j'ay cette obligation singuliere à M. d'Andilly, qui auoit
beaucoup de bonté pour moy, d'auoir été détrompé par
luy de cette folle passion, à laquelle je me laissois emporter, faute d'experience. Car comme il sceut les affaires
qu'elle m'auoit attirées, jusques là qu'un lieutenant des
chasses du Roy auoit enuoyé plusieurs gardes faire insulte au comte de Roussy dans sa maison, et luy oster
son fusil, que je luy fis rendre neantmoins quelques jours
après, il me dit fort serieusement un jour que j'allay le
voir à Port Royal : « Il faut auouër que tu es bien fou
« de te picquer de vouloir ainsy conseruer les chasses,
« dans une terre qui n'est point à toy, et de mettre même
« ta vie en peril pour une chose qui ne te regarde point.
« Tu ne sçays donc point encore ce que c'est que la pas-
« sion de la chasse, et de combien de malheurs elle est
« suiuie. J'ay toujours veû que les plus grandes querelles
« à la campagne sont venuës de cette sorte d'ardeur que
« l'on témoigne pour la conseruation de quelque gibier,
« et qu'il en a tres souuent couté la vie à d'honnestes gens,
« pour auoir été follement jaloux de quelques perdrix ou
« de quelque lieure. » Ce discours si sage d'un homme
de poids et d'experience, pour qui j'auois un vray respect,
fit une tres forte impression sur mon esprit. Je profitay

de sa remontrance. Et je peux dire qu'elle me seruit
beaucoup, auec les réflexions qu'elle me donna lieu de
faire sur plusieurs choses qui s'étoient passées, pour
empescher dans la suitte, quand je commençay à demeurer par ordre du Roy, comme je le diray en son temps,
dans ma terre du Fossé (1), que je ne fusse si ardent pour
les chasses, et que je ne m'attirasse de semblables affaires à celles que j'auois cuës. Il est difficile qu'on ne
tombe dans des fautes, quand on est jeune, et qu'on
manque d'experience. Et il est utile de les remarquer,
afin qu'elles soient aux autres comme ces signes que l'on
place en des endroits dangereux, pour auertir de les
éuiter. Mais on est heureux, lorsqu'après qu'on est
tombé dans ces fautes, elles nous seruent elles mêmes
pour nous empescher d'y retomber. Je ne crains donc
point de découurir ma follie, pour la rendre utile aux
autres, qui sçauront bien profiter de mon exemple,
comme j'en profitay moy même depuis.

Ce qui porta M. d'Andilly à me parler aussy fortement,
étoit la tendresse de l'affection tres sincere qu'il auoit
pour moy. Il me tenoit lieu de pere en cette rencontre :
et comme il voyoit que je m'égarois, il se sentit obligé de
me picquer un peu viuement, pour me mieux faire sentir
ma faute. Il me fit aussi l'honneur de me venir voir dans
mon ménage auec M. de Pontis (2). Et il prit plaisir à
mortifier un peu ma petite vanité. Car ayant sceu que je
me picquois de bien receuoir ceux qui me faisoient l'honneur de me venir voir, il arriua auec sa compagnie justement lorsque le potage étoit serui, et que nous allions
nous mettre à table. Et par malheur, ce qu'on nous seruit ce jour là étoit tres mal apresté ; en sorte qu'on ne

(1) En 1666.
(2) Voir plus haut, p. 5-7.

pouuoit discerner si le potage étoit gras ou maigre. Je ne
pus point luy dissimuler le chagrin qu'une telle surprise
me causoit : car il n'y auoit guere de personne que j'ho-
norasse dauantage, et que j'eusse plus souhaitté de bien
receuoir que luy. Mais il me fallut souffrir cette confusion d'autant plus grande pour moy, que plus il me vit
chagrin et déconcerté, plus il se railla de ma folle vanité.
et me fit entendre auec cet air grand et libre, qui luy étoit
ordinaire et naturel, que ç'auoit été exprès, pour me
surprendre, qu'il étoit venu à une telle heure ; qu'il auoit
son compte, en me voyant ainsi dérangé ; que si je l'eusse
bien entendu, il auroit fallu me mocquer tout le premier
de ceux qui, en venant me surprendre, auroient été eux
mêmes surpris par une chose aussy mauuaise qu'est une
mechante chere. « C'est le bon visage de l'hoste, me dit il,
« que l'on demande; et vous n'y faittes paroistre que du
« chagrin, comme si vous étiez faché de nous voir. » Il
est vray que je me vangeay au dessert, luy ayant fait
seruir le plus beau fruit qu'il y eust dans tout le païs.
Et ce n'étoit pas luy faire trop bien sa cour de luy faire
voir qu'on auoit des fruits aussi beaux que les siens. Car
on sçait qu'il se picquoit d'auoir les plus beaux fruits du
royaume, dont il faisoit tous les ans, comme je l'ay dit
ailleurs, des presens magnifiques au Roy et à la Reyne
Mere, et à plusieurs princes et princesses (1). Il fut donc
surpris à son tour, quand on presenta deuant luy, entre
autres choses, deux piramides de poires de bon chrestien
et de pommes de reynette, qu'on pouuoit dire estre
monstrueuses. Car jamais il n'en auoit veû, ni moy non
plus, de semblables.

Il se presenta aussi une occasion de receuoir le saint

(1) T. I, p. 132, il a parlé seulement de son habileté pour la taille
des arbres.

euesque d'Ollone (1), que l'on pria de venir donner la confirmation à un jeune enfant, qui étoit malade chez nous, et qui mourut même quelque temps après. Il y vint donc accompagné du pieux et sçauant abbé Le Roy, abbé de Hautefontaines (2), et de plusieurs autres personnes de pieté. Nous eûmes la consolation d'exercer l'hospitalité à l'égard de tous ces grands seruiteurs de Dieu, qui nous apportèrent la benediction du Seigneur, au lieu de l'hospitalité chrestienne qu'ils receuoient de nostre part. Mais ce fut pour nous une consolation toute particuliere, lorsque M. de Sacy, ayant été obligé de sortir de Port Royal, pour les raisons que je diray cy après, vint passer luy même enuiron un mois chez nous (3). Car, comme nous honorions tous sa pieté éminente, et que nous auions une singuliere confiance en la sagesse de sa charitable conduitte, nous nous regardâmes comme trop heureux de pouuoir, dans cette espece d'exil où nous étions, retirer un exilé si illustre, dont le plus grand crime étoit de se distinguer, entre plusieurs autres, par une plus grande sagesse et par une pieté plus constante.

Ce fut dans ce même temps, lorsque M. de Sacy étoit retiré chez nous, que nous receûmes la nouuelle, qui surprit si fort tout le monde, de la disgrace de M. Fouquet,

(1) Voir plus haut, p. 13.

(2) Guillaume Le Roy, né à Caen, pourvu, en 1629, d'un canonicat de Notre-Dame de Paris, le permuta, en 1653, pour l'abbaye de Haute-Fontaine (Oise), dont il fut abbé commandataire. On lui attribua les premières *Provinciales*. Il avait acheté, tout près de Port-Royal des Champs, à 4 kilomètres à l'Est, une maison de campagne appelée Mérantais, que ses amis appelaient Mérancy.

(3) « On fit sortir tous les confesseurs au commencement du mois « de juin » (1661). — *Relation de ce qui s'est passé à Port-Royal depuis le commencement d'Avril 1661*, etc., p. 9. — D'après ce qui va suivre, M. de Saci se trouvait, aux Troux, pendant la première quinzaine de septembre, 1661.

surintendant des finances (1), et de l'éloignement de
M. de Pomponne, qui eut ordre d'aller à Verdun, dont
M. de Feuquieres, son parent, étoit gouuerneur, et d'où
il reuint au bout de quelques années (2), non seulement parfaittement justifié dans l'esprit du Roy, mais
même jugé digne d'estre choisi pour l'une des plus importantes ambassades, qui étoit celle de Suede, et ensuitte
d'occuper l'un des premiers postes du Royaume, en qualité de secrétaire et de Ministre d'Etat (3). C'est ainsi que
vont les affaires de ce monde, et que tel est au bas de la
rouë, s'il m'est permis d'user de cette expression, qu'on
voit ensuitte au plus haut. Plût à Dieu, qui répandit sa
lumiere dans l'esprit d'un si grand prince, pour luy faire
enfin connoistre le merite de celuy qu'on luy auoit décrié,
d'y jetter aussi un rayon de cette diuine clarté, pour luy
découurir l'innocence de tant d'autres, qui luy étant unis
par le sang, ont été aussi noircis par des impostures, qu'on
prend soin de renouueller tous les jours, pour empescher
que la verité ne soit à la fin connuë (4). Nous allons en
voir une preuue toute nouuelle en l'année 1661 (5).

(1) Son arrestation, à Nantes, est du lundi 5 septembre, 1661.

(2) « Simon Arnauld de Pomponne fut enveloppé dans cette catas-
« trophe et envoyé à Verdun. Au bout d'un an seulement, il obtint la
« permission de s'établir à la Ferté-Sous-Jouarre, et enfin de revenir
« à Pomponne. » *Mémoires sur la Vie publique et privée de Fouquet,*
par M. Chéruel, t. II, 256. — Une hypothèse y est émise sur les causes de
cette disgrâce, des lettres de lui trouvées dans la cassette de Fouquet.

(3) Nommé à l'ambassade de Suède, en 1665, Louis XIV l'appela, le
5 septembre de l'année 1671, à la mort de M. de Lyonne, pour le
remplacer aux affaires étrangères.

(4) Le premier éditeur, modifiant ce passage, le terminait en souhai-
tant que « l'autorité royale arrêtât ce débordement de calomnies dont
« on ne cessoit de noircir tant de personnes unies par les liens de la
« nature à M. de Pomponne. » p. 174.

(5) Les faits mentionnés, à la fin de ce chapitre, étant aussi de l'année
1661, l'auteur manque ici de clarté, sinon de précision.

CHAPITRE XV.

Lorsque j'étois établi, comme je l'ay dit, aux Troux (1), ceux qui n'aimoient pas (2) Port Royal renouuellerent

(1) Voir plus haut, p. 49.
(2) Il y avait d'abord « haïssoient. »

leurs intrigues et leurs sollicitations à la Cour, pour troubler la paix dont jouissoient tant de saintes filles, sous la conduitte si sage de leurs directeurs. On trauailla à rendre suspecte cette maison, lorsqu'on n'y songeoit qu'à seruir Dieu en esprit et en verité. On representa au Roy qu'il s'y faisoit des cabales secrettes et des assemblées nocturnes, et qu'il y alloit de son authorité royale de les empescher (1). Ce n'est pas sans beaucoup de raison que de grands princes ont déploré leur malheur d'estre exposez aux surprises de ceux qui les enuironnent, et de ne pouuoir connoistre la verité de ce qu'on leur dit. Et ils sont assurément tres à plaindre de ce que, lors même qu'ils ont une volonté tres sincere de rendre justice, et de proteger l'innocence, ils n'en sont pas tout à fait les maistres, à cause de cette foulle de personnes mal intentionnées qui, pour les surprendre, font un abus criminel de l'honneur de leur confiance (2). L'exemple

(1) « Il y eut un arrêt du Conseil d'Etat rendu Je 13 avril 1661, (en « conséquence de la delibération de l'Assemblée du Clergé du pre- « mier Fevrier precedent), lequel ordonna la signature du Formu- « laire. » Note du premier éditeur.

(2) Un autre historien janséniste, Dom Clément, dira comme du Fossé : « qu'on fait parler ce grand prince, dont on avait surpris » la religion. » Il n'en était rien. Le lundi, 13 décembre 1660, Louis XIV avait dit aux évêques, composant le bureau de l'Assemblée générale du Clergé, que « son intention était d'exterminer entièrement le Jan- « sénisme et de mettre fin à cette affaire ; que trois raisons l'y obli- « geaient : la première, sa conscience ; la seconde, son honneur ; et « la troisième, le bien de son Etat ; qu'il les priait donc d'aviser « aux moyens les plus propres pour vider entièrement cette affaire, « et qu'il leur promettait de les aider pour l'exécution de ce qu'ils « auraient résolu. » Hermant, *Mémoires manuscrits*, cité par M. Sainte-Beuve, *Port-Royal*, t. IV, p. 6. Et plus loin, nous voyons le cardinal Mazarin informer le grand Condé : « comment le roi avait parlé de « lui-même au président de l'Assemblée, et sans avoir été inspiré ni « de lui ni de la reine. » Racine explique ainsi les motifs de cette grande irritation du roi : « On luy présentoit des livres, où on assuroit

seul du grand Constantin, qui condamna à la fin au ban-
nissement S. Athanase, ce prelat qu'il auoit d'abord
connu pour le plus zelé défenseur de l'Eglise, en est une
preuue bien deplorable. Le Roy étant donc sollicité continuellement et importuné par ceux qui vouloient détruire, à quelque prix que ce fust, le nom et la reputation
de Port Royal, enuoya un ordre (1) à l'abbesse de faire
sortir et de renuoyer chez leurs parents toutes les pensionnaires qui y étoient éleuées, souz prétexte qu'on leur
infectoit l'esprit par les maximes d'une nouuelle doctrine,
dont on auoit soin de les préuenir de bonne heure. Mais
hélas! si l'on auoit souhaitté sincerement de connoistre
la verité sur cela, rien n'eust été plus facile que de s'en
assurer. en interrogeant ces jeunes enfans sur ce qu'on
leur apprenoit. Et je ne crains point de dire que toutes
celles qui en sortirent alors ont rendu, et rendent encore
tous les jours témoignage contre cette fausse accusation,
dont on chargeoit les personnes qui les auoient éleuées.
Il parut donc que leurs ennemis ne demandoient pas à
découurir, et encore moins à faire connoistre l'innocence
de ces saintes Religieuses; mais que c'étoit un dessein
formé et une résolution prise de les accabler. Et la raison
seule que je puis en rapporter, est que l'éclat de leur vertu
et de la profonde érudition de ceux qui les conduisoient,
ébloüissoit en quelque sorte leurs aduersaires et leur
étoit une occasion de scandale (2).

« que, pendant les guerres de Paris, les ecclésiastiques de Port-Royal
« avoient offert au duc d'Orléans de lever et d'entretenir douze mille
« hommes à leurs dépens, et qu'on en donneroit la preuve dès que
« Sa Majesté en voudroit être informée. » *Abrégé de l'Histoire de
Port-Royal,* seconde partie.

(1) Le samedi, 23 avril 1661.

(2) Racine donne les motifs suivants de cette haine contre Port-Royal,
Religieuses et Solitaires. Pour les Religieuses, « une des choses qui
« rendoient cette maison plus recommandable, et qui peut-être aussi

Aussi, ils ne manquerent pas d'attaquer leurs directeurs et leurs confesseurs, en faisant substituer à la place de M. de Singlin, leur supérieur étably par l'archeuesque de Paris, le sieur Bail (1), qu'ils ne jugeoient digne d'occuper une telle place que parce qu'il étoit infiniment éloigné de posseder les qualitez éminentes de celuy qu'ils dépossedoient. Quoyque l'ordre qui les obligeoit à renuoyer leurs pensionnaires leur causast de l'affliction, par rapport à ces jeunes filles, à qui on enuioit si injustement une sainte éducation, il leur fut aisé de s'en consoler, par rapport à elles mêmes, à cause du soulagement qu'elles en receuoient, et de la paix sans comparaison plus grande que cette décharge leur procureroit. Mais ce qui les touchoit tres viuement fut la separation d'une personne (2), si sainte et si éclairée, qu'elles auoient

« ont attiré plus de jalousie, c'est l'excellente éducation qu'on y don-
« noit à la jeunesse. » Et après avoir parlé des querelles religieuses
nées du Livre *De la Fréquente Communion*, et dit qu' « Arnauld étoit père
« de la Mère Angélique; qu'il avoit sa mère, six de ses sœurs et six de
« ses nièces religieuses à Port-Royal, » il ajoute : « Ils (les Jésuites)
« s'habituèrent à confondre dans leurs idées les noms d'Arnauld et de
« Port-Royal, et conçurent pour toutes les religieuses de ce monas-
« tère la même haine qu'ils avoient pour la personne de ce docteur »
— Pour les Solitaires, « ajoutez qu'à toutes ces querelles de religion,
« il se joignoit encore entre les Jésuites et les écrivains de Port-Royal
« une pique de gens de lettres. » Leurs livres de dévotion étaient
délaissés pour ceux de Port-Royal. Enfin, « ils eurent même peur,
« pendant quelque temps, que Port-Royal ne leur enlevât l'éducation
« de la jeunesse, c'est-à-dire, ne tarit leur crédit dans sa source »
Abrégé de l'Histoire de Port-Royal, 1re partie.

(1) Curé de Montmartre (Paris), et sous-pénitencier.

(2) « Le Dimanche 8 mai (1661), M. Singlin notre superieur se retira
« d'ici pour ceder à la violence de ceux qui ne pouvoient voir qu'avec
« jalousie la bénédiction que Dieu donnoit à sa conduite. » *Relation
de ce qui s'est passé à Port-Royal depuis le commencement d'avril
1661 jusqu'au 27 du même mois de l'année suivante*, in-4° (1724), p. 8.
Il était supérieur des deux monastères.

choisie, auec l'agrément de l'archeuesque, pour leur superieur, et l'éloignement de leurs autres confesseurs (1),
en qui elles auoient toutes une parfaitte confiance, et de
qui elles n'auoient jamais appris autre chose qu'à trauailler, tous les jours, à s'auancer de plus en plus dans
la piété. C'est ce qui nous procura la consolation de loger
chez nous pendant quelque temps, comme je l'ay dit,
M. de Sacy, qui vint se retirer aux Troux, au sortir de
Port Royal (2).

Ce fut dans le temps de cette nouuelle persecution
qu'une de mes sœurs, nommée Anne de Sainte Thecle,
qui étoit religieuse dans la maison de Port Royal de
Paris, mourut dans une piété admirable (3), s'offrant à
Dieu comme une victime pour toutes ses sœurs, qu'elle
laissoit accablées d'affliction et menacées tous les jours de
nouueaux maux. Comme les pieces originales font toujours plus de foi, en fait d'histoire, je veux mettre icy
l'extrait de deux lettres qui furent écrittes à mon pere
sur le sujet de cette mort qui l'affligeoit et le consoloit si
fort en même temps. La premiere est de M. de Sacy, qui
trouua occasion de la voir dans sa maladie (4). « Je la
« trouuay, dit il à mon pere, en luy parlant de ma sœur,
« dans des douleurs violentes, qu'elle souffroit auec une
« grande patience. Et ayant eu d'abord quelque apprehen-

(1) « On fit sortir tous les confesseurs au commencement du mois
« de juin. » *Ibid.*, p. 9. — M. de Rebours, le plus âgé, qui en mourut de
douleur, deux mois après, M. d'Allençon et M. Akakia du Mont,
étaient en fonction sous M. Singlin.

(2) Il était encore aux Troux, dans les premiers jours de septembre
1661. Voir plus haut, p. 59.

(3) Anne Thomas, l'une des sœurs ainées de l'auteur, dut mourir
vers la fin de juin 1661. On l'appelait sœur Anne de Sainte Thecle
Thomas.

(4) En qualité de confesseur, ainsi que le dit la *Généalogie* manuscrite de la famille Thomas, par notre auteur.

« sion de la mort, dans la veuë de la saincteté de Dieu.
« cette crainte se changea ensuitte en une grande con-
« fiance, qui luy fit enuisager la mort, dans une attente
« humble et paisible de la miséricorde infinie de Dieu.
« Elle s'est estimée heureuse, selon la pensée aussi qu'en
« ont euë ses sœurs, d'estre la premiere que Dieu ait
« attirée à luy, depuis cette derniere persecution, et qui
« ait eu cette abondance de graces, que Dieu repand, en
« ce temps d'affliction et de larmes, sur tous ceux qui
« ont recours à luy dans leurs souffrances, et encore plus
« sur ceux qui souffrent pour l'amour de luy. Dieu l'a
« déliurée ainsi du peril et de la crainte, où ont été toutes
« ses sœurs d'estre diuisées les unes des autres ; et il l'a
« retirée pour jamais dans le secret de sa face, verifiant
« en elle la parole du prophete : *Proteges eos in taberna-*
« *culo tuo a contradictione linguarum.* » *Ce* 6 *juillet* 1661 (1).

L'autre lettre est de la Mere Agnes de Saint Paul, sœur
de la Mere Marie Angelique Arnauld, et l'une des plus
saintes Religieuses et des plus spirituelles qui ait été
en nostre siecle. Voici l'extrait de ce qu'elle crut deuoir
écrire à mon Pere touchant le même sujet : « Dieu vous
« a fait la grace, Monsieur, d'agir si chrestiennement,
« dans la maladie, et à la mort de nostre chere sœur
« Anne de Sainte Thecle, qu'on ne pouuoit rien desirer
« dauantage : ce qui me fait croire, que comme vous auez
« souffert auec elle, et que sa mort a fait en vostre ame
« une separation si sensible, qu'elle est l'image de la
« mort, vous aurez aussi eu part au renouuellement où
« Dieu l'a mise, ensuitte du depoüillement du corps du
« péché, qu'elle haïssoit en elle même, regardant la mort,

(1) Comme pour toutes les autres lettres et pièces authentiques,
l'orthographe, l'accentuation et la ponctuation sont scrupuleusement
respectées.

« comme une deliurance qu'elle a desirée de tout son
« cœur. Elle est allée à Dieu, comme une offrande pure,
« qui s'est presentée à luy la premiere, dans le temps de
« la persecution, pour attirer sa misericorde sur nous;
« et, ce qui étoit le premier dans son intention, pour la
« demander pour toute l'Eglise, pour laquelle elle a ac-
« cepté toutes les douleurs de sa maladie, comme aussi
« sa mort; quoy qu'elle doutast, si étant imparfaitte,
« comme elle étoit, elle pouuoit penser à autre chose,
« qu'à elle même. Mais on l'a releuée de ce doute, en luy
« disant, que plus elle donneroit à l'Eglise, plus l'Eglise
« l'enrichiroit de ses merites. Je vous diray, Monsieur,
« pour votre consolation, qu'il y a peu de nos sœurs, de
« celles que j'ay veû mourir, qui nous ayent laissé une
« odeur de leur vertu, plus grande, que celle cy. Et je
« vous diray encore que ma sœur Mathilde (1) a porté
« cette perte auec toute la vertu qu'on pouuoit desirer,
« et qu'il y a en elle un changement remarquable, depuis
« qu'elle a fait ce sacrifice à Dieu, dans lequel elle s'est
« enfermée elle même. » *Ce* 18 *juillet* 1661 (2).

Voilà quels étoient les admirables effets de la premiere
benediction, que Dieu auoit répanduë sur le pere, par la
connoissance qu'il luy donna de son grand seruiteur,

(1) Madeleine Thomas, sœur aînée de la défunte, religieuse à
Port-Royal de Paris, sous le nom de sœur Madeleine de Sainte Mecthilde Thomas. Il en a été question t. I. p. 151-155 et 216. — On a dit
quelquefois *Mathilde*, mais à tort; il s'agit du nom de la sainte dont
parle le *Martyrologe universel*, au 30 mai : « Près le Lac d'Ambre en
« Bavière, la Bienheureuse *Mecthilde*, Vierge Chanoinesse ; premiè-
« ment, Prévôte de Dyezze, puis Abbesse d'Edelstetin en Souabe. »
(Vers 1160).

(2) Ces deux lettres ont été supprimées par le premier éditeur, mé-
connaissant l'importance qu'attachait l'auteur, « aux pièces originales
« qui font toujours plus de foi, en fait d'histoire. » Voir plus haut,
p 65.

l'abbé de S. Cyran. Car je suis si transporté hors de moy
même, toutes les fois que j'y pense, que je ne puis m'empescher de le faire remarquer souuent, pour justifier de
plus en plus celuy que tant de personnes, ou mal intentionnées, ou mal informées, ont décrié si injustement(1).

Mais, pour reuenir à la persecution que l'on suscita
contre Port Royal, ceux qui luy vouloient du mal ne s'en
tinrent pas à celuy qu'ils luy auoient déja fait : mais ils
firent enuoyer un ordre au Lieutenant ciuil(2), et au Procureur du Roy du Chatelet(3) de s'y transporter, pour en
visiter tous les lieux. Ces deux officiers, accompagnez
de leurs gens, allerent à la maison de Paris, au bout du
faubourg Saint Jacques, le jour même de la feste de ce
saint apostre, sur les sept heures du matin (4). Ils visiterent tout le dehors de la maison ; et ils furent premie-
rement chez la Marquise de Sablé (5) ; ensuitte à tous les
autres logemens, qu'ils examinerent auec grand soin ;
allant aussi chez les voisins les plus proches (6), et s'étant
fait même apporter une échelle, pour monter au haut des
murs de clôture, et voir toutes les auenuës de la Mai-
son(7) ; c'est à dire, en traittant la plus sainte commu-

(1) Les sentiments de du Fossé pour M. de S. Cyran, les jeunes
pensionnaires de Port-Royal les éprouvaient pour leurs Maîtresses.
« On sait, dit Racine, avec quels sentiments d'admiration et de re-
« connaissance elles ont toujours parlé de l'éducation qu'elles y avaient
« reçue. » *Abrégé de l'Histoire de Port-Royal.*

(2) François Dreux Daubray ou d'Aubray, père de la trop fameuse
marquise de Brinvilliers, avait déjà fait plusieurs autres visites dans
les deux maisons de Port-Royal, depuis le 23 août de cette année 1661.

(3) M. de Rians.

(4) Lundi, 25 juillet.

(5) Ils la trouvèrent au lit et la firent éveiller.

(6) Le chevalier Renaud de Sévigné, Mlle d'Atri, Mlle Gadeau ; mais
ils ne purent entrer chez Mme de Guemené absente.

(7) Hermant, dans son *Histoire manuscrite de Port-Royal,* a dit :
« Cette visite était une espèce de circonvallation du monastère en
« attendant le grand siége. »

nauté de Paris, comme si ç'auoit été une maison scandaleuse ; et donnant lieu à tous ceux qui furent témoins
d'une chose si indigne, d'auoir des soupçons fâcheux d'un
Monastere qu'on traittoit de cette sorte. Ils firent leur
procès verbal de tout ce qu'ils auoient veû, marquerent
les noms de toutes les personnes qui demeuroient au
dehors, tant des seruiteurs que des autres, et s'en allerent.

Le même jour, le substitut du Procureur du Roy, ac-
accompagné de deux commissaires, étant parti de Paris
de tres grand matin, arriua à Port Royal des Champs, sur
les cinq heures et demie, et y fit la même chose qu'on
auoit faitte à l'autre Maison. Au commencement du mois
d'aoust (1), le Lieutenant ciuil et le Procureur du Roy,
étant reuenus à Port Royal de Paris, demanderent à parler
à la Mere Abbesse, pour luy déclarer les ordres de Sa
Majesté ; parce que, la premiere fois, ils auoient tout fait,
sans parler à aucune personne du dedans. Ils luy dirent
qu'ils auoient ordre du Roy de faire murer plusieurs
portes, dont la principale étoit une grande porte de clôture, par laquelle on faisoit entrer la prouision de bois,
auec plusieurs autres choses necessaires, tant pour le
viure que pour l'entretient du jardin, et dont on ne se
pouuoit passer, sans en estre extrêmement incommodé ;
une autre, par où on entroit dans quelques petits jardins,
dont ils trouuoient les murailles trop basses ; et une troi-
sieme, au dehors, c'est à dire au bâtiment où logeoit le
cheualier de Séuigné, afin qu'il n'eust plus d'entrée dans
la cour où est l'Eglise, et qu'il ne pust plus sortir de sa
maison que par la ruë (2). Le Lieutenant ciuil ajouta que

(1) Le 1er août.

(2) Ils ordonnèrent de faire murer également la porte de Mme de
Sablé, et une autre qu'elle avait sur l'intérieur du monastère.

le Roy leur deffendoit qu'il se fist à l'auenir aucune assemblée nocturne dans la maison : à quoy l'Abbesse, quoyque fort surprise de cette sorte de deffense, à laquelle on n'auoit donné aucun fondement, répondit auec fermeté : « Que jamais il ne s'étoit fait de ces assemblées, ni de jour, « ni de nuit, dans leur maison, et qu'il ne s'en feroit ja- « mais (1). » Il ne leur étoit pas difficile de juger d'où leur venoit tout le mal qu'on leur faisoit. Elles le voyoient aussi elles mêmes. Mais se contentant de gémir et de s'humilier deuant Dieu, en la presence duquel elles se reconnoissoient coupables de plusieurs fautes, elles regardoient la mauuaise volonté des hommes comme un instrument, dont celuy qui les aimoit pour l'éternité sçauoit se seruir tres auantageusement, pour les purifier de plus en plus, et les rendre dignes d'estre plus conformes à l'image de leur Epoux, enuié, humilié, et outragé si indignement par son propre peuple.

Ce qui parut neantmoins plus surprenant dans cette conduitte que l'on tint à leur égard, et ce qui fit éclatter dauantage l'injustice de la haine de leurs ennemis, fut de voir qu'ils solliciterent ces visites du Lieutenant ciuil et du Procureur du Roy, dans le temps même que le Doyen de Nostre Dame, grand vicaire du diocese (2), et le sieur Bail, établi nouuellement leur superieur par ordre de la Cour, visitoient canoniquement cette Maison (3). Aussi

(1) Il n'était pas besoin de ces réunions, où l'on supposait que « les « amis et les docteurs du dehors venaient exhorter les principales « religieuses et ravitailler l'esprit du dedans. Cet esprit se riait des « murailles et des clôtures ; il vivait dans les cœurs. » M. Sainte-Beuve, *ibid.*, t. IV, p. 33.

(2) M. de Contes, doyen du chapitre de Paris, l'un des grands vicaires du cardinal de Retz.

(3) L'examen complet des deux maisons et la revue de toute la Communauté durèrent près de deux mois, du 12 juillet au 3 septembre 1661. — M. Bail avait été installé le 17 mai.

ayant acheué de voir en particulier toutes les Religieuses,
et étant venus, le second jour d'aoust, pour visiter la
clôture, selon la coutume, ils témoignèrent estre aussi
édifiez de la régularité des lieux, que de voir que l'on
auoit fait murer la grande porte, dont on ne peut se
passer dans toutes les maisons religieuses. Et cependant
l'on sçait assez que le sieur Bail n'étoit pas trop suspect
de fauoriser trop ce Monastere (1).

En ce même temps, la Mere Marie Angelique Arnauld
étoit considerablement malade. Et, quelque grande que
fut sa foy, et la fermeté auec laquelle elle supportoit tous
les maux qu'on faisoit à une maison dont elle étoit re-
gardée en quelque sorte comme fondatrice, elle y étoit
tres sensible. C'est pourquoy toute la force de son esprit
ne pouuoit point empescher que son corps, appesanti
souz le grand âge (2) et épuisé d'austeritez, ne souffrist
beaucoup de ce que l'on faisoit souffrir sans le moindre
fondement à toute sa communauté. Pénetrée tres viuement de l'injustice, de la mauuaise volonté de leurs ennemis, et surtout des accusations qu'ils publioient contre
la pureté de leur foy, elle se crut obligée d'écrire à la
Reyne Mere, dont on auoit préuenu l'esprit contre elles,
pour tâcher de luy faire connoistre leur innocence, et la
fausseté des calomnies dont on les chargeoit. Elle le fit
par une lettre excellente, dès les premiers mois de cette

(1) « Ses cheveux se hérissoient au seul nom de Port-Royal. »
Racine, *Abrégé de l'Histoire de Port-Royal*, IIe partie. — « Ce Docteur
« le plus entêté Moliniste qu'il y eût alors y vint prévenu que ces filles
« ayant été si longtemps conduites par des Directeurs qu'il croyoit
« fermement être de vrais hérétiques, l'étoient aussi comme eux, et
« qu'il les trouveroit dans tous les sentimens que les Jesuites attri-
« buoient calomnieusement à leurs Confesseurs. » *Relation de ce qui
s'est passé à Port-Royal depuis le commencement d'Avril* 1661, etc.,
p. 9.

(2) Elle avait 70 ans.

nouuelle persecution, lorsqu'elle se préparoit à la mort, s'attendant bien de n'auoir plus gueres de temps à viure (1). Comme je l'ay trouuée dans les papiers de mon pere (2), transcritte de sa propre main, je la mettray en ce lieu toute entiere, pour mieux faire le tableau de l'esprit et de la conduitte de cette sainte maison, qui meritoit par sa grande pieté la persecution des hommes du siecle; et pour donner une idée juste du fondement que pouuoient auoir les calomnies que l'on répandoit sans cesse contre elles.

« Madame (3),

« L'état où je me trouue réduitte par mon âge, par une
« langueur continuelle, et par une maladie qui m'a mise
« en état depuis peu de jours, de demander les sacre-
« mens, au milieu de la nuit, ne croyant pas viure jus-
« qu'au jour (4), me rend si presente l'obligation d'aller
« paroistre deuant Dieu, pour luy rendre compte de

(1) La lettre est du 25 mai 1661, et elle mourut le 6 août suivant.

(2) « Cette Lettre de la Mere Angélique parut imprimée dans le « tems, » dit le premier éditeur, qui l'a publiée en entier, pp. 181-192. Elle n'est pas dans la *Relation*, qui a supprimé «le détail de ce qui se « passa depuis le 14 mai jusqu'au 22 octobre 1661, parce qu'il y a peu « de choses intéressantes » (p. 9). Elle n'est pas non plus dans les *Mémoires pour servir à l'Histoire de Port-Royal et à la Vie de la Reverende Mere Marie Angelique de Sainte Magdeleine Arnauld Reformatrice de ce Monastère.* 3 vol. in-12. Utrecht, 1742. Une note dit : « On « peut voir cette Lettre dans les Memoires de M. du Fossé, pp. 181 « et suivantes. » — M. du Fossé père peut l'avoir transcrite sur l'Imprimé dont parle le premier éditeur.

(3) Nous publions cette lettre adressée à Anne d'Autriche, en nous conformant de tout point à notre Manuscrit.

(4) Le premier jour d'une neuvaine de processions, après le 4 mai, elle porta la vraie croix, « et lorsqu'elle rentra dans le Chœur, les « forces lui manquant, elle tomba portant la croix dans une espece « de défaillance qui fut le commencement de la maladie dont elle « n'est point relevée. » *Relation*, etc., p. 8.

« toutes les actions de ma vie, que si je me considerois
« seule, je ne penserois peut estre plus à me justifier sur
« la terre deuant V. M. des impressions desauautageuses,
« qu'on s'est efforcé de luy donner, touchant la créance,
« et la conduitte de cette maison. Car, Madame, étant
« pénetrée, comme je le suis, de la frayeur de ce juste
« juge, qui découurira les replis les plus cachez de nostre
« cœur, et exposera nos fautes secrettes à la lumiere de
« son visage ; la rigueur de son jugement, que je ne perds
« point de veuë, me porteroit aisément à me mettre moins
« en peine de celuy des hommes. Mais je craindrois,
« Madame, d'offenser celuy là même, dont j'apprehende
« la justice, si V. M. tenant en quelque sorte sa place
« icy bas, je négligeois de me justifier deuant elle, et si
« je manquois à rendre à mes sœurs, que je vois acca-
« blées d'affliction et de douleur, le témoignage que je
« crois deuoir à Dieu, et à la sincerité de leur conscience,
« et que je rendrois, ce me semble, au péril de ma vie, à
« la maison du monde qui me seroit le plus étrangere, si
« je la voyois (1) affligée, comme celle cy, et que je fusse
« persuadée de son innocence. C'est cette pensée, Ma-
« dame, qui me porte à me jetter auec un profond respect
« aux pieds de V. M. auant que de paroistre deuant celle
« de Dieu ; ne doutant point, que je ne trouue en vostre
« personne sacrée, cette bonté et cet amour de la justice,
« qu'il imprime dans le cœur des rois chrestiens, et qu'il
« appelle, l'affermissement de leur throsne.

« Je sçay, Madame, qu'on a rendu la creance de cette
« maison suspecte à V. M. comme si nous étions enga-
« gées dans l'erreur et dans l'heresie. Et j'auoüe, que s'il
« étoit vray, que nous fussions (2) coupables d'un si grand

(1) Croyois. » Premier éditeur.
(2) « Etions. » *Id.*

« crime, l'indignation de V. M. contre nous seroit sans
« doute tres juste : et je deurois estre la plus coupable de
« toutes, étant ce que je suis dans cette maison, où il y a
« plus de 55. ans que j'ay receu le voile sacré, auec la
« qualité d'abesse : ce que je ne puis dire, Madame,
« qu'auec (1) beaucoup de confusion, dans la connois-
« sance que j'ay, d'en auoir toujours été tres indigne,
« et n'ayant jamais pu auoir de repos, jusques à ce que
« Dieu m'en ait enfin déliurée. J'ay neantmoins cette
« consolation, Madame, que sa bonté ayant eû compassion
« de ma foiblesse, qui étoit accablée souz le poids de
« cette charge ; après m'auoir soutenuë durant (2) plu-
« sieurs années par les conseils de personnes, qui étoient
« alors celebres par leur pieté, il m'a fait la grace de me
« donner ensuitte pour principal conducteur dans la vie
« religieuse, le bienheureux François de Salles (3), qui
« n'a pas dédaigné, de me considerer toujours, comme
« l'une de ses filles, quoy que j'aye usé si imparfaitte-
« ment de l'auantage que j'auois, d'auoir un tel pere.
« C'est ce saint prelat, Madame, qui a connu plus qu'au-
« cun autre, le fond de mon cœur, et de qui j'ay tâché
« d'aprendre l'esprit véritable qu'on doit inspirer aux
« ames, qui quittent le monde, pour se consacrer entiere-
« ment à Dieu (4). Et sa conduitte si pure et si sainte

(1) « Sans. » Premier éditeur.

(2) « Pendant. » *Id.* Mais cette préposition est fort peu usitée avec
les noms de temps, au xviie siècle.

(3) L'habileté est grande de rappeler le nom d'un directeur aussi
fameux par sa piété.

(4) Quand elle était abbesse de Maubuisson, saint François de
Sales écrivait déjà, de Tours, à sa *très chère fille*, la mère Angélique,
à la date du 19 septembre 1619. Il séjourna auprès d'elle ; il alla à
Port-Royal, et l'on peut admettre avec raison que « la première
« période de Port-Royal réformé peut se dire la *période de saint Fran-*
« *çois de Sales.* » M. Sainte-Beuve, *ibid.*, t. 1, p. 223. — Le premier
éditeur a mis « *prendre* l'esprit. »

« m'étant demeurée grauée dans le cœur, comme une
« regle sur laquelle je deuois éxaminer toutes les autres,
« que je pourrois auoir à l'auenir, je puis protester à
« Vostre Majesté deuant Dieu, dont j'aprehende infini-
« ment plus le jugement, que tous les maux de la terre,
« que je n'en ay trouué aucune qui luy fust si semblable,
« que celle que nous auons receuë depuis vint cinq ans,
« et sur laquelle on nous accuse aujourd'huy.

« Je dis cecy, Madame, deuant V. M. auec d'autant
« plus d'assurance que c'est le jugement qu'en a porté la
« personne du monde, qui étoit la plus entrée dans les
« sentimens et dans l'esprit de pieté de ce bienheureux
« éuesque, qui est feu Madame de Chantail (1). Car Dieu
« m'ayant fait la grace, d'estre unie auec elle d'une ami-
« tié tres étroitte, elle m'a fait l'honneur de me venir
« voir diuerses fois. Et dans la derniere de ses visites,
« où elle passa deux jours en cette maison, un mois seu-
« lement auant son heureuse fin (2); j'eus le bien de
« l'entretenir auec une entiere liberté, touchant la con-
« duitte que Dieu nous auoit donnée. Et elle la trouua si
« conforme à celle de son bienheureux Pere, qu'elle
« souhaitta même, d'estre connuë plus particulierement
« de ceux, de qui nous la receuions, et d'estre consolée
« par leurs amis, dans les peines d'esprit dont Dieu
« l'exerçoit, comme il se voit par quelques lettres, qu'elle
« m'a fait l'honneur de m'écrire, et qui sont entre les
« mains de tout le monde (3).

(1) Jeanne-Françoise Frémyot de Chantal, supérieure du premier
monastère de la Visitation, fondé à Annecy, par saint François de
Sales, le 6 juin 1610.

(2) Elle mourut à Moulins, le 13 décembre 1641.

(3) Ces lettres venaient d'être publiées en un volume in-8°, en 1660.
— C'est François de Sales qui avait formé cette amitié dont la Mère
Angélique se montre si glorieuse. — On verra plus tard la preuve
de cette union dans une note du premier éditeur.

« Quant à ce qui regarde, Madame, les erreurs contre
« la Foy, dont on dit que cette maison auoit depuis été
« infectée, je declare deuant Dieu à V. M. que nos di-
« recteurs ont eu au contraire un soin si particulier, de
« ne nous entretenir jamais, et de ne permettre point
« qu'on nous entretint (1) de ces matieres contestées, qui
« sont si fort au dessuz de nostre sexe, et de nostre pro-
« fession, que bien loin de nous en donner la moindre
« connoissance, ils nous ont toujours éloignées de tout
« ce qui auoit quelque (2) apparence de contestation ; et
« que pour cette seule raison, on ne nous a jamais fait
« lire aucuns des liures mêmes, dont le sujet est plus
« édifiant ; comme entre autres, celuy de la Frequente
« Communion (3). Car nous n'auons jamais desiré, Ma-
« dame, que de viure dans la simplicité chrestienne,
« comme étant humbles filles de l'Eglise ; réuerant le
« Pape, comme en étant le Chef, et le Vicaire de Jesus
« Christ, et tenant pour bien condamnées les erreurs et
« les heresies qu'il a condamnées. C'est là, Madame, l'état
« veritable de ce monastere, en ce qui regarde toutes les
« questions presentes. Et quand celuy, que M^{rs}. les
« grands Vicaires y ont enuoyé (4), s'en informera auec
« toute l'exactitude possible, je suis tres assurée, que
« nos sœurs lui répondront auec une entiere sincerité ;
« puisque nous n'apprehendons nullement, que toute
« l'Eglise sçache la maniere dont cette maison a été con-

(1) « Entretien. » Premier éditeur.

(2) « La moindre. » *Id.*

(3) On a vu que le livre d'Antoine Arnauld avait fait éclater la
guerre entre Port-Royal et les Jésuites. T. I, pp. 108-111.

(4) Le sieur Bail (voir plus haut, p. 64). Au moyen de cette for-
mule, la Mère Angélique, aussi bien que l'Abbesse, la Mère Agnès
de Saint Paul, repoussait la nomination du sieur Bail, en vertu des
priviléges accordés par le cardinal de Retz à Port-Royal.

« duitte jusques à cette heure; et que tout ce qu'il y
« pourra reconnoistre, et que ces filles pourront déclarer,
« est qu'elles n'ont aucune connoissance de ces matieres,
« dont elles sont tres incapables, et qui ne les regardent
« nullement. C'est pourquoy j'ose, Madame, dire à V. M.
« que ce m'est une affliction bien sensible, de voir, que
« des Religieuses qui ne cherchent qu'à seruir Dieu dans
« le secret et dans le silence, soient traittées comme elles
« le sont, par cette seule raison, qu'on suppose, qu'elles
« sont instruittes, et qu'elles s'intéressent en des choses
« qu'elles ignorent, et qu'elles veulent et doiuent tou-
« jours ignorer. Et pour moy, Madame, je puis dire à
« V. M. qu'au lieu que quelques personnes croyent, que
« les filles de ce monastere sont d'ailleurs vertueuses,
« mais que leur foy n'étant pas saine, toute leur vertu
« doit estre suspecte; je suis au contraire tres persuadée,
« que pour ce qui regarde la Foy, nous n'auons nulle-
« ment à apprehender le jugement de Dieu, étant par sa
« misericorde tres soumises au Pape, et tres attachées à
« l'Eglise catholique, dans laquelle nous sommes nées,
« et dans laquelle nous sommes résoluës, auec la grace
« de Dieu, de viure et de mourir. Mais au contraire,
« Madame, je tremble, quand je considere la pureté de
« cœur, que Dieu demande de nous. Et il a permis peut
« estre pour nostre bien, que nous soyons tombées dans
« l'affliction, et dans l'abandonnement de tout le monde,
« où nous nous voyons réduittes, parce qu'il n'a pas
« trouué en nous cette parfaitte pureté, que nostre pro-
« fession demande. Mais j'espere, Madame, qu'après
« nous auoir nourries du pain de larmes, et que nous
« aurons adoré dans une humilité profonde sa main pa-
« ternelle qui nous châtie, il fera naistre le calme de cette
« tempeste, et que sa misericorde appaisera sa colere.
   « Cette esperance qu'il me donne, Madame, me fait

« croire en même temps, qu'il se seruira pour cela de la
« pieté de V. M. et de la sagesse du Roy, comme il se
« seruit de celle de Philippe II. ayeul de Vos Majestez (1),
« pour tirer sainte Therese de la plus grande persecu-
« tion qu'elle ait soufferte durant sa vie. Car nous voyons
« dans ses Ecrits, que le Pape même, ayant été mal in-
« formé contr'elle, et contre les Religieux de son Ordre ;
« et son Nonce, qui auoit été préuenu aussi bien que Sa
« Sainteté, portant cette affaire, selon qu'elle le dit elle
« même, dans la derniere violence; lorsque tout parois-
« soit desesperé, Dieu luy reuela, qu'elle s'adressast à
« son roy, et qu'il les traitteroit en vray pere. Et il est
« fort remarquable, Madame, que dans la lettre qu'elle
« écriuit à ce grand prince, elle marque, qu'on accusoit
« de crimes horribles, et même d'heresie, les Peres de
« son Ordre, qui étoient ses supérieurs, et de grands
« seruiteurs de Dieu : et qu'elle supplie Sa Majesté, de
« ne point écouter toutes ces accusations. Car, ajoute
« t'elle, si V. M. les écoute dans un lieu, où l'on est si
« peu informé de la vérité de ces choses, comme dans la
« Cour, on n'aura point de peine à faire passer ces per-
« sonnes comme heretiques. Nous esperons, Madame,
« que Dieu qui tient entre ses mains le cœur des rois,
« touchera celuy de Vos Majestez, comme il fit alors
« celuy de ce sage prince, et les portera à auoir compas-
« sion de tant de filles, qui, quelque affligées qu'elles
« soient, n'oseroient se plaindre, que leur conduitte (2),
« et leur foy, soit deuenuë suspecte et odieuse, quand
« elles considerent, que la même chose est arriuée dans
« ces derniers temps à cette admirable sainte, en compa-

(1) Anne d'Autriche était la fille aînée de Philippe IV, roi d'Espagne et d'Elisabeth de France, sa première femme.
(2) Mot supprimé par le premier éditeur.

« raison de laquelle nous n'oserions seulement prendre
« le nom de Religieuses. J'ose croire, Madame, que
« V. M. me permettra bien de luy faire la même suppli-
« cation, qu'elle faisoit à ce grand roy, qui est de sus-
« pendre son jugement, pour ne pas ajouter foy aux ac-
« cusations injurieuses, dont on nous charge depuis si
« longtemps, et qu'on renouuelle maintenant plus que
« jamais. Car ce n'est pas d'aujourd'huy, Madame, que
« sur le sujet de quelque dispute particulière, où nous
« n'auions aucune part, on s'est efforcé de nous faire
« passer pour heretiques. Il y a neuf ou dix ans, que le
« Pere Br.* (1) fit un libelle (2), où il nous representa,
« comme des personnes engagées dans l'heresie, et plon-
« gées dans toutes sortes de crimes. Car voicy, Madame,
« les termes dont il nous dépeignit : *Suiuant les régles*
« *prescrittes aux filles du Saint Sacrement, qu'elles seront*
« *tenuës d'obseruer, l'on fera une nouuelle Religion, que l'on*
« *appellera, les filles impenitentes, les désespérées, les asacra-*
« *mentaires, les incommuniantes, les phantastiques, les vierges*
« *folles, et tout ce qu'il vous plaira : dont l'original en sera au*
« *Portroyal, et autre part, la coppie* (3). Sur quoy, Madame,

(1) Le premier éditeur donne le nom du jésuite : « Brisacier. »
Il devait en être ainsi dans la lettre originale, qui devait porter aussi
en entier les mots : « Votre Majesté, » au lieu des initiales V. M.
de cette transcription.

(2) *Le Jansénisme confondu dans l'Avocat du sieur Callaghan*, 1651.

(3) L'auteur avait déjà cité ce passage, t. I, p. 113. — Au lieu de :
Asacramentaires, donné ici, et partout ailleurs, un éditeur des *Œuvres de Racine* (Lenormant, Paris 1810, 4 vol. in-8°), dit qu'il faut
Sacramentaires. En effet, le *Dictionnaire de Trévoux* définit ainsi
ce mot : « *Sacramentaire*, s. m., qui se dit des Hérétiques qui ont
« publié de mauvaises doctrines touchant le S. Sacrement... tels que
« les Luthériens, les Calvinistes. » C'est bien en ce sens que la
Mère Angélique l'entend plus loin. — Nous remarquerons aussi qu'au
lieu d'*incommuniantes*, il y a *incommunicantes*, dans le texte de la
condamnation par l'Archevêque de Paris.

« m'étant cru obligée d'écrire à feu Monseig^r. l'arche-
« uesque de Paris (1), nostre superieur, pour luy deman-
« der, ou de nous punir, si nous étions coupables de tous
« ces crimes, ou de reprimer l'autheur de ce libelle, si
« toutes ces accusations étoient fausses ; après l'auoir
« veû et fait examiner auec soin, il le condamna (2),
« comme contenant une infinité de calomnies, au nombre
« desquelles, il met, comme la plus grande, l'accusation
« d'heresie. Voicy, Madame, ses propres termes : *Cet au-*
« *theur, souz pretexte de déffendre la sainte doctrine de*
« *l'Eglise, a tellement éxercé sa passion, et s'est tant oublié,*
« *que de charger une Communauté Religieuse de cette ville,*
« *d'infinité de calomnies et d'opprobres, jusques à l'accuser*
« *d'heresie, quant à la doctrine.* Et, quoy que cette censure
« eust été publiée au prosne de toutes les paroisses de
« Paris, cela n'a pas neantmoins empesché, que ces per-
« sonnes n'aient toujours continué de renouueller les
« mêmes accusations, et que le Pere M[eyn. de la même
« compagnie] (3) n'ait soutenu hardiment dans un liure
« imprimé, que nous ne croyons pas la réalité de l'Eucha-
« ristie ; c'est à dire, que portant l'habit de Religieuses,
« nous sommes Caluinistes, et qu'étant filles du Saint
« Sacrement, nous ne croyons pas au Saint Sacrement.

(1) Jean-François de Gondi, archevêque, le 17 décembre 1651.

(2) L'archevêque condamna l'ouvrage, le 29 décembre suivant. —
Racine nous apprend que le P. Brisacier « fut fait alors recteur de
« leur collége de Rouen, et, à quelque temps de là, supérieur de leur
« maison professe de Paris. » *Abrégé de l'Histoire de Port-Royal.* —
Voir à l'Appendice II la censure que le premier éditeur avait publiée
en entier, parmi les *Pièces justificatives.*

(3) Ce qui est entre crochets a été biffé. Il faut compléter le passage
par le nom de *Meynier*, qui publia un livre avec ce titre : *Le Port-
Royal, d'intelligence avec Genève contre le Saint-Sacrement de l'autel,
par le Révérend Père Meynier, de la Compagnie de Jésus.* — Le premier
éditeur avait lu : *Nouel.*

« Vostre Majesté voit aisément, Madame, que si on
« écoute encore ces mêmes personnes, qui se sont décla-
« rées si publiquement contre nous, ils (1) nous feront
« passer sans peine pour heretiques, comme ils le sou-
« tenoient alors d'une maniere si outrageante. Je peux
« dire auec toute la sincerité que je dois à Dieu, et à
« V. M. deuant qui j'ay l'honneur de parler, qu'il n'est
« arriué depuis cette censure aucun changement dans
« cette maison; que les mêmes personnes qui nous ont
« conduit (2) depuis, nous conduisoient alors, et nous
« ont toujours laissées dans la même ignorance de toutes
« ces matieres contestées (3); et qu'ainsy nos accusateurs
« ayant été condamnés en ce temps là de calomnie et
« d'imposture, pour nous auoir accusé d'heresie, nous
« ne voyons pas ce qui peut aujourd'huy nous rendre
« coupables.

« Mais, Madame, la voix du pasteur n'ayant pas eu
« l'authorité d'arréter ces calomnies, Dieu a parlé luy
« même en nostre faueur, et par des miracles visibles et
« approuuez par l'Eglise, il s'est déclaré à la veuë de tout
« le monde le protecteur de nostre innocence. C'est ce qui
« nous fait esperer, Madame, que, comme il s'est rendu
« par sa misericorde, d'une maniere si extraordinaire,
« le deffenseur de cette maison, il nous fera la grace de
« rendre aujourd'huy V. M. la protectrice de ses ser-
« uantes. J'ose attendre, Madame, que vostre extrême
« bonté me permettra bien de me consoler dans cette
« esperance, et qu'elle ne dédaignera pas, de receuoir

(1) Après le mot *personnes*, on mettait alors assez souvent le mascu-
lin, quand il s'agissait d'hommes; par la figure appelée syllepse, le
sens l'emportait sur la grammaire. Nicole est sujet à le faire.

(2) Vaugelas avait déjà condamné ce manque d'accord dans ses *Remarques sur la langue françoise*

(3) Mot omis par le premier éditeur.

6

« cette lettre, comme les dernieres paroles d'une per-
« sonne mourante, qui pense plus à l'autre vie, à laquelle
« elle touche, qu'à celle cy qu'elle va quitter, et qui por-
« tera auec un profond respect, jusques dans le tombeau,
« la qualité, qu'elle a receuë de Dieu, et qui luy est chere
« par sa propre inclination, qui la rend, Madame,

> « De Vostre Majesté,

>> « La tres humble, tres obéissante, et tres fidelle
>> « sujette, et seruante, sœur Marie Angelique
>> « de Sainte Madelaine (1).

« Du monastere de Port Royal
  « le 25. May. 1661. »

Auant que de passer outre, je crois qu'il est bon de
donner icy un petit éclaircissement sur ce qui est dit
dans cette lettre (2) : *Qu'on auoit un si grand éloignement
d'entretenir les Religieuses de Port Royal de tout ce qui regardoit les matieres contestées, qu'on s'étoit même abstenu de leur
faire lire le liure* DE LA FRÉQUENTE COMMUNION. Ce qui
peut d'abord surprendre, puisque ce liure ne contient
que la doctrine des Peres et des Conciles, touchant la

---

(1) « Elle dicta cette lettre à plusieurs reprises et à divers jours,
« dans l'un desquels elle fut si mal qu'on apprehenda qu'elle ne la
« put signer. Mais elle se remit un peu après et le fit sans peine. »
Mémoires pour servir à l'Histoire de Port-Royal, etc. (3 vol. in-12,
Utrecht, 1712), t. II, p. 134. — Sur le fond, M. Sainte-Beuve a eu bien
raison de dire : « Cette lettre qui étoit destinée à être montrée et qu'on
« imprima dans le tems, fut sans doute suggérée ou au moins corrigée
« et revue par Arnauld et Nicole; on sent en plus d'un endroit que
« la Mère Angélique (si c'est bien elle qui parle) écrit d'après
« des notes qui lui ont été données par ces Messieurs, plutôt que selon
« l'impulsion directe de son cœur. » *Port-Royal*, t. IV, p. 56.

(2) L'auteur va profiter de ce « petit éclaircissement, » plus long
que la Lettre, pour rattacher habilement le récit du miracle de la
Sainte-Epine, antérieur de cinq ans, et que Port-Royal rappela toujours comme une preuve manifeste de la protection divine.

disposition dans laquelle on doit s'approcher de l'Eucha-
ristie, pour communier dignement et utilement. Mais
parce que cet excellent liure, approuué authentiquement
par tant d'éuesques, et de Docteurs de Sorbonne, réfute
un écrit qui attaquoit la pureté de cette doctrine (1), on
étoit bien aise d'épargner à de saintes filles, qui ne demandoient qu'à s'ediffier, tout ce qui auoit le moindre air
de contestation. Et, d'ailleurs, comme elles étoient, par
la grande pureté de leur vie également sainte et pénitente,
dans la pratique continuelle de ce qui est prescrit dans ce
liure par les paroles de saints Peres, touchant l'usage de
la Frequente Communion, on peut dire que la lecture de
ce liure si celebre leur étoit moins necessaire qu'à beaucoup d'autres, moins instruits qu'elles du veritable esprit
de l'Eglise.

Ce qui est encore dit à la fin de cette lettre : Que *la voix
de leur pasteur*, c'est à dire de l'archeuesque de Paris, leur
supérieur qui auoit condamné l'excès de leurs calomnia-
teurs, *n'ayant pas eú l'authorité d'arréter leurs calomnies,
Dieu auoit parlé luy même en leur faueur, par des miracles
visibles, et approuuez par l'Eglise*, m'engage à marquer icy
quelque chose de ces miracles, d'autant plus que celuy
qui fut le premier de tous, et qui fit le plus d'éclat, se fit
en la personne d'une Demoiselle, auec qui nous auons
toujours eû une liaison étroite, aussy bien qu'auec sa
mere et son pere, qui étoient intimes amis de notre famille (2). Voicy donc en abregé le recit sincere de ce grand

(1) La réfutation que le P. de Sesmaisons, jésuite, aidé des Pères
Bauny et Rabardeau, ses confrères, avait faite du Règlement de con-
duite donné à Mme de Guemené, par M. de Saint-Cyran ou M. Singlin.
Voir t. I, p. 102-105.

(2) La famille Pascal avait habité Rouen, de 1640 à 1648, et c'est
dans notre ville que Florin Périer avait épousé, en 1641, Gilberte
Pascal, sœur aînée de Pascal. Ils revinrent à Rouen, où ils séjour-

miracle, que Dieu fit visiblement, pour arrêter les effets
de la mauuaise volonté des ennemis de cette sainte Maison, puisqu'il est tres remarquable qu'il arriua dans la
conjoncture d'une persecution qu'ils faisoient à Port
Royal, dont ils auoient resolu de faire disperser les Religieuses en diuers lieux, pour détruire, s'ils auoient pu,
ce Monastere qu'ils ne pouuoient plus souffrir.

M. de la Poterie (1), ecclesiastique de qualité, et tres
vertueux, ayant enuoyé, au couuent des Religieuses
carmelites du faubourg Saint Jacques, une sainte Epine
de la couronne de Nostre Seigneur (2), qu'il auoit, depuis
quelque temps, parmi les autres reliques de sa chapelle,
et qu'elles auoient desiré de voir, fut bien aise de l'enuoyer aussy ensuitte à Port Royal de Paris, le 24 mars
de l'année 1656. Les Religieuses de ce monastere, l'ayant
receuë auec une fort grande veneration, la mirent audedans de leur chœur, sur une table en forme d'autel, chan-
terent l'antienne de la Sainte Couronne, et allerent toutes
la baiser. Une jeune demoiselle, du nombre des pensionnaires, nommée Marguerite Perrier, niéce du celebre
Monsieur Pascal, qui depuis trois ans et demy auoit à
l'œil une fistule lacrymale, d'où, comme d'une source de
pourriture, il sortoit de quart d'heure en quart d'heure
du pus, d'une horrible puanteur, tant par l'œil que par le

nèrent deux ans, de 1646 à 1648, époque de leur conversion, à l'exemple de toute la famille. De ce mariage naquit Marguerite Périer,
miraculeusement guérie par la Sainte-Épine, en mars 1656.

(1) Pierre Le Roi de la Poterie, appelé, dans le *Nécrologe*, Messire
Pierre Le Roy de la Potherie.

(2) « Entre toutes ces reliques il avoit deux épines tirées par la
« Reine Mere, Marie de Medicis, de la Sainte Couronne de la Sainte
« Chapelle. » *Mémoires de M. Fontaine*, t. II, p. 132. — « Il envoya
« céans à nos mères un fort beau Reliquaire, où est enchassé dans
« un petit soleil de vermeil doré un éclat d'une épine de la Sainte
« Couronne. » Lettre de la sœur Sainte Euphémie (Jacqueline Pascal).

nez et par la bouche, s'approcha, comme les autres, pour la baiser en son rang (1); et la Religieuse, sa maistresse (2), ayant eû dans ce moment plus d'horreur que jamais de l'enflure et de la difformité de son œil, fut inspirée d'y faire toucher cette sainte Epine, ne doutant point de la bonté et de la puissance de Dieu pour la guerir. Elle n'y fit point alors plus d'attention. Mais après que la petite pensionnaire s'en fut retournée à sa chambre, elle s'apperceut, au bout d'un quart d'heure, qu'elle étoit parfaittement guerie. En effet il n'y paroissoit plus rien du tout, ni enflure, ni pus, ni pourriture. L'os qui auoit été carié fut entierement rétabli. Et au lieu de cette puanteur insupportable, qui auoit obligé les medecins et les chirurgiens à ordonner qu'on la séparast d'auec ses compagnes, son haleine deuint douce, comme celle d'un enfant. L'odorat, qu'elle auoit perdu, luy reuint dans le même instant. En un mot jamais guerison ne fut plus complette, ni plus miraculeuse, dans toutes les circonstances.

Mais ce qu'on peut regarder comme une autre espece de miracle de la pieté de ces saintes filles, c'est la retenuë auec laquelle elles en userent. Elle fut telle que plusieurs ne sceurent cette guerison que beaucoup de jours après; et que la Prieure, qui étoit alors la Mere Agnès de Saint Paul, sœur de la Mere Marie Angelique, ayant attendu huit jours (3) à remercier M. de la Poterie, son

----

(1) « Ce miracle s'opéra le 24. Mars 1656. le Vendredi de la Samaritaine, jour auquel on lit pour Introït à la Messe ces paroles du « Pseaume LXXXV. *Fac mecum signum in bonum ut videant,* etc. » *Id. Ibid.* Note de la page 134. — Ce fut à trois heures de l'après-midi, d'après la lettre de la sœur Sainte-Euphémie à Madame Périer, mère de la *miraculée.*

(2) Sœur Catherine de Sainte Flavie Passart, *Maîtresse des enfans.*

(3) La lettre serait donc du 1er avril 1656.

cousin, de la grace qu'il leur auoit faitte de leur enuoyer
cette Relique, et ne pouuant se dispenser de luy faire
part de ce miracle, lui témoigna en même temps qu'elles
n'auoient nul dessein de le faire sçauoir à personne (1).
« Voilà, Monsieur, ajoutoit elle à la fin de sa lettre une
« attestation bien certaine de vostre Relique, dont il a
« plu à Dieu de nous consoler. Et je le prends pour un
« présage, qu'il veut guerir nos ames, et les sanctifier
« par les epines des persecuteurs dont on nous menace. »
Mais ce saint Ecclesiastique luy répondit par cette lettre
tres digne d'estre rapportée icy (2).

« Ma reuerende Mere et Cousine,

« La lecture de la lettre que vous m'auez fait la charité
« de m'écrire m'a causé une si grande consolation, que
« la joie m'a tiré des larmes du cœur, et des yeux. Je louë
« l'humble retenuë que vous auez de ne diuulguer ce
« miracle, par ce qu'il est arriué en vostre monastere,

(1) La Mère Angélique, dans une lettre écrite, vers le commencement de mai 1656, à la reine de Pologne, Marie de Gonzague, donne la raison de ce silence, à l'intérieur, sur cette guérison : « *A quoi on*
« *ne pensa point pour tout à l'heure*, chacune n'étant attentive qu'à
« la dévotion de la Relique. » M. Sainte-Beuve dit, sur ce passage :
« Voilà le point délicat et le point faible. » *Ibid.*, t. III, p. 109. Et plus loin elle ajoute, ce qui explique le silence, à l'extérieur, : « Quand
« on vit la guérison, notre Mère (l'abbesse Marie des Anges) et la
« Mère Agnès défendirent d'en parler à ceux qui viendroient à la
« maison. » Fontaine dit, au contraire, après avoir rappelé la visite des médecins, qui, venus pour faire l'opération, le 25 mars, trouvèrent la jeune fille guérie : « A peine furent-ils sortis de ce monas-
« tère, que le bruit de ce miracle se répandit aussitôt dans tout
« Paris. » *Mémoires*, t. II, p. 134.

(2) « Cette lettre se trouve en entier avec plusieurs autres, « con-
« cernant ce miracle de la Sainte Epine, dans une brochure publiée
« in-4, en 1656, avec ce titre : *Reponse à un Ecrit au sujet des mira-*
« *cles qu'il a plu à Dieu de faire à Port-Royal.* » Note du premier éditeur, p. 196.

« dont plusieurs, par la malice du temps, ont une telle
« auersion, qu'ils ne voudroient pas le croire; mais plu-
« tost que vous l'auriez mis en auant, pour donner quel-
« que haute estime de vostre maison, ou pour d'autres
« interets, que ces personnes se forgeroient en l'esprit,
« selon leur humeur ou fantaisie (1). Mais pour moy, je
« crois estre obligé de le faire connoistre auec discretion
« dans les occasions, pour n'aller au contraire de ce que
« nous apprend l'ange dans Tobie; Qu'il est bon de cacher
« le secret du Roy : mais qu'il est honorable de reueler
« et confesser les œuures de Dieu (2). Et agissant de la
« sorte, peut estre que ceux qui entendront ce miracle
« si assuré, arriué en vostre maison, et non sans un trait
« particulier de la prouidence de Dieu, diminueront de
« l'auersion qu'ils y ont, et auront quelque compassion
« des persecutions dont vous estes attaquées sans sujet.
« Je ne fais aucun doute, que Nostre Seigneur ne veuille
« sanctifier vos ames par ces persecutions, et je le sup-
« plie de tout mon cœur, qu'il vous fortifie, pour les sup-
« porter. » *Ce 2 auril.*

Quoyque Dieu voulust consoler ses seruantes, par cet
effet si miraculeux de sa puissance, et les conuaincre
qu'il sçauroit bien les déliurer de la malice des hommes,
quand il le voudroit; il auoit dessein aussy sans doute de
rendre cette merueille publique, pour justifier en quelque sorte la pureté de la foy, et l'innocence de celles
qu'on décrioit d'une maniere si outrageuse. Aussi les

____

(1) Les ennemis de Port-Royal réalisèrent bientôt sa prévision
« *Ils ont pris quelque épine dans les champs*, disoit-on effrontément
« *et ils feignent des miracles.* » MÉMOIRES de Fontaine, t. II, p. 137.

(2) Chap. xii, verset 7. — Du Fossé avait cité aussi ce verset au
début de ses *Mémoires*. Voir t. I, p. 1. — A défaut de Port-Royal, aprè_s
les médecins, M. de la Poterie divulguait bientôt le miracle, que
l'abbesse et la prieure voulaient ensevelir dans le silence.

medecins et les chirurgiens, qui auoient veû cette jeune
enfant dans son grand mal, et après la guerison, touchez
d'un si grand miracle, se sentirent obligez en conscience
de le dire à tout le monde. Et le pere de l'enfant, qu'on
auoit mandé d'Auuergne, pour estre present à l'incision,
et à l'application du bouton de feu, que le sieur d'Alancé
deuoit faire à l'œil de sa fille (1), fut celui qui contribua le
plus à faire éclatter cette merueille. Car l'ayant trouué (2) guerie, lorsqu'il arriua à Paris, il en fut si transporté de joye, qu'après auoir fait assembler les medecins
et les chirurgiens, et tiré d'eux une attestation authentique de ce qu'ils reconnoissoient n'auoir pu estre que
l'effet de la toute puissance de Dieu (3), il joignit sa voix
à la leur, pour faire éclatter partout cette guerison miraculeuse, qui fut sceuë dans tout Paris, et cruë même de
toute la Cour (4). Aussi, de quelque artifice qu'usassent

(1) Le lendemain du jour où elle fut guérie, c'est-à-dire le 25 mars.

(2) Telle était l'orthographe prescrite par Vaugelas. « Dans ce cas,
« disait-il, le prétérit est indéclinable et ne suit ny le nombre, ny le
« genre des noms. » En parlant d'une ville : « Le commerce l'a *rendu*
« *puissante.* » *Remarques sur la langue françoise.* Edit. de 1672,
p. 142.

(3) Le certificat, donné le 14 avril 1656, sur la requête de M. Périer,
est reproduit à l'Appendice III.

(4) Pascal, l'oncle de Marguerite, le beau-frère de M. Périer, en ressentit l'impression la plus vive. « Quelle fut aussi l'admiration de
« M. Pascal son oncle, dont il semble que Dieu avoit voulu récom-
« penser la foi humble. » Fontaine, *Mémoires*, t. II, p. 134. Elle lui
inspira la foudroyante apostrophe de la Seizième Provinciale, datée du
4 décembre 1656, commençant par ces mots : « Cruels et lâches per-
« sécuteurs... », et se terminant par ceux-ci, où Pascal, pour défendre
les Religieuses de Port-Royal contre leurs adversaires, rappelle le
miracle de la Sainte-Epine : « Mais Jésus-Christ, en qui elles sont
« cachées pour ne paroître qu'un jour avec lui, vous écoute et répond
« pour elles. *On l'entend aujourd'hui cette voix sainte et terrible, qui*
« *étonne la nature et console l'Eglise.* » De plus, l'article xxiii des
Pensées, qui traite des *Miracles*, a plus d'une fois la Sainte Epine en

les ennemis de Port Royal, pour en affoiblir ou en étouf-
fer la verité, la confusion qu'on eut de ne se pas rendre
à une telle éuidence, arréta, pour quelque temps, l'effet
de leur animosité ; et le dessein qu'on auoit formé de
disperser les Religieuses en diuers couuents ne fut point
exécuté (1).

Ce qui fit paroistre en effet d'une maniere tres visible
à tout le monde que Dieu auoit eu en veuë la protection
de l'innocence de ses seruantes, dans ce grand miracle,
c'est qu'il n'en fit aucun autre, dans le temps qu'elle fut
en diuers lieux, soit aux Carmelites, soit aux Ursulines,
soit dans la chapelle de M. de la Poterie. Cependant, et
les Carmelites, et les Ursulines étoient des Religieuses
qui viuoient tres saintement. M. de la Poterie étoit aussi
reconnu pour un prestre de tres grande pieté ; en sorte
qu'un Ecclesiastique tres vertueux, ayant eu la déuotion
d'aller visiter ces saintes Reliques dans sa chapelle, nous
dit au retour qu'il auoit été aussi édifié de la vertu de ce
saint prestre, que des Reliques tres belles qu'il auoit
eu soin d'assembler de tous costez dans sa maison, et
que son humilité faisoit un grand ornement de sa chapelle. La sainte Epine, dont nous parlons, étoit la même
dans ces differents Monasteres, et dans la maison de
M. de la Poterie, qu'à Port Royal. Mais ces autres Religieuses n'étant pas calomniées ni persecutées, comme
celles de Port Royal, n'auoient pas besoin, selon que
quelques unes d'elles mêmes le dirent alors, que Dieu
prouuast par un miracle qu'il étoit au milieu d'elles, pour

vue. La raison en est bien simple, puisque c'est à l'occasion des dis-
cussions soulevées par ce miracle qu'il conçut l'idée d'un grand ouvrage à la gloire de la Religion, monument dont les *Pensées* ne sont
que les premières assises.

(1) Elles eurent un répit de cinq années environ.

fermer la bouche à leurs ennemis (1). Aussi il parut encore plus sensiblement dans la suitte que c'étoit là l'unique dessein de Dieu. Car, après que la sainte Epine, qui auoit fait le miracle dont j'ay parlé, eut été reportée chez M. de la Poterie (2), à qui elle appartenoit, et placée dans sa chapelle auec les autres Reliques, qui y étoient en grand nombre, le bruit de la guerison miraculeuse de la damoiselle Perier attira en sa maison beaucoup de personnes, qui venoient pour venerer la sainte Epine, dans l'esperance d'estre gueries de leurs differentes maladies. Et cependant Dieu ne fit aucun miracle en leur faueur C'est ce qui porta ce saint prestre, qui se trouuoit accablé par le grand nombre de ceux qui venoient ainsi troubler sa retraitte et son repos, à juger tres sagement que, puisque Dieu n'auoit fait aucun miracle par cette pretieuse Relique qu'à Port Royal, c'étoit sans doute en ce lieu qu'il vouloit qu'on l'exposast à la véneration des peuples. Il l'y enuoya donc le 17 d'auril de la même année, auec une lettre qu'il écriuit à la Mere Prieure (3), sa cousine, dont voicy l'extrait : « Comme les Esprits bienheureux, infé-
« rieurs en gloire, n'ont point de jalousie, de ce que Dieu
« est plus hautement loüé et glorifié, par ceux qui sont
« audessuz d'eux, mais au contraire en ont une grande
« joye; je dois aussi à leur imitation, me réjoüir dauan-
« tage, que cette sainte Epine soit plus feruemment, plus
« dignement, et par plus de personnes honorée en vostre
« Maison, qu'elle ne pouuoit l'estre en une chapelle.
« Dieu a voulu, que je vous la laissasse, puisque par elle

(1) Telle fut toujours la prétention des Jansénistes. Le saint objet n'opérait que dans l'église de Port-Royal, et du Fossé en donne ici la raison.

(2) Il demeurait, rue Saint-Jacques, en face de l'église Saint-Jacques-du-Haut-Pas, à peu de distance de Port-Royal de Paris.

(3) La Mère Agnès de Saint-Paul. Voir plus haut, p. 85.

« il a fait un si éuident miracle. J'en suis tout étonné en
« moy même, lorsque je considere tout ce qui s'est passé,
« et la conjoncture en laquelle il est arriué ; veû que je
« pouuois vous la faire voir il y a deux mois ; et vous
« aussi, me la demander, comme ont fait les Carmelites.
« Mais Dieu l'auoit reserué pour ce temps, auquel vous
« étiez menacées des plus grandes persecutions, pour re-
« leuer vos esprits, et vous donner une grande confiance,
« qu'il ne delaissera point ses Epouses. [Et ce qui est
« encore remarquable, est que ce miracle est arriué en
« l'une de vos petites filles, lorsque l'on faisoit courir le
« bruit, comme vous sçauez, qu'on vouloit vous les
« oster.] (1) Je trouue tant de choses extraordinaires, et
« si remarquables en cette faueur, que Dieu vous a faitte,
« que je ne veux entrer plus auant en ce discours. Au
« reste, vous auez voulu mener une vie cachée, et n'estre
« connuës que de Dieu, ne l'étant du monde, sinon par
« les persecutions qu'il vous faisoit. Mais Dieu a voulu
« faire connoistre au monde vostre innocence ; et que do-
« resnauant on aille en vostre sainte Maison, pour rece-
« uoir les graces de luy (2). »

Il parut bien que ce saint Ecclesiastique étoit entré
veritablement dans les desseins de Dieu même, en
renuoyant la sainte Epine de la Couronne de son Fils au
monastere de Port Royal. Car elle n'y fut pas plustost
reuenuë qu'elle commença à y faire de nouueaux miracles. Une Religieuse de qualité, de la *Maison Dieu* de

(1) Ce passage a été biffé dans le Ms.

(2) Toute cette correspondance et le récit de du Fossé ajoutent de
nouveaux détails sur le Miracle de la Sainte-Epine, et il a son utilité,
même après ceux des *Mémoires* de Fontaine et ceux de la *XIe Pièce* du
Recueil d'Utrecht, où se trouvent tant de curieux renseignements sur
Pascal et sa famille.

Vernon (1), nommée sœur Marguerite Carré de Merçay, attaquée d'une espece de paralysie sur les deux épaules, qui s'étoit fait apporter à Paris, ayant adoré la sainte Epine à Port Royal, et communié à la messe, sortit de l'église parfaittement guerie. La femme d'un procureur de la cour, nommé le sieur Durand, étant malade depuis deux ans dix mois, d'un vomissement continuel, qui luy faisoit rejetter toute sorte de nourriture, se fit porter à Port Royal, et n'y eut pas plustost adoré et baisé la sainte Epine de Nostre Seigneur, qu'elle obtint une parfaitte guerison; en sorte qu'elle prist, dans le monastere même, de la nourriture qu'elle retint sans aucune peine, comme elle fit toujours depuis. Un de nos amis fut témoin d'un tres grand miracle qui se fit en la personne d'une jeune enfant de treize ans, fille du sieur Portelot, procureur de la Cour, qui, depuis trois ans et demy, étoit réduitte à estre couchée toute platte, ayant la teste plus basse que les pieds, à cause du retirement de deux vertebres de l'épine du dos, et souffroit d'extrêmes douleurs, fut guerie d'une maniere si miraculeuse, à la fin d'une neuuaine, que sa mere fit faire à la sainte Epine de Port Royal, qu'une demy heure après qu'elle eut mis sur soy des linges qu'on y auoit fait toucher, ses conuulsions, qu'elle auoit ordinairement cinq ou six fois le jour, auec d'extrêmes douleurs, cesserent; et ses vertebres s'étant remises en leur place, par un effet de la vertu toute puissante de celuy là même qui les auoit formées, elle se mit en son séant; ce qui luy auoit été impossible depuis plus de trois ans; elle se leua, marcha par la chambre, se

(1) Voir l'*Avant-propos* de la brochure de l'un de nos sociétaires, **M.** de Bouis : *Les Constitutions le Roi de France lesquels lon doit garder en la Meson Dieu de Vernon*, publiées d'après le manuscrit original.

mit à genoux, pour rendre grace à Dieu de sa guérison, et alla au bout de deux jours à Port Royal luy témoigner plus particulierement sa reconnoissance d'un si grand bienfait. Je ne parle point icy d'un grand nombre d'autres miracles aussi auerez, qui se fit en la personne d'une Ursuline de Noyers en Bourgogne (1), étique et paralytique depuis plus de deux ans ; d'une autre Ursuline de Pontoise, tourmentée depuis huit mois d'un horrible mal de teste, qui luy ostoit tout repos, jour et nuit ; d'une Religieuse de l'abbaye du Thresor (2), niece de M. de la Poterie, malade depuis sept mois d'une fieure continuë, accompagnée de grands maux de teste et d'estomach ; d'une Religieuse du monastere de la Congregation de Prouins, malade depuis longtemps d'une hydropisie, et d'oppression de poitrine qui la reduisit à la derniere extremité. Toutes ces malades, et beaucoup d'autres (3), furent autant de témoins viuans des merueilles que Dieu faisoit éclatter par la vertu de la sainte Epine, en faueur d'une Maison calomniée et persécutée outrageusement. J'en rapporteray seulement encore un icy, qui fit un fort grand éclat dans Paris, et qui arriua au mois de may (4)

(1) Dép. de l'Yonne, arr. de Tonnerre.

(2) Ordre de Citeaux, fondée en 1228, dép. de l'Eure, arr. d'Andelys comm. d'Ecos, paroisse du Bas-Saint-Remy.

(3) Les miracles et guérisons se multiplièrent en peu de mois jusqu'au nombre de quatorze et ensuite de quatre-vingts. M. de Pontchâteau, baptisé par la Mère Agnès du titre de *Greffier de la Sainte-Epine*, en avait tenu un compte fort exact. Ce dossier a été perdu, mais l'énumération de notre auteur peut le suppléer en partie. Le *Recueil d'Utrecht*, dit: « un excellent Ecrit, publié dès 1656, et qui est « indiqué page 196. des Mémoires de M. du Fossé (voir plus haut « la note 2 de la page 86) spécifie quatorze autres Miracles de « même espèce, qui s'étoient déjà faits ; mais il s'en opéra bien d'au- « tres. Tous ces Miracles qui étoient la voix de Dieu, prouvoient de « quel côté étoient l'innocence et la vérité. » Note de la page 237 de ce Recueil.

(4) Le 27.

de l'année 1657, dans le monastere même de Port Royal.

Une pensionnaire, nommée Claude Baudran, âgée de quinze ans, qui demeuroit à Port Royal des champs, étoit fort infirme depuis cinq ou six années. Son mal auoit commencé par une grande colique, qui luy continuoit toujours de temps en temps. Mais de plus, il s'étoit formé sur son ventre une certaine dureté, comme une espece de loupe, qui s'augmentoit peu à peu, principalement depuis deux ans, et qui deuint à la fin si monstrueuse qu'elle auoit le ventre plus gros que la plus grosse femme toute preste d'accoucher. Elle auoit d'ailleurs une telle difficulté de parler, et la voix si basse qu'on ne pouuoit l'entendre, à moins d'estre tout proche de sa bouche. Elle fut traittée longtemps auec grand soin par des personnes tres habiles. Et comme on vit qu'on ne pouuoit plus y rien faire, on jugea plus à propos de la faire venir à Paris, pour mieux consulter son mal. Le lendemain qu'elle y fut arriuée, sur les six heures du soir, on assembla trois medecins et deux chirurgiens, qui la visiterent fort exactement, et qui ne purent s'empescher de dire ensuitte qu'ils auroient bien souhaitté que tous les medecins de Paris eussent été là presens, pour auouer, disoient ils, qu'ils n'auoient peut estre jamais veû un mal aussi étrange que celuy là. Enfin, après auoir beaucoup consulté, il fut d'auis qu'on luy feroit une grande incision dans le ventre, et ils n'étoient plus en peine que de quel costé on la feroit, si ce seroit à droite ou à gauche, jugeant l'un ou l'autre presque également dangereux. Ils se separerent ainsi, jusqu'au lendemain qu'ils pretendoient faire leur operation.

Cependant cette pauure fille, inquiettée au dernier point d'une telle résolution qu'ils auoient prise, et sentant aussi une peine extrême de se voir ainsi exposée parmi

tant d'hommes, s'en alla comblée de douleur se proster-
ner deuant Dieu et adorer sa sainte Epine, auec beaucoup
de deuotion et de foy. Et comme il étoit l'heure de s'aller
coucher, elle se retira en sa chambre. Mais en se desha-
billant, elle fut bien surprise de ne plus voir cette horrible grosseur dont j'ay parlé, et de se trouuer tout à fait
guerie, et sa parole entierement dégagée, sans qu'elle se
fust apperçuë en aucune sorte comment cela s'étoit fait.
Elle eut la prudence de ne rien dire à personne, pour ne
pas rompre le silence : et s'étant couchée fort contente
elle reposa tres bien. Le jour suiuant les medecins et les
chirurgiens n'ayant pas manqué de venir pour faire leur
operation, cette fille se presénta deuant eux en un état
bien different de celuy où ils l'auoient veuë. Ils se regar-
derent l'un l'autre, dans le dernier étonnement ; et ne
pouuànt croire ce qu'ils voyoient de leurs propres yeux,
ils s'imaginerent d'abord qu'on leur auoit supposé une
autre personne que celle dont ils auoient visité le mal le
jour de deuant. Mais enfin conuaincus de la verité de la
chose, ils s'écriérent que c'étoit là le plus grand miracle
qui se fust encore fait par la sainte Epine, et qu'ils
l'estimoient autant que la résurrection d'un mort (1).

Voila donc ce que la Mere Marie Angelique Arnauld
entendit, lorsque, dans sa lettre à la Reyne mere, elle lui
dit : *Que la voix de leur pasteur*, c'est à dire de l'archeuesque de Paris, *n'ayant pas eú l'authorité d'arréter*, par
sa censure, *les calomnies*, que l'on publioit contre elles,
*Dieu auoit parlé luy même en leur faueur ; et par des mi-
racles visibles, et approuuez par l'Eglise, s'étoit déclaré, à la*

(1) Le premier éditeur avait ajouté au texte : « C'est cette Pension-
« naire et Mademoiselle Perier qui sont peintes des deux côtés de la
« grille à Port-Royal de Paris. » P. 205. Ces deux portraits ou tableaux
étaient dus au pinceau de Philippe de Champagne. — Voir l'Appendice IV.

veuë de tant de monde, le protecteur de leur innocence. J'ay
cru necessaire d'en rapporter quelques uns, pour donner
un plus grand éclaircissement à cet endroit de sa lettre,
et pour faire mieux comprendre combien ceux qui les
haïssoient étoient injustes de persecuter des filles, pour
qui Dieu même se déclaroit si hautement. Car quoyqu'il
soit vray que Dieu soit partout, comme dit un grand saint (1),
*qui peut sonder, par quelle conduitte de sa sagesse, ces sortes
de miracles exterieurs se font en quelques lieux saints, et ne se
font pas dans les autres? L'Affrique est pleine de corps de Martyrs,* ajoute t'il, *et neantmoins nous ne sauons point qu'il s'y
fasse aucune de ces merueilles, qui se font à Milan. D'où vient
cela? C'est que, comme tous les Saints, selon l'Apôtre, n'ont pas
le don de guérir les maladies, ni celuy de discerner les esprits;
aussi Dieu, qui partage, comme il luy plaist, à chacun les dons
de sa grace, ne veut pas que ces miracles se fassent non plus
dans toutes les Eglises, où il y a des corps saints.*

Mais si ces miracles authentiques arriuez à Port Royal,
dans le temps même que l'on auoit résolu d'accabler cette
maison, suspendirent pour quelque temps les mauuais
effets de l'animosité de leurs aduersaires, ils n'en deuin-
rent dans la suite que plus ardens à poursuiure ce qu'ils
auoient entrepris. Ils ne purent pas empescher d'abord
que, tout Paris et toute la France étant dans l'étonnement de ces prodiges, on ne rendist toute la justice que
l'on deuoit à l'innocence de celle pour qui Dieu se decla-
roit d'une maniere si éclattante. C'étoit, pour le dire
ainsi comme un torrent de benediction et de grace, auquel
toute leur mauuaise volonté n'auroit pas pu s'opposer,
sans s'attirer les malédictions de tout le peuple. Mais,
comme les Pharisiens auoient sceu, par leurs artifices,
détruire dans l'esprit des Juifs toute la verité des miracles

(1) « Augustin. Ep. 137. » Ms.

les plus visibles de Jesus Christ même, il ne faut pas
s'étonner si ceux cy trouuerent mille moyens pour affoiblir la creance de ceux qui auoient été faits par la sainte
Epine à Port Royal, ou au moins pour en éluder les con-
sequences tres naturelles, que tout le monde en tiroit à
l'auantage de ces saintes filles, lorsqu'ils ne pouuoient
détruire la verité des miracles mêmes, si bien auerez et
approuuez par l'Eglise (1). Car il falloit que les Epouses
de Jesus Christ fussent d'autant plus conformes à l'image
de leur Epoux calomnié et outragé, qu'elles trauailloient
auec plus d'ardeur à acquerir une parfaitte pureté. Et
comme l'esprit des hommes est fait de telle sorte qu'ils
renoncent insensiblement au témoignage de leurs propres
yeux, pour ajouter foy à ce qu on dit de contraire, lorsque ceux qui le leur disent couurent leur malice d'une
apparence de pieté, et qu'ils repetent sans cesse et assurent d'une maniere conscientieuse les calomnies qu'ils
auancent ; Dieu permit, par un jugement de colere qu'il
exerça sur les ennemis mêmes de cette sainte Maison,
sans qu'ils y pensassent, qu'ils surprirent à la fin la religion de la Reyne Mere et du Roy, en obtenant, à leur
propre condamnation, une partie de leurs desirs : c'est
à dire, selon que je l'ay remarqué auparauant (2), qu'ils

(1) Après le certificat des Médecins, à la date du 14 avril 1656,
vinrent les informations et la sentence de vérification par le pouvoir
ecclésiastique. Les informations furent faites, « à la fin de Mai et au
« commencement de Juin, par M. du Saussai depuis Evêque de Toul,
« mais alors Grand-Vicaire et Official de M. le Cardinal de Retz, Ar-
« chevêque de Paris. » Note de la page 289 du *Recueil d'Utrecht.* Il fut
remplacé par M. de Hodencq, curé et archiprêtre de S. Severin, qui
assista à une nouvelle visite des chirurgiens, Jean Menard et Jacques
le Large. Ils déclarèrent qu'ils « croyoient en leur conscience cette
« guérison surnaturelle et miraculeuse. » L'Official prononça alors la
sentence de vérification vers le milieu d'octobre 1656. *Ibid.,* pp. 289
et 290.

(2) Voir plus haut, p. 63.

7

firent renuoyer toutes les pensionnaires, qu'on éleuoit
auec tant de soin dans les deux maisons de Port Royal ;
qu'ils firent changer, comme je l'ay dit (1), leur superieur
et leurs confesseurs, qui les conduisoient d'une maniere
si sainte dans la voye de leur salut ; et qu'ils se porterent
même jusqu'à cet excès de faire oster le voile aux Nouices et aux Postulantes (2), qui se préparoient à se consacrer à Jesus Christ. C'étoit sans doute vouloir bien visiblement faire passer Port Royal pour une maison de
Vierges folles, selon qu'ils l'auoient déclaré publiquement
dans le libelle dont j'ay parlé (3), que d'en arracher ainsi
tant de filles, comme si on eust été capable de leur renuerser l'esprit et de les perdre.

Aussy, il est vray que ce surcroist de persecution,
qui tendoit à rauir à tant d'ames innocentes le bien
solide qu'elles cherchoient dans cette maison, où
l'odeur de la pieté les attiroit, ne contribua pas peu
à augmenter la maladie de la Mere Marie Angelique
Arnauld. Elle deuint à la fin hydropique et souffroit
de douleurs presque insupportables. Mais au milieu
de tous ces maux, qui affligeoient en même temps

(1) Voir plus haut, p. 64 et 65.

(2) L'ordre en fut bien porté par le Lieutenant civil, le vendredi
13 mai, de la part du Roi. Mais laissées libres par la Mère Agnès de
S. Paul, encouragées par M. d'Andilly, et disposées par elles-mêmes,
« elles se sentirent tellement fortifiées qu'elles se résolurent de se
« laisser plutôt mettre en pièces (ainsi que dirent quelques unes d'en-
« tre elles) que d'abandonner leur voile et leur habit, si on le leur
« arrachoit de force et de violence. » ...Cependant, « par respect
« pour l'ordre du Roi, on mit des écharpes sur la tête pour cacher
« l'habit des huit Postulantes et des sept Novices, qui sortirent de
« Port-Royal de Paris, le samedi 14 mai 1661. » *Relation de ce qui
s'est passé à Port-Royal depuis le commencement d'avril 1661, etc.*,
pp. 8 et 9.

(3) *Le Jansenisme confondu*, etc, du P. Brisacier. Voir plus haut,
p. 79.

et son corps et son esprit, Dieu la soutint jusqu'à
la fin par sa grace d'une maniere admirable, et la mit
même en état de consoler et de soutenir toutes les autres,
par des sentimens que la foy seule étoit capable de luy
inspirer. Aussy une Dame l'étant venue voir dans sa
maladie, et luy parlant sur tout ce que l'on faisoit souffrir
à sa maison, elle luy répondit, toute transportée de reconnoissance de la grace que Dieu luy faisoit : *Madame,
la dignité de nostre affliction est si grande, qu'elle m'accable,
et me fait trembler, quand je pense que Dieu nous a choisies,
pour souffrir pour sa verité : il n'y a rien de pareil; et nous
deuons bien craindre de n'en pas faire assez d'usage.* Et un
jour, que la Mere Catherine Agnès de Saint Paul, sa sœur,
luy disoit, sur l'éloignement des personnes qu'on leur
auoit ostées; Qu'elle auoit beaucoup à donner à Dieu de
n'estre pas assistée alors de M. de Singlin (1); elle luy
répondit auec une fermeté et une foy étonnante : *Je n'en
ay point de peine. Je suis assurée qu'il prie Dieu pour moy :
cela me suffit. Je l'honore beaucoup, et tous ceux qui nous ont
conduittes; mais je ne mets point un homme, à la place de
Dieu.* Voila sans doute un langage bien different de celuy
que la chair et le sang inspirent, et de celuy même d'une
spiritualité, qui n'est pas fondée sur une aussi grande foy
qu'étoit celle de cette excellente Religieuse. Aussi, auant
le temps de cette persecution, que l'on suscita à ce Monastere, préuoyant de loin cet orage qui les menaçoit,
elle auoit accoutumé de dire à ses filles : « Mes sœurs,
« ayons bien soin de faire prouision du pain de la parole
« de Dieu, lorsqu'il nous le distribue si abondamment

(1) Le premier éditeur avait substitué au texte véritable cette
phrase qui en est la glose : « qu'elle avoit un grand sacrifice à faire,
« dans la privation où elle étoit alors de l'assistance de M. Singlin. »
P. 207.

« par la bouche de ses seruiteurs. Car il viendra un temps
« de famine pour nous, où étant priuées des secours dont
« nous joüissons presentement, nous aurons besoin de ce
« que nous aurons amassé pour nous soutenir. »

Enfin Dieu ayant purifié cette grande ame, dans la
fournaise des tribulations, et acheué de la sanctifier par
les douleurs de sa derniere maladie, l'appella à luy le
sixiéme d'aouts de l'année 1661. Toutes ses filles demeurerent dans l'accablement d'une double affliction, et
de ce que la violence des hommes leur faisoit souffrir, et
de la perte d'une Mere, dont l'exemple et les paroles
toutes de feu leur seruoient infiniment à les soutenir.
Mais elle leur auoit appris, comme je viens de le dire,
à ne mettre jamais dans leur cœur, non plus qu'elle, un
homme à la place de Dieu. Voicy de quelle maniere la
Mere Catherine Agnès de Saint Paul, sa sœur, en écriuit
à feu mon pere : « Vous nous témoignez, Monsieur, en
« nous parlant de nôtre grande affliction, tant de bonté à la
« ressentir auec nous, et tout ensemble une disposition
« si chrestienne, à la receuoir, comme il faut, de la main
« de Dieu, que nous nous trouuons obligées de nous
« éleuer auec vous dans la consideration, ou plutost dans
« l'adoration des desseins de Dieu, qui tendent toujours
« à sa gloire, et à nôtre bien. Nous n'auons plus cette
« chere Mere, pour nous conduire à Dieu, comme elle
« faisoit auec tant d'efficace (1), pour nous éclaircir, et

(1) Tel était le mot bien usité alors, comme du temps où Corneille
disait (1640), en parlant de Dieu :

> Il est toujours tout juste et tout bon ; mais sa grâce
> Ne descend pas toujours avec même *efficace*.
>
> *Polyeucte*, Acte I, sc. 1,

Cependant son successeur, *Efficacité*, devait bientôt se produire,
pour être proscrit, à sa naissance, par le P. Bouhours. « EFFICACITÉ.
« Il y a des Prédicateurs et des Ecrivains qui usent de ce mot ; il

« nous fortifier, principalement dans le temps present,
« où il nous fait marcher par une voie fort étroite, et
« dans la quelle nous auons grand sujet de craindre, de
« faire quelque mauuais pas. Mais elle nous a laissé son
« esprit et ses maximes, pour nous soutenir. Et je ne
« demande à Dieu que l'impression d'une de ses paroles,
« pour faire l'usage que je dois de tout ce qui nous
« arriue. » Elle marque ensuitte ces belles paroles
qu'elle dit dans sa maladie, que j'ai rapportées auparauant (1). Et elle ajoute : « Il nous demeure de grands
« thresors d'une ame, que Dieu auoit enrichie de la con-
« noissance de sa verité, et d'une vertu extraordinaire.
« Mais il est besoin, que Dieu répande de nouueau son
« Esprit, qui arrose, et qui fasse croistre ce qu'elle a
« planté dans cette maison ; et que sa bonté verifie en ma
« personne ce que dit Saint Paul ; Que Dieu élit les choses
« les plus foibles, pour faire ses œuures ; afin que nulle
« chair ne se glorifie deuant luy (2). » *Ce 22 Aouts* 1661.

Une Religieuse de la même maison, nostre parente (3),
et cousine germaine de Madame de Motteuille (4), qui
étoit considerée tres particulierement de la Reyne Mere
écriuant aussi à mon pere sur cette perte si sensible de
la Mere Marie Angelique Arnauld, luy manda entre

« n'est point françois. Il faut dire *efficace :* le même mot est adjectif
« et substantif tout ensemble. » *Remarques nouvelles sur la Langue
françoise.* L'usage, le souverain maître en fait de langage, ne devait
pas ratifier cette sentence de proscription.

(1) Voir plus haut, p. 99.

(2) *Epître* I aux Corinthiens, Ch. i, v. 28 et 29.

(3) La sœur Geneviève de Ste Madeleine de la Haye, cousine de
Mme du Fossé, dont le nom sera donné plus loin.

(4) Françoise Bertaut, mariée en 1639, à Nicolas Langlois, seigneur
de Motteville et premier Président de la Chambre des Comptes de
Normandie, veuve en 1641, a laissé des *Mémoires pour servir à l'histoire d'Anne d'Autriche,* dont elle était l'amie intime.

autres choses : « La foy si droitte de nostre chere Mere
« Angelique nous a toujours portées, à chercher nostre
« force en Dieu, et attendre de sa bonté le remede à tous
« nos maux. Je crois qu'il est permis de la nômer,
« Sainte : car tout le monde le disoit tout haut le jour de
« son enterrement, où ils faisoient toucher des chappe-
« lets, images, et autres choses à son visage ; ce qui nous
« fait voir que la mort des justes est pretieuse deuant le
« Seigneur. » *Ce* 29 *Aouts* 1661 (1).

Il nous arriua, cette même année, une affliction sensible, par l'exil de M. de Bernieres, nostre parent, qui
étoit l'amy intime de mon pere, et qui auoit une singuliere bonté pour moy. C'étoit un homme, comme je l'ay
dit, tout rempli de charité, et qui n'auoit point de plus
grande joye que de receuoir chez luy, ou d'assister en
toutes les manieres qu'il pouuoit, ceux qu'il sçauoit estre
de vrays seruiteurs de Dieu (2). J'ay marqué aussi auparauant qu'il auoit une liaison tres intime auec la maison
de Port Royal, où l'une de ses filles étoit Religieuse (3),
et où son fils aîné étoit mort, dans une grande pieté, âgé
seulement de dix sept ou dix huit ans (4). Comme sa
maison étoit connuë pour une maison de charité, beaucoup de docteurs se rendoient chez luy, dans le temps de
ces assemblées fameuses, dont j'ay parlé, qui se tinrent

(1) Les détails donnés ici sont d'autant plus précieux que la *Relation*
est très succincte sur la mort de la Mère Angélique.

(2) Charles Maignart de Bernières, ancien Maître des Requêtes
Voir t. I, pp. 187, 217, 233, 234, 294.

(3) Sous le nom de Sœur Françoise de Ste Thérèse de Bernières. Voir
t. I, p. 234.

(4) « Le 19ᵉ jour (de janvier) 1656, mourut à l'âge de seize ans
« M. Jacques Maignart de la Rivière, fils aîné de M. de Bernières,
« Maître des Requêtes. » *Nécrologe de Port Roïal des Champs*, p. 35.
Il fut enterré dans l'Eglise de ce monastère, près de l'autel de S. Lau-
rent.

en Sorbonne, au sujet de M. Arnauld (1) : et pour reconnoistre la sainte hospitalité qu'il exerçoit enuers eux, ils
luy faisoient le recit de tout ce qui se disoit de part et
d'autre, et de ce qui se passoit dans ces assemblées. Il
auoit de plus une fort grande liaison auec la Duchesse
de Longueuille (2), cette princesse si vertueuse, qui,
connoissant sa charité et son zele pour toutes les choses
qui regardoient le seruice de l'Eglise, le prioit de visiter
les paroisses de la dépendance de Son Altesse, qui étoient
en fort grand nombre. Et il s'acquittoit de ces visites
auec tant de soin, tant de pieté et de religion, qu'à voir
la maniere dont il se conduisoit dans cet employ important, on l'auroit pris veritablement pour quelqu'un de
ces anciens pasteurs de l'Eglise qui brûloient de zele pour
la pureté de la maison du Seigneur. S'informant tres
exactement, mais tres sagement, de la conduitte et des
mœurs des curez et des vicaires de toutes les differentes
paroisses, et des besoins de tous les pauures, il en rendoit, à son retour, un compte fidelle à la princesse, et luy
donnoit le moyen de remedier, selon la grande lumiere
de sa sagesse, la droitture de ses bonnes intentions, et
son pouuoir, aux déréglemens qui venoient à sa connoissance, et aux plus pressantes necessitez de ceux d'entre
ses vasseaux qui étoient pauures (3). Enfin il étoit uny

(1) T. 1, pp. 268-278.

(2) Anne Geneviève de Bourbon, sœur du grand Condé, femme du
duc de Longueville, qui l'avait épousée le 2 juin 1642. M. de Bernières
« voyoit souvent la Princesse en Normandie, où M. de Longueville
« étoit gouverneur, » et il fut même le premier instrument de sa
conversion. *Mémoires* de Fontaine, t. II, p. 224.

(3) On connaissait bien sa charité et sa générosité, qui lui avaient
valu le surnom glorieux de *Procureur général des pauvres* (voir t. I,
p. 234) ; mais on ignorait ces singulières fonctions de « visiteur ecclé-
« siastique, » exercées par un laïque, au nom de la duchesse de Lon-

particuliérement auec le Roy d'Angleterre, alors dépouïllé de ses Etats, par la violence de l'usurpateur Cromvuel, et exilé en quelque sorte dans la Flandre, où le grand crédit de celuy qui auoit fait coupper la teste au Roy son pere, l'auoit obligé de se retirer (1). M. de Bernieres, qui logeoit en ce tems là chez M. d'Aubigny, chanoine de Notre Dame de Paris, et cousin du Roy d'Angleterre, dont il portoit le nom, s'appeloit *Stuart*, comme luy (2), se vit engagé par là en quelque façon à procurer à ce prince, tant par luy même que par ses amis, tous les secours qu'il pouuoit (3) ; et comme il sçauoit qu'il prenoit un goust particulier à lire, pendant ce temps de son affliction, les écrits qui se faisoient pour deffendre les Religieuses de Port Royal et leurs amis, qui étoient dans

gueville. On ignorait aussi que, dans l'exercice de sa charge de Maître des Requêtes, en octobre 1648, il eût visité les prisons de Mantes, Vernon, Andely, Pont-de-l'Arche, Gisors et Pontoise, visites dont un de nos coufrères, M. Félix, possède les curieux procès-verbaux. On le voit demandant partout, avec sollicitude, si le service religieux est fait aux prisonniers, et y pourvoir, quand il est en souffrance. C'est en 1649 qu'il résigna sa charge de Maître des Requêtes.

(1) Charles II, de la famille des Stuarts, dont le père Charles I avait été décapité, par les ordres de Cromwell, le 30 janvier 1649, date de l'établissement du Protectorat ou de la République en Angleterre.

(2) Stuart d'Aubigny, fils du duc de Lennox et de Richemond, descendait de Jean Stuart, connétable des Ecossais, venu en France sous Charles VI, pour soutenir le Dauphin contre les Anglais, ce qui lui avait valu de Charles VII, comme récompense, la châtellenie d'*Aubigny*, en Berry — Elève des Ecoles de Port-Royal, il avait obtenu bientôt un canonicat à Notre-Dame de Paris, et c'est là qu'avec M. de Bernières « ils ne faisaient plus ensemble qu'une seule dé- « pense pour le logement et pour la table, dans une maison cano- « niale de Notre-Dame. » *Mémoires* manuscrits de M. Hermant, à la date de 1661.

(3) De plus, M de Bernières « s'était particulièrement appliqué au « soulagement des catholiques de la domination du roi d'Angleterre. » *Id., ibid.*

l'affliction, comme luy, il auoit soin de luy enuoyer en Flandre, tout ce qu'il jugeoit pouuoir contribuer à le consoler en quelque sorte, et à l'instruire de plus en plus sur les grands principes de nostre Religion (1). Il auoit même connu ce prince dans le temps qu'il demeuroit encore en France (2); jusques là qu'il luy auoit confié la personne de son fils naturel, le duc de Montmout, qu'il fit éleuer auec grand soin et instruire dans les principes de la Religion catholique (3).

Cependant, comme la malice des hommes est ingenieuse pour donner un tour malin aux meilleures choses, on trouua le moyen d'enuenimer à la cour la conduitte si charitable de M. de Bernieres (4). On traitta de cabaliste un homme dont la charité étoit digne du temps des

(1) Les *Provinciales* durent prendre cette route, en 1656, avec tous les ouvrages de Port-Royal.

(2) Charles II resta en France jusqu'à la restauration de son trône, 29 mai 1660.

(3) Jacques, duc de Montmouth, amené en France, à l'âge de neuf ans, fut reçu par M. de Bernières dans sa maison du Chesnay, où il fut élevé avec d'autres élèves expulsés des Ecoles de Port-Royal, puis chez les Oratoriens de Juilly, 1658-1660. Fervent catholique, conspirateur sous Jacques II, il fut décapité en 1685.

(4) M. d'Aubigny fut la cause involontaire de l'exil de M. de Bernières. L'abbé Fouquet, le frère du surintendant, faisait dévaliser les courriers. Or parmi les lettres interceptées, on en trouva une de M. d'Aubigny à M. de Bernières, qui portait que « le roi d'Angleterre « aurait soin de l'affaire qu'il lui avait fait recommander par M. Tai- « gnier, » (docteur en Sorbonne.) — « Cette lettre ayant été portée à « la Cour, on crut que ces Messieurs tramaient une grande intrigue « en Angleterre en faveur du cardinal de Retz, tandis qu'il ne s'a- « gissait que de l'affaire des catholiques irlandais qui avaient été « dépouillés de leurs biens sous Cromwell. » M. Sainte-Beuve, *ibid*. Appendice du tome IV, pp. 535-542, où l'on trouvera de nombreux et curieux détails snr cette affaire, puisés dans les *Mémoires* manuscrits d'Hermant.

apostres, et dont la simplicité vraiment chrestienne se
faisoit particulierement remarquer dans toute sa conduitte. Il receut donc une lettre de cachet pour s'en aller
incessamment à Issoudun, c'est à dire soixante licuës de
Paris (1), en un païs inconnu pour luy jusqu'alors, et où
étant éloigné de tous ses biens et de ses amis, il deuoit
auoir le chagrin de voir déperir ces biens mêmes, à qui sa
présence paroissoit tres necessaire. Mais sa foy, superieure à toutes ces considerations humaines, luy fit éleuer son cœur à Dieu, pour receuoir, comme de sa main,
cette récompense de sa charité et cette épreuue de sa
vertu. Il manquoit alors d'argent. Mais Dieu, qui ne
manque point à ceux qui mettent leur confiance en luy,
inspira à M. d'Auissonne, nostre amy commun, dont j'ay
parlé (2), d'aller, dans l'instant qu'il apprit cette affliction
nouuelle, luy offrir sa bourse et luy presenter mille ecus.
Il les accepta, à cause de la conjoncture presente où il
se trouuoit, et luy fit son billet, dont il eut besoin en
effet, pour estre payé de cette somme, après sa mort, qui
arriua, comme je le diray bientost, pendant son exil. Il
partit donc et emmena auec luy ses deux fils, qui sont
encore viuans (3), dont l'aisné est conseiller honoraire du
parlement de Paris, et le cadet est procureur general du
parlement de Roüen (4).

Comme il est marqué dans l'histoire du saint homme
Job, qui au milieu de toutes ses pertes et de tous les

----

(1) Le 7 avril 1661. — Issoudun, dans le Berri, département de
l'Indre, au N.-E. de Châteauroux, 233 kilomètres de Paris.

(2) Voir plus haut, pp. 45-47.

(3) En 1697 ou 1698.

(4) Le premier est Charles Etienne Maignart, sieur de la Vaupalière,
conseiller au Parlement de Rouen, en 1681, et à celui de Paris, dans
la cinquième chambre des Enquêtes, en 1685. — Le second est Charles
Louis Maignart, sieur de Beautot, nommé procureur général, en 1692.

maux qu'il eut à souffrir, ce qui luy parut le plus sensible, fut la maniere dont sa femme et ses amis luy reprocherent qu'il s'étoit luy même attiré tous ses malheurs (1); aussy M. de Bernieres éprouua dans son affliction quelque chose de semblable. Ce n'étoit pas de la part de la dame son épouse, puisqu'elle étoit morte, il y auoit plusieurs années (2); et que, quand même elle auroit vécu, elle étoit trop affermie dans la pieté, pour auoir pu prendre, autrement qu'elle auroit dû, cette preuue que Dieu leur donnoit de son amour. Mais c'étoit de la part de plusieurs de ses parens, qui jugeoient par des vuës basses et interessées de ce qui étoit arriué à ce digne scruiteur de Dieu. Voicy ce qu'une personne, qui étoit auprès de luy, en écriuit d'Issoudun à mon pere, le 9. de septembre de la même année. « Monsieur de Ber-
« nieres est un peu affligé, de la maniere dont ses parens
« luy écriuent, par une affection trop humaine, et peu
« réglée de son prompt retour. Ils semblent condamner
« sa conduitte passée, et luy vouloir donner des pré-
« ceptes pour l'auenir. Je tâche, pour le diuertir, de
« tourner en raillerie ce procédé, qui, à vray dire, est un
« peu fâcheux, et sensible à une personne, dont il fau-
« droit ce me semble, tâcher d'adoucir l'exil et l'afflic-
« tion, par des lettres plus obligeantes et plus charitables.
« Mais les gens du monde, suiuans d'ordinaire les mou-
« uemens de leurs passions, qui sont aueugles, ignorent
« la conduitte sage, et discrette de la charité. Vous estes
« le seul de ses parens, dont les lettres le consolent, et
« le fortifient dans l'état où il se trouue. Aussi vous re-
« garde t'il, comme son veritable amy; ayant pour vous,

(1) Job, ch. ii, v. 9; vi, 13, et *Passim*.
(2) Huit ans, puisqu'elle mourut le 12 juillet 1653, âgée de 33 ans.
— Voir t. I, p. 233.

« et Madame vostre femme, toutes les tendresses de
« l'amitié chrestienne, que le monde ne connoist pas, et
« dont il est indigne... Ceux qui sont vraiment humbles,
« et qui aiment, purement pour Dieu, la justice et la
« verité, ne se croyent point capables de les deffendre
« auec grand fruit, s'estimant toujours seruiteurs inu-
« tiles, lors même qu'ils s'acquittent le mieux de leur
« deuoir. Il leur suffit qu'en les soutenant, ils témoignent
« à Dieu leur fidelité, sans se mettre en peine de l'eué-
« nement, qu'ils abandonnent à la prouidence. La verité
« et la justice, toutes délaissées qu'elles sont, étant tou-
« jours des choses diuines, leur semblent toujours assez
« belles, pour deuoir estre aimées, au prejudice de tout
« ce qu'il y a de beau et d'agreable dans le monde. Les
« autres veulent bien les suiure et les deffendre auec la
« multitude, ou du moins auec les plus puissans selon le
« siecle ; parce qu'alors on ne perd quoy que ce soit, on
« ne hazarde rien du tout à les soutenir. Mais sont elles
« abandonnées de la plus part? N'y a t'il plus que du
« peril, et nul honneur, selon le monde, à les confesser?
« on s'imagine, qu'il est permis alors d'y renoncer (1) :
« comme si nous n'étions obligez de rendre témoignage
« à la verité et à la justice, que quand elles sont recon-
« nuës de tout le monde ; et que l'obligation de les sou-
« tenir pust cesser, à cause du grand nombre de leurs
« aduersaires : au lieu que nous ne sommes au contraire
« jamais plus obligez de parler pour elles, que lors
« qu'on les voit combattuës d'un plus grand nombre de
« faux temoins (2). »

On ne peut, quand on a une veritable picté, n'estre pas

(1) Dans le sens de les *trahir*, de *rompre avec elles;* comme on dit
en latin : *Renunciare amiciliam alicui.* (Tite-Live.)

(2) Des sept lettres ou fragments de lettres, compris dans ce chapitre, et puisés dans les papiers de la famille de l'Auteur, trois seule-

touché de ces sentimens, qui étoient ceux de M. de Bernieres, au milieu de son exil, que luy auoient procuré la multitude de ses bonnes œuures : sentimens, que ni la chair ni le sang ne pouuoient luy suggérer, mais la foy seule, qui luy faisoit regarder la verité, la justice, et la charité, comme de dignes sujets, pour lesquels il étoit toujours tres glorieux d'exposer ses biens, sa liberté et sa vie. Il ne fut pas bien longtemps à Issoudun, sans estre connu pour ce qu'il étoit. Ses bonnes œuures et ses aumônes parlerent pour luy, et firent bientost discerner à qui il appartenoit ; à Dieu, ou au monde ; et si la peine de l'exil étoit à son égard un châtiment de sa mauuaise conduitte, ou le couronnement de sa vertu. Car c'est par les fruits, selon la parole de Jesus Christ, que l'on connoist l'arbre : et on ne cüeille point de fruits sur des épines, ni on ne couppe point de grappes de raisin sur des ronces (1). Mais Dieu, pour le purifier encore dauantage, joignit et aux peines de son exil, et aux murmures de ses parens, et à quelques autres chagrins qu'il receut dans la même conjoncture, une maladie qu'il luy enuoya, et qui l'affoiblit beaucoup. Et pour surcroist d'affliction, il eut aussy dans le même temps un de ses enfans tres malade. Ils recouurérent neantmoins tous deux la santé.

Mais il receut dans la suitte une douleur tres sensible, par la nouuelle de la mort d'un de ses freres, qu'il aimoit tres tendrement ; de M. de la Vaupaliere, capitaine aux Gardes, qui ayant été enuoyé, auec d'autres officiers, et quelques compagnies du régiment, pour faire rentrer

---

ment ont été donnés par le premier éditeur, encore le texte en est-il rajeuni. On le trouve ici plus complet, plus correct, et plus exact, le Manuscrit paraissant avoir respecté le texte original.

(1) S. Mathieu, ch. vii, v. 20 et 16. — Comme cela arrive trop souvent, en citant de mémoire, ici et ailleurs, notre auteur ne donne pas le sens exact des textes.

dans leur deuoir quelques réuoltez du Bolonnois, fut tué
malheureusement d'un coup de fusil, qui vint donner au
milieu de ces officiers, lorsqu'ils étoient assemblez, et
qu'ils tenoient conseil de guerre (1). Il ressentit d'autant
plus viuement cette mort qu'elle luy parut funeste, et que
celuy qu'il pleuroit auoit d'excellentes qualitez, qui le
rendoient tres aimable. C'étoit aussi une charge de quarante mille écus, qui se perdoit par sa mort. Les parens
s'employerent de tout leur pouuoir, pour solliciter quelque grace aupres du Roy, à cause des bons seruices de
celuy qui auoit été tué (2). Mais pour de l'argent, il ne
fallut point en esperer. Et ils obtinrent seulement à
M. de Bernieres la liberté de reuenir de son exil.

Cependant il vint, vers la fin de l'année 1662 (3), un
autre ordre superieur à celuy là; un ordre vraiment d'en
haut, qui appeloit dans le ciel celuy que les hommes vouloient faire retourner au milieu du siècle. M. de Bernieres étant retombé malade, M. Guilbert, ancien curé
de Rouuille, cet excellent prestre, de qui j'ay déja beaucoup parlé (4), vint de S. Cyran (5) l'assister en cette conjoncture la plus importante de sa vie, et luy fit sentir,
dans la derniere extrémité où il se trouua, les effets de
cette admirable charité, dont son cœur bruloit, et qui
étoit le caractère particulier de sa conduitte. Il mourut le

(1) Charles Maignart de Bernières, capitaine aux gardes françaises,
fut tué le mardi 12 juillet 1662, à l'âge de 30 ans. Il en a déjà été
question, t. I, pp. 248 et 249. Il fut enterré dans la chapelle Saint-
Joseph de l'église des Capucins de Rouen.

(2) C'était sa dix-huitième campagne.

(3) Le mois de juillet, comme il va le dire plus bas, n'est pas « vers
« la fin de l'année. »

(4) T. 1, pp. 138, 139, 140, 141, 148, 304, 313, etc.

(5) L'abbaye de S. Cyran, où M. Guillebert s'était retiré, n'était
guère qu'à 60 kilomètres d'Issoudun.

31. juillet de l'année 1662, tres consolé de ce qu'au lieu de rentrer dans l'agitation et le tumulte du siecle, il plaisoit à Dieu de l'appeler dans son repos éternel, après l'auoir purifié dans son exil pendant quelque temps (1). Son corps fut transporté d'Issoudun à Roüen. Et mon pere alla audeuant du corps jusqu'à Vernon, pour rendre les derniers deuoirs de la pieté chrestienne à cet amy véritable, qu'il auoit toujours regardé comme un grand seruiteur de Dieu. Mais le corps ayant été mis dans un batteau à Vernon, mon pere s'en retourna l'attendre à Roüen, où il assista auec toute la famille de Mrs de Bernieres à son inhumation, qui se fit dans le grand couuent des Capucins (2).

Ce qu'il y eut d'étonnant, c'est que, dans l'espace de moins d'un an, trois freres furent enleuez du monde, en des païs eloignez les uns des autres. Car outre le capi-

(1) Seize mois moins huit jours.

(2) Les Capucins de Rouen, pour les distinguer des Capucins de Sotteville. Dans leur église, bâtie à gauche en montant, le long de la rue Coqueréaumont (des Capucins, aujourd'hui) était la chapelle Saint-Joseph, spécialement destinée à la famille Maignart de Bernières. Farin, *Histoire de la ville de Rouen*, t. III, pp. 393-396. Son cœur fut déposé à Port-Royal de Paris.

M. du Fossé père dut tenir de cette famille le portrait de celui auquel nous le voyons rendre si pieusement les derniers devoirs. Il est encore aujourd'hui au château du Fossé. C'est un portrait en buste de grandeur naturelle, d'un bon maître, avec l'inscription suivante placée à droite, dans l'angle supérieur du tableau :

MESS^{re} CHARLES MAIGNARD S^r DE BERNIERES

CON^{er} DU ROY EN SES CONSEILS ET MAISTRE DES REQUETES

ORDINAIRES DE SON HOSTEL.

AN° ÆT^{is} 27

1643.

Remarquons que MAIGNARD n'est pas la véritable orthographe. Dans les procès-verbaux signalés plus haut (p. 104), le maître des Requêtes a signé douze fois MAIGNART.

taine aux Gardes, et le Maistre des Requestes, un troi-
sieme qui étoit cheualier, et grand infirmier de Malthe, y
finit sa vie dans les fonctions de son employ. Aussy toute
cette grande famille se trouua réduitte, en huit ou dix
mois de temps (1), au procureur général du parlement de
Roüen (2), et aux enfans du Maistre des Requestes, qui
étoient en minorité; tant il est vray qu'il faut faire peu
de fonds sur tous les appuis humains, que Dieu oste tout
d'un coup, quand il luy plaist et lorsqu'on s'y attend le
moins.

(1) Plus exactement six mois et huit jours. — Le chevalier de Malte,
Jacques Maignart de Bernières, mourut le 23 janvier 1662, à 39 ans;
le capitaine aux Gardes françaises, le 12 juillet 1662, à 36 ans, et le
Maître des Requêtes, le 31 juillet de la même année, à 45 ans. —
Voir leurs épitaphes à l'Appendice V.

(2) Philippe Maignart, sr de Hauville, de 1653 à 1681.

CHAPITRE XVI.

— 1662. —

M. du Fossé père engage son fils à embrasser un état, et surtout l'état
ecclésiastique. — Son fils discute ses propositions. — Voyage du
père à Paris. — Nouvel examen de la question, en présence de
MM. Singlin et de Saci. — L'auteur donne ses motifs pour ne pas
entrer dans l'Eglise.—A l'exemple de plusieurs solitaires, il préfère
sa liberté. — Il quitte le château des Troux pour le Petit Port-
Royal, ferme de l'Abbaye. — Il y a pour compagnon M. de Saint-
Gilles d'Asson. — Solitude de cette ferme, située près du Perray
et de la forêt de Montfort l'Amaury. — Il travaille à la vie de
saint Thomas, archevêque de Cantorbéry. — Précautions dans la
dédicace à Louis XIV. — Le curé du Perray ne venait jamais au
Petit Port-Royal, à cause de la perte d'un procès. — Visite cour-
toise des deux solitaires suivie d'une réconciliation. — Mortalité
sur les bestiaux attribuée à un maléfice. — Prières de l'Eglise. —
Le Fossé plus maltraité de ce côté qu'aucune autre paroisse. — Un
de ses habitants tombe en langueur pour avoir senti un bouquet.
— Robert Le Carpentier, vicaire du Fossé. — Senrie, tranféré à
Rouen, revient au Fossé et est guéri par les prières du vicaire Le
Carpentier. — Protestation contre la doctrine de Descartes sur l'âme
des bêtes. — Elles ne sont pas de pures machines. — Exemples
divers de l'intelligence des loups. — Nécessité de varier les parties
d'un même sujet. — Pillage des blés du Petit Port-Royal par suite
d'une famine. — Charité de l'Abbaye de Port-Royal des Champs.
— Mesures contre le pillage des hommes et le ravage des sangliers.
— Incendie de trois forêts. — Grande panique au Perray. — Péle-
rinage à Notre-Dame de Chartres. — Révision de Vies de saints
traduites par M. d'Andilly. — Dissentiment entre l'intendant du
Petit Port-Royal et ses subordonnés. — Du Fossé intervient; désa-
gréments qu'il en éprouve.

Après auoir rapporté ce qui arriua à la maison de
Port Royal, à l'occasion de la retraitte que nous don-
nâmes aux Troux à M. de Sacy, que la nouuelle persecution auoit obligé de sortir de ce Monastere; et après

8

auoir aussy parlé de l'exil de M. de Bernieres, nostre
parent, et amy intime, qui arriua vers le même temps;
je reuiens presentement à ce qui me regarde en particulier.

Mon pere, qui sceut la maniere dont je viuois en ce
lieu (1), commença à craindre comme un pere vrayment
chrestien, que n'étant plus retenu, comme à Port Royal,
par les règles d'une vie commune, ny veillé par des personnes, dont je respectasse l'authorité, je ne me dégou-
tasse insensiblement de la pieté, et ne sortisse de la voye,
dans la quelle j'auois commencé à marcher dès mon enfance. Cette frayeur luy causa de fort grandes inquié-
tudes. Il en écriuit à M. de Singlin et à M. de Sacy; et il
m'en écriuit aussy à moy même assez fortement, pour
m'engager à prendre quelque party. Connoissant, comme
il faisoit, l'importance de la vocation à un état, il n'auoit
garde de vouloir me déterminer à aucun. Mais il m'exhor-
toit seulement, par ses lettres, à prier beaucoup, et à demander instamment à Dieu qu'il luy plust de m'éclairer,
et de me faire connoistre en quel état il vouloit que je le
seruisse tout le reste de mes jours. Tantost il me remet-
toit deuant les yeux l'exemple d'un de mes parens, qui
s'étoit fixé pour toujours à Saint Cyran; et tantost il me
parloit d'un autre jeune homme de qualité de ma connoissance, qui s'étoit retiré à la Grande Chartreuse, près de
Grenoble. Je répondis à toutes ces lettres, d'une maniere
respectueuse, mais qui luy faisoit connoistre que je
n'auois nul empressement à suiure ces grands exemples.
A l'égard de celuy qui s'étoit fait Religieux à Saint Cyran,
je luy marquois qu'un tel exemple ne me paroissoit
gueres capable de me toucher; puisqu'ayant eu en ce lieu

(1) Au château des Troux, où il s'était réfugié, vers le mois de
juillet 1660, comme on l'a vu précédemment. (Voir plus haut, p. 49.)

tous les secours imaginables, et s'étant veu soutenu dans ses peines par un des plus grands hommes de nostre siecle, il auoit eu néantmoins de si grandes répugnances à se fixer, et ne l'auoit fait qu'auec des peines extrêmes, et après un retardement de beaucoup d'années. A l'égard de l'autre, qui étoit entré dans la Grande Chartreuse, je luy mandois qu'il ne falloit pas s'arréter seulement à regarder son entrée en cette maison, mais attendre à voir si sa sortie ne détruiroit point tout le merite de son entrée. En effet, sans que je fusse prophete, le jeune homme en étoit sorti au bout de six mois. Et le goust que j'auois pris à la vie de Port Royal, joint à la connoissance que j'auois de mille embarras, où l'on s'engage dans une communauté, en voulant imiter ceux du monde, me donnoit de l'éloignement des Monasteres. Aussy l'on a veû les troubles arriuez dans l'abbaye de Saint Cyran même, dont mon pere me parloit, et l'entier renuersement de ce monastere, qui tire des larmes des yeux de ceux qui ont veu tant de personnes de pieté y chercher un azile contre les tempestes du monde, et n'y trouuer que des sujets de douleur, au lieu de la paix qu'ils y cherchoient (1).

Enfin il résolut de venir exprès à Paris, pour me faire mieux entendre ses sentimens sur une chose qu'il croyoit

(1) Presque aussitôt après la mort du dernier abbé de Saint-Cyran, M. de Barcos (22 août 1678), la persécution commença contre cette abbaye. En 1679, le roi écrivit à l'intendant de la province de Berri de faire une information, et de lui rendre compte de tout. « Par « suite d'une fausse association d'idées, on mêlait ainsi l'abbaye de « Saint-Cyran à l'enquête ouverte contre Port-Royal. » M. Sainte-Beuve, *ibid.*, t. V, p. 12. En 1684, elle subsistait encore; mais un peu plus tard, « ce renversement d'un monastère, perdu dans les solitudes « de la Brenne, se fit à petit bruit et sans éclat. » *Ibid.*, p. 13 — Edouard II Bargedé, évêque de Nevers, prit possession de Saint-Cyran, en 1710.

estre de la derniere importance pour mon salut. Je m'y rendis donc aussy par son ordre : et là en présence de Mrs de Singlin et de Sacy, il me mit, si je l'ose dire, à une espece de question spirituelle, pour tirer de moy ce qu'il desiroit sçauoir touchant la résolution que je voulois prendre. Il me proposoit pour cela differens états, soit celuy d'estre à la Cour, auprès de quelque prince du sang, pour lequel il m'offroit son credit et ses connoissances, qui étoient considerables, ne trouuant rien de plus fàcheux pour un jeune homme que de ne rien faire, et de n'auoir aucune veuë d'établissement, ce qui l'expose à mille périls, et peut estre dans la suitte une source de desordres. Il ne m'étoit pas difficile, connoissant la disposition et les sentimens veritables de mon pere sur les engagemens du monde, de discerner le motif qui le portoit à me parler de la sorte. Et je voyois clairement qu'il ne me proposoit de m'établir dans le siecle, que pour m'assurer que son dessein n'étoit pas de me gehesner sur le choix de quelque état, et pour me porter en même temps à me déterminer volontairement à choisir celuy de l'Eglise ou de la Religion, selon que Dieu me l'inspireroit. Aussi j'auouë que je ne pus luy cacher que je pénetrois assez dans ses pensées, et que je luy dis un peu fortement, sur ce qu'il m'offroit de me faire entrer chez le prince de Conty (1); Que je sçauois bien que la grande connoissance qu'il auoit du monde le porteroit le premier à m'en détourner, si j'en auois le desir; et qu'il ne me plaindroit pas moins, si je prenois le party de retourner dans la maison paternelle, pour y songer à quelque éta-

(1) Armand de Bourbon, prince de Conty, frère du grand Condé, destiné d'abord à l'état ecclésiastique, figura dans la Fronde et finit par épouser, le 22 février 1654, Anne Marie Martinozzi, nièce de Mazarin. Il était, en 1662, gouverneur du Languedoc, où il mourut, à Pézenas, le 21 février 1666.

blissement temporel, comme il sembloit m'y exhorter ; que j'étois donc tres persuadé qu'il n'approuuoit dans le fonds, ny l'un ny l'autre ; mais qu'il imitoit en quelque façon cet ancien législateur qui, après auoir proposé aux Juifs le bien et le mal, leur disoit qu'ils n'auoient plus qu'à choisir ou de la vie, ou de la mort ; la vie, en obseruant les préceptes de leur Dieu ; ou la mort, en luy désobéïssant.

Je ne croyois pas cependant, comme luy, qu'il fust d'une si grande necessité de se fixer entierement à quelque état. Et l'exemple de M. Le Maistre, de M. de Sericourt, son frere, et de tant d'autres, qui étoient morts, ou qui viuoient encore, sans s'estre déterminez à aucune profession particuliere, me persuadoit qu'on pouuoit bien, en les imitant, trauailler à son salut, sans s'assujettir à d'autres regles que celles de l'Euangile, et sans se lier par d'autres chaisnes que celles des vœux de son battême. Je puis dire donc que mon pere, qui m'aimoit pour Dieu, et qui ne pouuoit s'empescher de craindre pour moy les engagemens de la jeunesse, fut affligé de me voir dans ces sentimens. Mrs de Singlin et de Sacy auroient souhaitté, aussi bien que luy, que je me fusse engagé dans l'état ecclésiastique, comme M. de Tillemont le fit quelque temps après (1). Et il sembloit même que j'y auois déja une espéce d'engagement, ayant receu la tonsure, en même temps que la confirmation, à l'âge de huit ans, ou enuiron, par une sorte de préuoyance un peu trop humaine qu'auoit euë mon pere, lorsqu'il n'étoit pas encore instruit, ainsi qu'il le fut depuis, par la connoissance qu'il eut de l'abbé de Saint Cyran. Mais enfin je ne pus jamais me vaincre, pour embrasser cet état. Et, quoy-

(1) M. de Saci, directeur de Le Nain de Tillemont, lui fit recevoir le sous-diaconat, puis le diaconat, et enfin la prêtrise, en 1676.

que j'eusse des raisons tres fortes, qui me regardoient personnellement, et qui me rendoient tres indigne d'un état si releué, j'auois néantmoins d'autres veuës moins considerables qui m'arréterent, et qui m'empescherent de me rendre à ce que l'on desiroit de moy. Ainsi Dieu permit que je me fisse justice à moy même, en m'éloignant d'un état auquel il me semble que je n'étois pas destiné, quoyque ceux qui auoient toute authorité pour moy voulussent m'y engager. Je ne sçay si en cela j'ay fait une faute. Mais la veuë de tous les renuersemens arriuez à Port Royal, et de toutes les trauerses qu'on a suscitées aux Ecclésiastiques destinez au seruice de cette sainte Maison, m'a fait juger que, si j'ay manqué, j'ay été au moins plus heureux que sage, puisque l'éuenement a fait trop connoistre que, si j'auois consenty à receuoir les Ordres sacrez, j'aurois été, comme plusieurs autres sans comparaison plus dignes que moy, un prestre assez inutile pour les desseins que l'on auoit eûs. Je suppliay donc mon pere de trouuer bon que je continuasse à seruir Dieu auec la liberté des enfans de Dieu, luy promettant néantmoins que je le prierois beaucoup qu'il daignast me faire connoistre sa volonté et me donner la force de l'accomplir.

Cependant, après que j'eus demeuré vint mois au château des Troux (1), j'appris que les enfans de M. de Bagnols alloient reuenir de Lion. Et je me trouuay par là dans la nécessité de changer encore de demeure. La maison de Port Royal auoit des attraits pour moy, dont je ne pouuois me deffendre. Et n'ayant plus la liberté d'y demeurer tout à fait, à cause des ordres du Roy (2), je songeois au moins à m'en approcher toujours le plus

(1) Du mois de juillet 1660 au mois de mars 1662 ?
(2) Voir plus haut, p. 41.

qu'il m'étoit possible. En effet ceux qui ont connu une
fois cette maison ne peuuent estre étonnez de ce que je
dis ; puisque tout respire la charité et la pieté dans une
si sainte solitude, et qu'il n'y a peut estre gueres de lieu
où la veritable déuotion soit mieux entenduë, et mise en
prattique d'une maniere plus solide. Dans le nouuel embarras où je me trouuois pour changer d'établissement,
je résolus enfin de rompre nostre ménage des Troux, qui
commençoit à m'estre à charge, et de m'aller établir dans
une des fermes de Port Royal même, nommé le Petit
Port Royal (1), avec M. de Saint Gilles, de qui j'ay déja
parlé (2), qui étoit de ces Messieurs d'Asson de Poitou,
l'un des hommes, que j'aye connus, qui auoit le meilleur
cœur. Je quittay donc encore une fois M. de Tillemont,
qui alla de son côté s'établir ailleurs (3). Pour moy, quelque grande que fust la solitude de la maison que je choisissois, qui étoit au milieu d'une campagne, si ce n'étoit
la forets de Monfort l'Amaury, qui n'en étoit pas fort
éloignée (4) ; je ne laissay pas d'y trouuer des agréemens,

(1) Dans le village appelé le Perray (Seine-et-Oise, arrondissement
et canton de Rambouillet), à 12 kilomètres à l'ouest de l'abbaye de
Port-Royal des Champs.

(2) T. I, pp. 109, 111 et 186. — Voir dans le *Supplément au Nécrologe de l'Abbaye de Port-Roïal des Champs*, deux pièces fort curieuses
sur M. de Saint-Gilles ; l'une de M. de Pontchâteau, pp. 68-71 ; l'autre
de M. de Sainte-Marthe, pp. 72-78. — Dans la première de ces pièces,
on lit : « Il (M. de Saint-Gilles d'Asson) prit aussi quelque soin du
« *Petit Port-Royal*. Il y demeuroit même assez souvent, lorsqu'on
« obligea tous nos Messieurs de quitter *les Granges*. Il fit quelques
« acquisitions de ses deniers pour augmenter la ferme, et il l'aimoit
« particulièrement. » *Ibid.*, p. 68.

(3) Une première fois, en 1655, ils avaient demeuré ensemble, à
Paris, rue des Postes, t. I, p. 253. Plus tard, lors de la paix de l'Eglise,
en 1668, ils habitèrent encore ensemble, rue Saint-Victor.

(4) Le surnom de l'*Amaury* venait à la petite ville de Montfort de
ce que plusieurs seigneurs de ce nom l'avaient possédée. Elle est à

me sentant alors déchargé de tout le soin du ménage, ayant tout le temps que je voulois pour trauailler, et me voyant même dans une espece de necessité de m'appliquer au trauail, par l'éloignement où j'étois de toute sorte de commerce. J'étois donc alors comme un homme à qui on a osté de dessuz les épaules un pesant fardeau, et qui commence à respirer librement.

Un de mes amis me parla, dans ce même temps, de la Vie de saint Thomas, archeuesque de Cantorbery, en Angleterre (1), comme une Vie qui étoit pleine de tres beaux éuenements, et qu'on pouuoit embellir encore beaucoup, en se seruant d'un grand nombre d'excellentes lettres, tant du saint même que d'autres grands hommes du même temps. Comme j'étois en état de m'occupper, et qu'alors je n'auois point de trauail particulier, il m'exhorta fort de m'appliquer à cette histoire, me promettant même de m'aider de quelques liures, dont j'auois besoin pour cela. Je fus donc bien aise de trouuer cette ferme, de composer et d'acheuer entierement cette Vie (2), qui fut depuis imprimée et dédiée au Roy (3). Comme il y auoit des matieres assez délicattes dans cet ouurage, et que l'on y voit un archeuesque toujours aux prises,

10 kilomètres, Nord, du Perray, dont la forêt était éloignée de 4 kilomètres à peine.

(1) Thomas Becket occupa ce siége de 1162 à 1170.

(2) La liste des *Ouvrages de M. Thomas du Fossé*, placée en tête de la première édition de ses *Mémoires*, donne la date de la composition de cet ouvrage : « Vie de S. Thomas, Archevêque de Cantorberi « en Angleterre, en 1662 » Page xxxiv. — Dans la *Vie de M. Thomas du Fossé*, qui précède la liste, on rapporte, à tort, la composition du même ouvrage à 1661, p. xxiv.

(3) Deux ans plus tard fut publiée la *Vie de Thomas, Archevêque de Cantorbéry et Martyr*, Paris, 1664, in-4° et in-12. — Elle fut donnée gratuitement au libraire Le Petit. *Recueil d'Utrecht; Lettre de du Fossé, p. 553.*

pour le dire ainsy, auec son prince (1), et luy disant de tres fortes veritez pour son salut, on crut qu'il étoit tres important de faire voir que l'un des predecesseurs du Roy n'ayant pas craint de prendre alors les interets de ce saint prelat contre le Roy d'Angleterre, il étoit veritablement de sa gloire de soutenir en quelque sorte ce qu'auoit fait un de ses ancestres ; et qu'il falloit pour cela faire paroistre son nom à la teste de la vie d'un saint, qu'un Roy de France s'étoit fait un vray merite de proteger si hautement (2).

Je trouuay, en arriuant dans cette ferme, que le curé de la paroisse (3) n'y mettoit jamais le pied. Et j'appris que le sujet de cette froideur était un procès, qu'il auoit mal entrepris contre les Dames Religieuses de Port Royal, et qu'il ne pouuoit se consoler d'auoir perdu auec depends. C'étoit au sujet des dixmes de cette ferme, qu'il vouloit auoir, quoyque les Religieuses la fissent valoir par leurs mains, et que dans l'Ordre de Citeaux l'ancien domaine en soit exempt. On auoit cependant épargné ce bon curé, puisqu'on ne luy auoit point fait payer les dépends de ce procès qu'il auoit perdu. Mais, par un effet de sa premiere préuention, il ne pouuoit s'empescher de regarder ces dixmes comme un bien qui luy appartenoit et qu'on luy auoit osté. Ayant été informé du sujet de son refroidissement, je ne crus pas que son froid dust se communiquer jusqu'à moy, et qu'ayant à viure auec

(1) Henri II, roi d'Angleterre, qui, par les Statuts de Clarendon, en 1164, avait voulu restreindre la juridiction du clergé, trouva dans Thomas Becket un ardent défenseur des intérêts de l'Eglise dont il était le primat.

(2) Louis VI, roi de France, auprès duquel Thomas Becket s'était réfugié, le protégea et le réconcilia avec Henri II.

(3) Le Perray (Seine-et-Oise, arr. et cant. de Rambouillet), sur la route de Paris à Chartres.

mon curé, je pusse le faire, sans m'estre mis en deuoir, autant qu'il seroit en moy, de rompre cette glace, qui conuient si peu au cœur d'un pasteur. J'en parlay tres serieusement au gentilhomme auec qui je demeurois (1), qui, ayant aussi un cœur tres ouuert, me témoigna estre dans le même sentiment. Nous résolûmes donc de l'aller voir les premiers, et de faire ce que nous pourrions pour le réchauffer. Je luy parlay auec une grande ouuerture de cœur, et nous l'engageâmes de telle sorte, par la maniere obligeante dont nous le preuînmes et luy parlâmes, à répondre à nos ciuilitez qu'il ne put point se deffendre de viure bien dans toute la suitte auec nous. Je remarque exprès cela, pour faire voir que, dans les refroidissemens qui arriuent, il y a presque toujours de la faute des uns et des autres; et que si ceux qui ont le plus de raison pouuoient gagner sur eux mêmes de faire une auance vers les autres, pour les preuenir par des effets d'une charité sincere, telle qu'elle doit estre dans le cœur de tous les chrestiens, on verroit bien des diuisions étouffées dès leur naissance, et bien des inimitiez irreconciliables arrétées dans leur principe. Mais chacun ordinairement se contente de son bon droit; on s'applaudit à soy même (2) de ce qu'on ne se sent point coupable; et on ne songe presque jamais que ce n'est pas estre innocent de voir périr son frere, par cette animosité où il s'abandonne, sans se mettre en peine de faire aucun pas pour l'en retirer.

Je sçay qu'à Paris, où l'on se picque d'une certaine force d'esprit, la plus part des gens, qui passent pour les plus

(1) Le « sieur de Saint Gilles, » biffé et remplacé par le texte que nous donnons.

(2) Tour latin, *sibi plaudere*. La Bruyère a dit de même : « L'on « applaudit à la coutume qui s'est introduite dans les tribunaux, etc. » — Caractères. *De quelques usages.*

sensez, regardent comme une foiblesse de s'imaginer qu'il y ait des sorciers et qu'on doiue les apprehender (1). Mais, sans parler d'une infinité d'exemples, que je pour-rois rapporter, ce qui arriua, dans cette maison du Petit Port Royal, suffiroit sans doute pour les détromper. La mortalité s'étant mise tout d'un coup dans les bestiaux on y perdoit un grand nombre de moutons et de vaches; et les cheuaux étant aussi attaquez, il en mourut jusqu'à onze en diuers temps (2). Des pertes si considerables, et auxquelles on ne trouuoit aucun remède, firent à la fin ouurir les yeux, et on jugea qu'il pouuoit bien y auoir quelque malefice (3). On en parla à un Docteur tres éclairé et tres vertueux, qui n'étoit pas assurément vision-naire (4), et qui crut tres sagement, comme tous les

(1) On croyait assez généralement à leur existence, au xviie siècle, et les nombreux procès intentés aux sorciers en font foi. Saint-Simon admet, dans ses *Mémoires*, les scènes de sorcellerie, « avec une crédu-« lité étonnante. » M. Chéruel, *Notice sur Saint-Simon*, p. lv. — La Bruyère croit, jusqu'à un certain point, à la possibilité des faits ra-contés sur les sorciers. — « Que penser de la magie et des sortiléges? « La théorie en est obscure, les principes vagues, incertains et qui « approchent du visionnaire; mais il y a des faits embarrassants, « affirmés par des hommes graves qui les ont vus, ou qui les ont ap-« pris de personnes qui leur ressemblent : les admettre tous, ou les « nier tous, paraît un égal inconvénient; et j'ose dire qu'en cela « comme en toutes les choses extraordinaires et qui sortent des com-« munes règles, il y a un parti à trouver entre les âmes crédules et « les esprits forts. » CARACTÈRES. *De quelques usages*. Du Fossé n'a pas suivi cette doctrine du juste milieu en matière de sorciers. — « Au « xvie siècle, suivant Crépet (*De odio satanæ*, l. I, disc. 5), il n'y aurait « pas eu moins de cent mille sorciers en France. » BIBLIOTHÈQUE DE POCHE. *Curiosités des Traditions*, p. 99.

(2) Aujourd'hui, pour les vaches, on en rapporterait la cause, non plus aux sorciers, mais au typhus quelquefois, ou bien à une inflam-mation aphtheuse, connue sous le nom populaire de *cocote*.

(3) La fin de la phrase : « et qu'on eust jetté quelque sort, » a été biffée.

(4) C'est-à-dire « enclin à une pure extravagance, » comme dans le passage de La Bruyère, cité plus haut.

autres, que la connoissance des hommes étant à bout, et tous leurs remedes ne pouuant coupper le cours à une mortalité, dont on ne voyoit point proprement la cause, il paroissoit en cela quelque chose de surnaturel ; et que c'étoit un sujet tres légitime, pour auoir recours aux prieres de l'Eglise, destinées contre ces sortes de malefices (1). Il vint donc les faire luy même. Et dès lors la mortalité s'arréta. Je pourray bien dans la suitte trouuer quelque autre occasion de parler des effets funestes de la mauuaise volonté de ces sortes de gens, qui mettent leur joye à faire gratuittement du mal aux autres ; puisqu'il n'y a peut estre guere eu de paroisse, qui s'en soit plus ressentie que la nostre du Fossé (2), où de gros fermiers ont presque été ruinez par de semblables pertes, et où il est arriué des choses fort extraordinaires, dont je me contenteray d'en rapporter icy une presentement, dont toute cette paroisse fut témoin vers ce même temps. Car c'étoit auant que j'y allasse demeurer, et du viuant de mon pere (3).

Un habitant de la paroisse du Fossé, nommé Jean Senric, pere de trois garçons, et de quatre filles, qui ont été successiuement à nostre seruice (4), eut quelque affaire

(1) Le *Rituel de Rouen*, publié avec la permission de l'archevèque Nicolas de Saulx Tavanes, (Rouen, 1739, in-4°), donne ces prières, à la page 329, sous le titre : *Benedictio animalium morbis contagiosis laborantium*.

(2) Cette assertion est confirmée par M. Gosselin. « Toutes les con-« trées de la Normandie fournissaient à peu près un égal contingent « de sorciers, mais les paroisses avoisinant *Neufchâtel*, Aumale, Lou-« dinières, paraissent l'avoir emporté sur les autres, au moins durant « le xviie siècle. » *Les Petits Sorciers du* xviie *siècle et la torture avant l'exécution*. Rouen, 1865, p. 62.

(3) L'auteur se rendit en exil, au Fossé, dans le mois de juin de l'année 1666, et son père mourut, à Rouen, en septembre 1665.

(4) « Et dont il y en a encore deux qui y sont presentement. » Phrase biffée plus tard, que l'auteur écrivait en 1697.

auec un homme du païs, qui, cachant son ressentiment, pour se mieux vanger, vint un jour le voir, auec un bouquet en sa main, qu'il luy donna à sentir, comme l'on fait ordinairement, sans qu'il se deffiast de rien (1). Dès ce jour là, il commença à estre attaqué d'une espèce de langueur, qui luy dura fort longtemps, et qui fut ensuitte accompagnée de douleurs insupportables. Car il se sentoit interieurement comme mangé et rongé sans cesse dans l'estomach par quelque beste. Et la violence de ce qu'il souffroit étoit telle qu'il se jettoit quelquefois par terre et s'y rouloit, comme s'il auoit été possédé. Les medecins et les chirurgiens du païs y épuisérent inutillement toute leur science et leurs remedes. Le cours du mal étoit toujours le même, et il augmentoit plutost qu'il ne diminuoit : ce qui causoit la derniere compassion à tous ceux qui le voyoient, et qui l'aimoient ; car il étoit fort bon homme, et tres aimable pour son excellent naturel, ayant même de la pieté et de la crainte de Dieu, qu'il fit paroistre particulierement, en éleuant auec bien du soin ses enfans, et leur inspirant une grande horreur de tout mal.

Il y auoit alors au Fossé un excellent vicaire, nommé le sieur Carpentier (2), qui auoit sur toutes choses une charité admirable. Et, pour en donner un échantillon, il suffit de dire ce qu'il fit dans une paroisse voisine

(1) Du Fossé croit sans doute que ce bouquet était empoisonné. L'emploi des gants, des bouquets empoisonnés avait été importé en France par les Italiens de la cour de Catherine de Médicis, au xvie siècle.

(2) Robert Le Carpentier, qui, en sa qualité de trésorier de l'église du Fossé, en 1676, a laissé un compte dont M. l'abbé Decorde a cité quelques extraits dans son *Essai sur le canton de Forges-les-Eaux*, pp. 128-129. — Telle est bien l'orthographe de son nom, que nous avons vu sur plusieurs pièces des Archives de la Seine-Inférieure, grâce à l'obligeance de M. de Beaurepaire.

de Roüen, auant qu'il vint s'établir chez nous (1).
Etant allé en cette paroisse, pour y seruir de vicaire, en
un temps de contagion, la peste se déclara le lendemain
qu'il y fut venu. Alors le curé, saisy de frayeur, luy dit
qu'il auoit une telle apprehension de ce mal, qu'il luy
étoit impossible de se vaincre sur cela ; qu'ainsy il le
conjuroit de vouloir bien prendre soin de sa paroisse,
parce qu'il étoit obligé de se retirer à Roüen. Le sieur
Carpentier eut beau luy representer l'obligation indis-
pensable qu'il auoit de demeurer, comme le pasteur, au
milieu de ses brebis, et luy témoigner que c'étoit à luy
plutost à se retirer, puisqu'il n'étoit point encore étably
dans la paroisse. Son esprit, frappé d'une terreur panni-
que, étoit renuersé ; et laissant son nouueau vicaire à sa
place, il s'enfuit à Roüen, dans la pensée d'éuiter la mort,
qu'il y trouua néantmoins, puisqu'il y mourut bientost
après. Quant au sieur Carpentier, se voyant ainsy engagé,
par un ordre de la prouidence, à prendre le soin de la
paroisse, il se déuoüa à la charité de tout son cœur, et
rendit aux habitans, pendant cette peste qui fut tres violente, des seruices incroyables, leur portant luy même
tous leurs besoins auec des fatigues que le seul amour de
Dieu étoit capable de luy faire soutenir (2).

C'étoit donc cet homme tout remply de charité, qui
étoit vicaire de la paroisse du Fossé (3), dans le temps

(1) Nommé vicaire du Fossé, en 1650, il exerça ces fonctions jusqu'en 1682, où il fut appelé à la cure de Sommery. Il reviut mourir
au Fossé, en 1685. Dû à l'obligeance de M. Malicorne. Voir l'Appendice VI.

(2) Son dévouement dut se produire à l'occasion de la peste de 1650,
« qui fit, en mars, de nouveaux ravages et emporta quatre mille per-
« sonnes en quinze jours. » M. Periaux, *Histoire de Rouen*, p. 468.

(3) Il en est question deux fois dans le *Terrier de la Bellière*, œuvre
de Desmarets, curé de cette même paroisse, au pays de Bray. « Le
« vicariat est aumoné en 1662, » c'est-à-dire qu'une maison est ac-

que le malade dont je parle souffroit de si effroyables
douleurs. Comme il étoit tres compatissant, il en écriuit
à mon pere, et luy manda qu'y ayant toute apparence
que ce mal auoit été causé par quelque sort, ce seroit une
grande charité d'obtenir la permission de luy faire les
prieres de l'Eglise, destinées contre les malefices (1).
Mon pere lui fit réponse qu'il seroit bon d'enuoyer cet
homme à Roüen, pour le faire voir aux medecins, auant
que de s'adresser à l'Eglise. On l'y enuoya, et on le mit
en la garde de son hoste, pour l'empescher de sortir.
Mais la violence de ses douleurs, et l'impatience qu'il
auoit que le sieur Carpentier luy fist luy même les prieres
de l'Eglise, luy firent bientost trouuer les moyens de
s'échapper d'entre les mains de son hoste, et de retourner
auec précipitation au Fossé. Mon pere obtint cependant
la permission de l'archeuesque de Roüen, et l'enuoya au
sieur Carpentier, qui luy fit auec beaucoup de pieté et de
foy les prieres (2). Et ce qu'il y a de certain, c'est qu'à
mesure qu'elles se faisoient, le malade se sentoit de plus
en plus soulagé; en sorte qu'il fut tres parfaitement
guéry, quand elles furent acheuées.

C'est un sentiment receu maintenant parmy tous les
beaux esprits que les bestes ne sont proprement qu'une
espece de machine, plus parfaite néantmoins, que celles

---

cordée à Le Carpentier. « En 1666, il donne son calice à l'Eglise du
« Fossé. » Nous devons à l'obligeance de M. Malicorne d'avoir pu
consulter ce *Terrier*.

(1) Il fallait la demander à l'archevêque, « sous peine de suspen-
« sion. » Voir le Rituel de Rouen (1739), au chapitre *De exorcismis
et adjurationibus*, pp. 308, 309.

(2) L'archevêque de Rouen était alors François III de Harlay. Ces
prières sont assez longues, et on peut les lire dans le Rituel ci-dessus,
au chapitre intitulé : *Exorcismus super energumenis maleficiatis aut
quocumque modo à dæmone vexatis*, pp. 311-319.

qui sont inanimées (1). Et il ne seroit pas sûr pour moy
d'entreprendre de combattre ce sentiment, quand je le
voudrois ; puisque j'aurois sur les bras tant de gens d'es-
prit(2), qui ont embrassé une philosophie, qu'il est plus
aisé de deffendre d'enseigner, que d'empescher qu'on ne
l'embrasse, et dont il est rare qu'on se déprenne, quand
on l'a goûtée une fois (3). Il faut auoüer cependant qu'il y
a certains mouuemens dans ces sortes de machines , ou ,
pour parler un langage plus commun, qu'on remarque
certaines actions dans ces bestes, qui ressemblent extrémement à celles des hommes les mieux raisonnées (4). Je

(1) Cette opinion de Descartes, positivement exprimée dans la
Vᵉ partie du *Discours de la Méthode* (1637), soutenue à diverses reprises dans ses *Lettres*, acquit parmi les partisans de la philosophie
cartésienne une vogue extraordinaire, en même temps qu'elle sou-
leva, de la part de ses adversaires, une foule d'objections et de réfu-
tations. Sur cette question : « Les bêtes ont-elles une âme ? » on peut
voir, dans le *Dictionnaire historique et critique* de Bayle, et dans
l'Encyclopédie, l'historique complet de ce débat et l'indication très
étendue des écrits qui s'y rapportent.

(2) Entre autres, Arnauld. Voir, à l'Appendice VII, une plaisante
anecdote sur ce sujet.

(3) Tous les grands esprits de la seconde moitié du xviiᵉ siècle ont
été cartésiens, et l'Université de Paris s'est couverte de ridicule, rien
qu'en voulant présenter requête au Parlement pour empêcher qu'on
enseignât la philosophie de Descartes. *L'Arrêt burlesque* de Boileau
a fait justice de la prétention surannée de maintenir l'empirisme
d'Aristote et les subtilités de la scolastique contre le spiritualisme
de l'illustre père de la Philosophie française.

(4) A sa façon, du Fossé proteste, un peu timidement, contre la
doctrine qui faisait des bêtes de pures machines, de même que
La Fontaine l'avait fait, en 1679, dans son *Discours à Madame de
la Sablière*, où il entremêle, pour défendre ses chers animaux, les
traits

De certaine philosophie
Subtile, engageante et hardie.

(*Fables*, liv. X , 1)

Quand du Fossé, en 1697, citait les exemples qui vont suivre, il y

fais icy cette remarque à propos de ce qui arriua dans le lieu où je demeurois (1), qui est peut estre une des choses les plus surprenantes qu'on ait jamais veuës. Il est vray que je n'en ay pas été témoin moy même. Mais celuy qui prenoit le soin du ménage de cette ferme (2), et qui est aussy croyable que moy, le vit de ses propres yeux et me le conta avec le dernier étonnement. Un loup affamé. et sorty de la forets de Montfort, s'étoit caché dans une fosse; et de là il obseruoit le trouppeau de la maison, pour voir si quelque mouton ne s'en écarteroit point, afin de se jetter dessus. Enfin une breby s'étant un peu éloignée, il sortit de son embuscade, et, se jettant brusquement sur elle, il la chargea sur ses épaules et commença à s'enfuir vers la forets. Le berger, appliqué alors à regarder d'un autre costé, ne le vit point, ni son chien non plus, qu'il tenoit attaché à sa ceinture. Mais il arriua, dans ce moment, que celuy qui s'étoit chargé de la conduitte du ménage de cette ferme, se trouuant dans un petit pré de la maison, et tournant les yeux du costé de son troupeau, apperceut de loin ce loup, qui emportoit auec peine cette breby sur son dos, et la chassoit auec la queuë. Dès qu'il s'en fut apperceû, il cria de toute sa force : « Au loup, au loup! » en appelant le berger, et luy faisant signe de la main, pour luy montrer de quel costé étoit le voleur. Le berger lâcha dans l'instant son chien et fit grand bruit. Le chien se mit à courir de toute sa force après le loup, lequel se voyant pressé, et sentant que le fardeau étoit trop pesant pour qu'il eust le temps de se sauuer dans la forets, auant que d'estre atteint, usa

avait quatre ans seulement que le P. Daniel, dans ses *Nouvelles difficultés* (1693), avait soutenu vivement contre Descartes qu'il y a dans les bêtes un principe de connaissance et d'intelligence.

(1) La ferme du Petit Port-Royal.

(2) Coutel. Son nom est plus bas, mais il a été **biffé**.

alors d'un artifice, où l'on peut dire qu'il imitoit tres
parfaittement en apparence le raisonnement de l'homme.
Il jetta à bas sa breby, et d'un coup de dent l'ayant éuen-
trée, il en arracha tous les intestins et la vida entierement, pour la rendre plus legere; puis la rechargeant
dans le moment sur ses épaules, il eut encore le loisir
de se sauuer dans le bois, auant que le chien et le berger
eussent pu luy faire quitter sa prise. Le maistre aussi
bien que son berger demeurerent comme interdits, tant
ils furent étonnez d'une adresse que l'on auroit peine à
s'imaginer dans une beste depourueuë de toute raison.
Mais comme je contois un jour, auec la derniere surprise, cet éuenement à un abbé de qualité de mes bons
amis, il me dit que ces animaux étoient tout remplis de
ces ruses, qui étoient comme un instinct que la nature
leur auoit donné, pour s'en seruir à gagner leur vie. Et
il m'en conta en même temps deux exemples, qui ne sont
pas moins surprenans que celuy dont j'ay parlé.

Un loup, que la faim chassoit d'un bois, ayant apperceu
de loin, le long de ce bois, une laye qui auoit autour de
soy plusieurs petits marcassins, résolut d'en enleuer un
pour son souper : je dis qu'il le résolut, parce que ce ne
fut point une action précipitée, mais concertée en apparence, auec toute l'adresse possible. D'aller attaquer la
laye, il n'eust pas fait sûr pour luy; car on sçait quelle
est la fureur, et la force de ces sortes d'animaux, surtout
quand il s'agit de deffendre leurs petits. Il falloit donc
enleuer adroitement quelqu'un de ces marcassins, quand
il le verroit écarté des autres, et auoir le temps de se
sauuer, auant qu'il pust estre atteint par la mere. Or il
y auoit un fort grand arbre abbattu tout de trauers dans
le chemin, derriere lequel il étoit, et qu'il luy falloit sauter pour aller aux marcassins, qu'il enuisageoit de loin
et qu'il obseruoit. Son inquiétude néantmoins n'étoit pas

pour aller à eux, se sentant assez de force pour sauter legerement pardessuz cet arbre ; mais il s'agissoit de le repasser étant chargé du marcassin, et poursuiui par la mere, cette beste si furieuse, qui ne pourroit pas manquer, au cri d'un de ses petits, de venir fondre tout d'un coup sur luy. Voicy donc ce que l'on peut dire estre le dernier effort de la simple imagination ou de l'instinct d'une beste. Ce loup voulut faire l'essay de ses forces, auant qu'il tentast ce qu'il auoit entrepris. Et comme il y auoit au pied de l'arbre plusieurs gros copeaux, il en prit un comme il put auec ses dents, et ayant sauté pardessuz cet arbre, il le repassa de même auec ce fardeau, qu'il jugea estre à peu près du même poids qu'un des petits de la laye. Après s'estre ainsi assuré de ce qu'il pouuoit, il ressauta encore une fois pardessuz l'arbre, et alla se mettre en une embuscade, au bord du bois, pour attendre le temps fauorable de se jetter sur sa proye. Une personne, qui étoit campée vers ce lieu, obseruoit de loin toutes ces démarches du loup, et luy voyant faire tout ce manége, il ne pouuoit deuiner. à quoy il tendoit. Enfin un des petits marcassins s'étant un peu éloigné des autres, le loup vint fondre dessuz et l'emporta dans l'instant. Au cri du petit, la mere accourut pleine de fureur. Mais le loup ayant sauté auec sa proye pardessuz l'arbre qui trauersoit le chemin, et la laye s'étant trouuée trop pesante pour faire de même, luy donna le temps de se sauuer et de manger le marcassin.

L'autre exemple n'est pas moins extraordinaire, et seroit capable d'ébranler le sentiment des philosophes cartésiens, si, en le voulant abandonner, on ne retomboit dans d'autres opinions qui paroissent tout à fait absurdes. Un loup, ayant apperceu de loin un cheual qui paissoit, et qui étoit seul au milieu d'une campagne, ne voulut point l'attaquer à force ouuerte, craignant le coup

de pied, en un lieu où cet animal auoit toute liberté de
ruer et de se deffendre ; mais il résolut d'user d'adresse
pour le surprendre. Dans ce dessein, il s'approchoit peu
à peu, en badinant et en faisant mille singeries, comme
font certains chiens folâtres, qui joüent les uns auec les
autres; car il vouloit l'accoutumer de la sorte à le voir
sans s'effaroucher. S'étant ainsi approché et comme fa-
miliarisé peu à peu auec le cheual, il n'osa encore se
jetter sur luy, dans la crainte du coup de pied, qui auroit
pu renuerser tous ses stratagêmes et tous ses desseins.
Mais il s'auisa de ce nouuel artifice, qui paroîtroit incroyable, si celuy là même qui le vit de loin, sans se
deffier de quoy que ce soit, ne l'auoit dit à la personne de
qui je le sçay. Il y auoit là une mare pleine de bouë.
Le loup alla s'y vautrer, et reuint après en faisant les
mêmes singeries qu'auparauant. Comme le cheual s'étoit
accoutumé à le voir ainsi badiner autour de luy, il n'en
eut aucune peur; et luy, prenant son temps fauorable, se
secoua tout d'un coup, près de la teste de ce cheual,
comme font les chiens quand ils sont sortis de l'eau.
Alors la bouë, dont le loup étoit couuert, étant entrée
dans ses yeux, comme il leua aussitôt sa teste pour la
secouer, le loup luy sauta à la gorge dans l'instant et
l'étrangla, à la veuë de son propre maistre, qui étoit
celuy qui le regardoit de loin, sans sçauoir d'abord à quoy
tout cela aboutissoit, et qui vit son cheual étranglé, auant
même qu'il songeast à le secourir; parceque, dans l'éloignement où il étoit, il ne pouuoit pas facilement distinguer si c'étoit un loup plutost qu'un chien. Il est donc
certain que cet animal est celuy presque de tous les animaux qui est le plus artificieux et le plus rusé : et quand
on parle des finesses du renard, c'est qu'on ne connoist
pas celles du loup, en comparaison duquel le renard est
tres grossier.

Je me souuiens, en effet, qu'un de mes amis, qui se connoissoit tres bien en chasse, m'a dit plusieurs fois qu'il ne trouuoit rien de plus difficile que de tuer un de ces animaux au carnage (1), à cause de la subtilité de leur odorat et de leur perpétuelle deffiance. Et sur cela il me contoit ce qui luy étoit arriué plusieurs fois, et ce qu'il auoit obserué auec grand soin. Comme sa maison étoit assez proche des bois, il attachoit un carnage dans un champ, à quarante pas de son logis, vis à vis d'une fenestre, d'où il pouuoit aisément tirer sur les bestes qui y viendroient. Car il choisissoit pour cela un clair de lune, qui luy donnoit le moyen de voir sans estre veû. Il tuoit en une nuit jusqu'à quatre ou cinq renards, qui venoient manger au carnage, et qui en voyant un autre renard mort n'en auoient pas plus de deffiance. Quant au loup, s'il arriuoit que quelqu'un sortist du bois, c'étoit une chose à voir que tous les tours qu'il faisoit, et toutes les précautions qu'il prenoit, auant que de s'approcher. Il faisoit la ronde, en éuentant, le nez haut, et jamais ne s'auançoit qu'il n'euentast de nouueau. Mais s'il arriuoit à dix pas de la charogne, il venoit fondre tout d'un coup dessuz, pour l'emporter, ne la mangeant jamais au même lieu; et lorsqu'il sentoit qu'elle étoit attachée, il est incroyable auec quelle précipitation il s'enfuyoit, comme s'il auoit senti dès le moment le piege qu'on luy dressoit. Ainsy cet ami me témoignoit que, contre une douzaine de renards, s'il pouuoit tuer seulement un loup, il se tenoit fort heureux, tant cet animal est deffiant et subtil pour découurir et pour éuiter tous les pieges, où les autres bestes sont aisément prises.

Mais j'ay veu moy même que cet animal n'est pas

(1) « Carnage, carcasse de cheval pour faire venir les loups et les « renards sur la piste. » *Dictionnaire de Trévoux.*

moins habile à venir à bout de ce qu'il a entrepris qu'à
éuiter ce qu'on entreprend contre luy. Car j'ay été une
fois témoin d'une chasse aussi régulière, que deux
loups firent d'un commun accord, que l'est celle des
chiens courans les mieux dressez. Deux loups ayant
fait leuer une biche dans les bois de Cheureuse ou de
Trappes (1), la poursuiuirent vigoureusement, pendant
la nuit, jusqu'à ce que fatiguée elle se jetta à la nage
dans le grand étang de l'Abbaye de Port Royal, et alla se
refugier dans le parc du château de Vaumurier, apparte-
nant au duc de Luynes (2). Les loups, qui n'aiment pas
à moüiller leurs pattes, allèrent prendre le tour de
l'étang sur une chaussée ; et passant par une porte, qu'ils
trouuerent par hazard ouuerte, quoyqu'elle ne le fust pas
toujours, ils se remirent bientost sur la piste de leur
proye. Ils la chasserent de nouueau dans le bois du parc,
et la suiuirent jusque dans le pottager, qui est audessous
du château, en luy faisant faire quantité de tours. Elle se
jetta ensuitte dans les fossez d'une petite isle, qui étoit
au bout du pottager, croyant estre là en sureté contre
leur insulte. Mais ils étoient trop ardens et trop affamez
pour abandonner ainsi leur prise : et ayant bientost
trouué un petit pont pour entrer dans l'isle, ils l'en firent
promptement sortir. Puis ils recommencerent à la poursuiure auec encore plus d'ardeur. Et comme l'eau, où
elle s'étoit jetée plusieurs fois, luy auoit rendu les jambes
plus roides, ils l'atteignirent à la fin dans une allée pro-

(1) A peu de distance, ceux de Chevreuse, au Sud-Est, ceux de
Trappes, au Nord-Ouest de l'abbaye de Port-Royal des Champs. Ces
derniers existent encore, plus étendus que les autres.

(2) Le grand étang de Port-Royal était situé à l'Ouest, et en dehors
de l'Abbaye ; il figure dans différentes vues de l'Abbaye. — Le château de Vaumurier se trouvait au Sud-Est, et contigu à l'Abbaye,
comme on l'a vu, t. I, p. 218.

che le château, l'abbattirent et la déuorérent; car ils
mangérent même la plus part des os, n'ayant laissé que
la teste et quelqu'un des plus gros os des jambes. Ayant
été auertis de ce qui s'étoit passé, nous prismes plaisir,
le lendemain, de suiure partout les pas de la biche et des
deux loups, jusqu'à l'endroit où ils l'auoient accullée. Et
j'auouë que je fus dans la derniere surprise de l'acharne-
ment de ces bestes carnassieres à suiure, jusque dans un
jardin et près des cours d'un château, un pauure animal
qu'ils regardoient comme leur proye.

Quelqu'un trouuera peut estre que ces sortes d'éuenemens sont trop petits pour auoir place dans ces Mémoires,
auec tant de choses grandes et serieuses qui en font le
principal. Mais il faut se souuenir de ce qui est dit dans
l'Ecriture (1) : « Que, comme on se dégoûteroit de boire
« toujours d'une même liqueur, et qu'afin de la mieux
« goûter il est bon de la diuersifier; aussi un mélange,
« et une certaine diuersité sert à rendre un liure plus
« agréable et plus utile. » Et de plus même, ceux qui
sçauent que Dieu est grand dans les plus petites choses,
aussi bien que dans les plus grandes (2), trouueront sans
doute dans ces sortes d'éuenemens que j'ay rapportez,
de quoy admirer la sagesse et la puissance du createur,
dans tous ces ressorts cachez qui font agir ces bestes,
comme autant de machines viuantes et animées, en quoi

(1) « II. Macchab., cap. 15, 40. » Ms. C'est plutôt une paraphrase
que la traduction exacte du verset. — La diversité dans les parties
d'un même sujet et la variété dans le style ont toujours été recom-
mandées par tous les grands maîtres en l'art d'écrire. — Quintilien
le disait des occupations : « *Animos reparat varietas.* »

(2) Pline l'Ancien avait déjà fait la même remarque, mais en parlant de la Nature : « Rerum natura nusquam magis quam in minimis
« tota est. » *Hist. natur.*, liv. XI, ch. 2. Plus religieux, du Fossé dit
ici : « Deus maximus in minimis. »

il fait éclatter des rayons de sa sagesse supérieure, qui les meut d'une maniere si admirable (1).

Pour reuenir maintenant à ce qui m'arriua, lorsque je demeurois au Petit Port Royal, je m'y trouuai une année de grande cherté et famine, où nous courûmes quelques risques de nostre vie, par les vols continuels que l'extrême necessité poussoit plusieurs pauures à faire au milieu des bleds. Ils auroient dû neantmoins auoir plus de considération pour ceux de cette abbaye que pour beaucoup d'autres ; puisque, si l'on recüeilloit des grains, c'étoit pour en faire part à tous les pauures, qu'on a toujours assistez à Port-Royal, auec une charité incomparable. Car elle ne se mesuroit pas, pour le dire ainsy, par le peu de bled qu'on serroit dans les granges, mais par la grandeur des besoins des peuples. Et ces charitables Religieuses ont toujours cru qu'il falloit donner, dans les grandes necessités, audelà même de ses forces, sans trop consulter souuent si on le pouuoit ; parce qu'elles enuisageoient plus la toute puissance de Dieu, qui les engageoit à faire l'aumône, que leurs propres forces (2). Quoyque la

(1) Nous remarquerons que l'auteur n'a parlé que d'une espèce d'animaux, le loup, chez lequel il nous a montré des perceptions, des souvenirs, des associations d'idées, qui présentent quelquefois les apparences du jugement et du raisonnement. Il a donc eu raison de combattre l'idée de Descartes, qui assimilait les bêtes à de pures machines, telles qu'une montre ou un tourne-broche. Car si les bêtes ne sont pas raisonnables à l'égal de l'homme, elles ne sont pas non plus dépourvues de toute intelligence. Du Fossé a parlé en leur faveur, comme La Fontaine l'avait fait dans sa Fable : *Les Deux Rats, le Renard et l'OEuf* (Liv. X, 1) ; comme Mme de Sévigné, qui refusait de ne voir qu'une machine dans sa chienne Marphise, en la défendant contre Mme de Grignan, trop zélée cartésienne. Se séparant de ceux qui voulaient doter les animaux d'une âme, notre auteur aboutit à une conclusion toute religieuse, bien convaincu que la destinée de l'animal s'accomplit tout entière en cette vie.

(2) Le *Recueil des Estampes de l'Abbaye de Port-Royal des Champs, depuis 1709 jusqu'à présent* (vers 1730), dont nous parlerons plus

faim pressast ceux qui étoient dans l'indigence d'auoir
recours à ce vol des bleds, nous jugeâmes ce remede un
peu trop violent, et nous crûmes qu'il valloit mieux empescher, autant qu'il seroit en nous, qu'un bien, destiné
pour la charité même, ne fust pillé de la maniere du
monde la plus indigne. Car ils ne se donnoient pas la peine
d'enleuer les gerbes de bled : mais, pour pouuoir en emporter dauantage à la fois, et plus aisément, ils écou-
ploient (1) tous les bleds, en couppant les seuls epics (2), et
en emplissoient de grands sacs, qu'ils enleuoient facilement. Ainsi l'on voyoit aux plus beaux endroits, où le
bled étoit le plus fort, des sillons presque entiers tout
écouplez, en sorte qu'il n'y restoit plus que la paille.
C'étoit faire la moisson, sans sier le bled, et reduire les
fermiers à n'emplir leurs granges que de pailles et non
de grains. C'étoit réduire les maistres à mourir de faim,
au milieu de la plus abondante moisson, et les mettre
dans l'impuissance d'assister les bons pauures, lorsque
les méchans prétendoient se faire ainsy une espece de
justice, aux dépends du bien d'autruy. Ils auoient même
l'insolence de porter des armes à feu, pour estre en état
de se deffendre, s'ils se voyoient attaquez (3). Cependant,
comme tout voleur est d'ordinaire peu assuré et qu'il
craint auec raison d'estre pris, ils ne nous attendoient
pas, quand ils nous voyoient venir à eux. Il y en eut

longuement ailleurs, offre deux fois : LA DISTRIBUTION DES AUMOSNES
DE PORT-ROYAL DES CHAMPS. — Voir l'Appendice IV.

(1) Il a soin d'expliquer ce mot qui n'est point dans les dictionnaires du temps.

(2) Orthographe qui rappelle de plus près le mot latin *spica*, d'où
celui-ci est tiré.

(3) C'est ainsi que les Rouennais se livrèrent au pillage de la forêt
de Roumare, de 1612 à 1618, malgré la vigilance et le courage de
Pierre Corneille, le maitre des eaux et forêts. Voir la notice de M. Gosselin, *Pierre Corneille (le Père)*, etc., pp. 24-28.

néantmoins qui, plus résolus ou plus pressez de la faim, ne se retirérent qu'à petits pas, et qui tirérent même quelque coup de pistolet ou de fusil. Mais comme nostre dessein n'étoit pas de nous commettre témerairement auec des brutaux et des hommes affamez, nous nous contentions de les suiure aussi à petits pas, ne voulant pas les atteindre, mais les obliger seulement de se retirer. Nous sauuâmes de la sorte beaucoup de bleds, après nous estre apperceus un peu tard du dégast qu'on y faisoit.

Nous n'eûmes pas seulement à nous deffendre du vol des hommes, mais encore du rauage des bestes. Car il sortoit de la forets de Monfort (1) des sangliers, qui venoient faire des tournioles (2) dans le milieu du plus fort des bleds; c'est à dire qui, en tournant et retournant, abbattoient, tant auec leurs pieds qu'auec leurs deffenses, une grande quantité de grains qu'ils mangeoient ensuitte, quoyqu'ils en gâtassent beaucoup plus encore qu'ils n'en mangeoient. Pour empescher ce desordre, nous passions une partie de la nuit au milieu des bleds, en faisant du bruit : et quelques fois M. de St Gilles, qui sçauoit parfaittement joüer de la flûte d'Allemagne, laquelle imite d'une maniere tres douce la trompette, faisoit retentir, dans le silence affreux de la nuit, ce son si harmonieux, qui charmoit un peu nostre ennuy, en dissipant une certaine terreur, qui étoit comme inseparable des tenebres, et du voisinage d'une forets remplie de bestes farouches, sans parler des hommes plus à craindre quelque fois que les bestes mêmes.

(1) En 1792, la forêt de Montfort s'étendait encore, entre le Perray et la ville de Montfort, sur une longueur de seize kilomètres, et sur une largeur de 6 à 7 kilomètres. Voir la *Carte du Gouvernement militaire de l'Isle de France*, par Dezauche.

(2) Ne se trouve pas non plus dans les dictionnaires du temps. Le mot populaire *Torgniole* ou *Torgnole*, pris dans un tout autre sens, paraît en être l'altération.

Je fus témoin, dan sle temps que je demeurois en cette ferme, d'une des choses les plus affreuses que j'ay jamais veuës. Le jour de la feste de tous les Saints, le feu prit à trois forets differentes (1), sans que l'on pust en connoistre la vraye cause ; les uns l'attribuant à la malice de quelques bergers ; d'autres à la négligence de quelques petits vachers, qui auoient bruslé quelque bois pour se chauffer, et qui n'eurent pas le soin de l'éteindre ; et quelques uns prétendant que ces incendies, arriuez le même jour à trois forets separées, étoient l'effet du feu du ciel. Quoyqu'il en soit, comme nous étions à une demye lieuë de la paroisse, nous n'entendîmes sonner le toxin que le soir tout tard, lorsqu'on ne voyoit plus, et que le silence de la nuit fait entendre plus facilement de loin. Nous mîmes la teste à la fenestre, et n ous apperceûmes de fort loin, c'est à dire audelà de la paroisse (2), une fumée effroyable, au milieu d'une lueur sombre, qui s'éleuoit par tourbillons d'une maniere affreuse. Nous y courûmes fort promptement ; et en entrant dans le village, qui se nomme le Perray, et qui consiste en une ruë fort longue, bordée de maisons des deux costez, nous trouuâmes tous ces pauures gens dans le dernier effroy, transportant hors de leurs maisons ce qu'ils auoient de meilleur, et s'attendant de les voir bientost bruslées : car le vent, qui étoit grand, venoit justement de la forets, où étoit l'incendie ; et le feu, étant emporté fort loin par le vent, venoit tomber sur les toits de chaume des maisons les plus auancées vers le bois ; en sorte que, s'il eust pris une fois à ces

(1) Au Nord, la forêt de Montfort ; au centre, celle de Rambouillet ; plus au Sud, celle des Yvelines, formant, à l'Ouest, sur un espace d'environ 25 kilomètres, les trois quarts d'une circonférence dont le Perray occupait le centre.

(2) La ferme du Petit Port-Royal étant à l'Est du Perray, ce village se trouvait entre la Forêt de Montfort et la ferme.

premieres maisons, toute la paroisse auroit brûlé en deux ou trois heures de temps, sans qu'il eust été possible d'y apporter de remede. Ainsi toute la vigilance des habitans étoit appliquée à éteindre les flammèches, dans l'instant qu'elles tomboient sur ces toits, sur lesquels ils étoient montez. Nous les consolâmes le mieux que nous pûmes, en prenant toute la part que nous deuions à leur crainte et à leur affliction. Et nous poussâmes plus loin, jusqu'à la forets, afin de voir l'ordre qu'on apportoit pour éteindre cet embrâsement. Nous trouuâmes qu'il y auoit en diuers endroits plus de cinq cents personnes occupées à coupper le feu, et empescher qu'il ne gagnast plus auant, et que les Officiers de la Jurisdiction de Rambouïllet (1) donnoient ordre à tout et menoient le monde aux endroits les plus nécessaires. Ce qu'il y auoit de plus affreux étoit quand le feu auoit gagné une meule de fagots : car on peut juger de l'embrâsement épouuentable qui s'excitoit dans le moment, et qui en causoit en même temps de nouueaux par ces tourbillons de feu, que le vent éleuoit du milieu de ces fagots embrasez. Enfin lorsqu'on auoit lieu de tout craindre, Dieu fit éclatter sa misericorde et exauça les prieres de tant de pauures, qui imploroient sa bonté. Il enuoya une pluie douce, qui seruit en même temps et à abbattre le vent et à éteindre la plus grande ardeur du feu ; en sorte que ceux qui trauailloient à le coupper et à l'arrêter eurent plus de facilité d'en venir à bout. Mon Dieu ! quel sera le dernier embrâsement, à la fin du monde, lorsque, comme dit saint Pierre, *dans le bruit d'une effroyable tempeste, les cieux passeront, les élemens embrásés se dissoudront, et la terre*

(1) Pour les Eaux et Forêts. — Cette maîtrise particulière se rattachait à la Juridiction des Eaux et Forêts établie à la Table de marbre du Palais, à Paris.

auec tout ce qu'elle contient, sera consumée par le feu(1), puisqu'une forets embràsée presentoit aux yeux un si horrible spectacle. *Et quels ne deuons nous point estre*, ajoute le même apostre ; c'est à dire, *quelle doit estre la sainteté de nostre vie et la pieté de toute nostre conduitte, dans l'attente continuelle et dans le desir ardent de l'auenement du Seigneur, auquel l'ardeur du feu dissoudra les cieux et fera fondre tous les élemens*(1) !

Comme Chartres n'est qu'à neuf lieuës de la maison où je demeurois, nous eûmes deuotion, M. de Saint Gilles et moy, d'aller en pellerinage à Nostre Dame de Chartres, qui est, comme tout le monde le sçait, un lieu de fort grande deuotion. Quoyque je sois, et que j'aye toujours été, un fort mauuais pieton, je ne laissay pas de m'engager de faire à pied ce voyage. Et il est vray que je n'ay jamais souffert une pareille fatigue. Ce qui contribua à augmenter ma lassitude, étoit qu'ayant commencé à voir les clochers de Chartres, à cinq ou six lieuës de la ville je crus, après auoir fait trois ou quatre lieuës de chemin, qui m'auoient beaucoup couté, estre déja bien auancé, et que nous ne tarderions pas longtemps à atteindre auec les pieds ce que nous voyions de nos yeux. Mais je reconnus, au bout d'une heure, combien je me trompois dans mon calcul ; puisque nous fismes bien ensuitte une lieuë et demye, sans découurir ces mêmes clochers que nous auions veus, et que, les ayant apperceus de nouueau, et perdus encore de veuë fort longtemps, il nous paroissoit alors qu'ils s'éloignoient en quelque sorte, à mesure que nous approchions : ce qui arriue à cause de plusieurs vallons qu'on rencontre, qui augmentent la longueur du chemin et qui dérobbent tres souuent la

(1) « II. Petr. cap. 3, 10. » Ms.
(2) *Ibidem.* Versets 11 et 12.

veuë de ces clochers, quoyqu'éleuez sur l'éminence de la
ville (1). Enfin étant arriuez à Chartres, nous nous trouuâmes bien dédommagez de toute nostre fatigue, par la
consolation que nous receûmes d'offrir à la Sainte Vierge
nos vœux, en un lieu où elle est particulierement honorée et où l'on ressent je ne sçay quelle déuotion, qui
ne peut venir sans doute que de la presence de Dieu, qui
se rend là en quelque façon plus sensible et plus fauorable
à ceux qui s'addressent à la Mere de son Fils, pour luy
presenter leurs prieres et implorer son secours dans
leurs differents besoins (2). Car on ne peut point douter,
comme je l'ay remarqué auparauant (3), sur l'authorité
de saint Augustin, et par l'experience de tous les siecles,
que Dieu s'est toujours reserué de faire éclatter sa misericorde et sa puissance, en certains lieux plus qu'en
d'autres, quoyqu'il soit present et également puissant
partout. Nous reuinmes comme nous étions allez, c'est
à dire à pied ; auec cette difference toutefois que je fus
moins fatigué au retour, et que celuy auec qui j'étois le
fut dauantage (4).

Outre la Vie de saint Thomas de Cantorbery, que je
fis, comme je l'ay dit (5), dans le temps que je demeuray

(1) Le Perray était sur la route de Paris à Chartres par Versailles,
et les villes qu'ils traversèrent étaient Rambouillet, Epernon, Mainte-
non, avec deux vallées, à partir d'Epernon.

(2) De plus on connaît la belle architecture de cette cathédrale,
dont du Fossé ne dit rien. « Aujourd'hui (1719) son Chœur, son Eglise
« souterraine, et les deux Clochers la rendent une des plus belles du
« Royaume. Au pourtour du Chœur on voit tous les mysteres de la vie
« de Jesus-Christ, sculptez en pierre, que les connaisseurs regardent
« comme un ouvrage parfait. » *Nouvelle Description de la France*, par
Piganiol de la Force, t. V, p. 200.

(3) Voir plus haut, p. 96.

(4) Il n'a parlé que de « neuf lieues, » mais il y avait bien dix lieues
communes de France, de 25 au degré, sans compter les vallées.

(5) Voir plus haut, p. 120.

en ce lieu tout à fait champestre, nous nous occupâmes
encore, le compagnon de ma solitude et moy, à reuoir
quelques Vies des Saints, dont M. d'Andilly vouloit bien
m'enuoyer la traduction qu'il en auoit faitte (1). Et il me
donnoit sans doute en cela un grand exemple de modestie et d'humilité de vouloir bien exposer à la critique
d'un jeune homme, comme j'étois, luy qui eust été
mon pere, ses propres ouurages. Mais c'est la marque
d'un esprit bien fait de n'estre point si jaloux de ce qu'on
écrit qu'on craigne de l'exposer à la veuë de ses amis.
Et il est infiniment plus humiliant de mettre au jour ses
ouurages, auec un grand nombre de deffauts, dont on
rend témoin tout le public, que de s'humilier, pour le
dire ainsy, en particulier, deuant une ou deux personnes,
à qui on demande cordialement leur auis (2). Aussy il
arriue rarement que des autheurs soient assez habiles
pour n'auoir besoin de la reueuë et de la correction des
autres. Jamais peut estre homme n'a eu plus de justesse d'esprit et de jugement que M. Pascal, qu'on a
regardé auec raison comme un des prodiges de nostre
siecle (3). Et cependant on peut assurer que ce qui est

(1) Deux ans après, on eut les : *Vies de plusieurs Saints illustres de
divers siècles, choisies et traduites des écrivains originaux*, par R.
Arnauld d'Andilly. Paris, 1664, in-fol.

(2) Du Fossé partage le sentiment d'Horace et de Boileau sur la
nécessité d'avoir un ami pour censeur littéraire.

> Faites-vous des amis prompts à vous censurer ;
> Qu'ils soient de vos écrits les confidents sincères,
> Et de tous vos défauts les zélés adversaires :
> Dépouillez devant eux l'arrogance d'auteur.
>
> Boileau, *Art poét.*, I, v. 186-189.

(3) Non-seulement à Port-Royal, comme on le voit, toutes les fois
que son nom paraît sous la plume de ses écrivains, mais encore dans
la France enitère, les plus grands éloges furent décernés à Pascal,
même de son vivant.

sorty de sa plume, et qui fait l'admiration de tous ceux
qui ont le goust des bonnes choses, n'auroit pas été, à
beaucoup près, si parfait, s'il n'eust pris l'auis de personnes tres capables (1), et s'il n'auoit corrigé, même
plusieurs fois, et comme remanié tout de nouueau, quelques uns de ses ouurages (2). Je m'arréte un peu à faire
cette remarque, qui est importante, pour oster aux jeunes
gens une mauuaise confusion, qu'ils ont d'ordinaire, de
soumettre leurs écrits à la correction et à la censure, et
pour leur faire comprendre, par l'exemple des plus grands
hommes, qu'il n'y a jamais de honte à connoistre la verité, et qu'on n'arriue guere tout seul à la perfection où l'on
tend, en quelque art que ce puisse estre, ayant besoin du
secours des autres, comme les autres en ont eu besoin eux
mêmes.

Il m'arriua dans la suitte une espece de petit differend,
qui me dégoûta un peu du lieu où je demeurois. Celuy
qui s'étoit chargé de la conduitte de cette ferme, étoit un
jeune homme tres affectionné au bien de l'Abbaye, et
tres attaché aux soins du ménage (3). Mais, comme on ne

(1) MM. Le Maître, Arnaud, de Saci, Singlin, Domat, et Nicole, « le
« grand *réviseur* et *repasseur*, qui ne cessa dans aucun temps de
« faire cet office qu'on sollicita de lui jusqu'à la fin de sa vie. »
M. Sainte-Beuve, *ibid.*, t. III, p. 310. Au point de vue de la correction
typographique, « M. de Saint-Gilles était reconnu pour le correcteur
« en chef des épreuves, et le *prote* par excellence de Port-Royal. »
Dans une lettre adressée à Nicole, M. de Pontchâteau écrivait, en
plaisantant : « *Comme j'ai un peu succédé à M. de Saint-Gilles dans
« son royaume des points et virgules, j'exerce ma principauté.* » *Id.,*
ibid., III, 129.

(2) Ainsi, en ne prenant que les *Provinciales*, on sait que la VIe, la
VIIe et la VIIIe furent révisées par Nicole, qui lui fournit encore le plan
de la IXe, et la Xe fut faite de concert avec Arnauld. Enfin la XVIIIe,
écrite au R. P. Annat, jésuite, où il établit qu'il n'y a aucune hérésie
dans l'Eglise, « il la refit jusqu'à treize fois. » *Recueil d'Utrecht*, p. 305.

(3) Le sieur Coutel, comme on l'a vu plus haut, p. 129.

s'en reposoit pas entierement sur luy, il venoit de temps
en temps une personne de plus grande consideration, et
qu'on regardoit comme plus expérimentée, pour auoir
l'œil sur toute chose et pour donner ordre à ce qui pourroit y manquer. Je remarquay cependant que cela pro-
duisoit un fort méchant effet; que les valets n'auoient
presque aucune consideration pour celuy qu'ils n'enuisageoient que comme un second et un subalterne, qui n'auoit
point l'authorité, et qu'ainsy ils ne luy obéissoient qu'à
demy; qu'il n'étoit pas maistre de faire toujours ce qu'il
vouloit, et que cependant on luy attribuoit quelquefois
des manquemens qui venoient moins de luy que des autres; qu'on trouuoit souuent à redire à bien des choses,
où il me sembloit auoir raison; étant d'ailleurs difficile
de prendre toujours si bien ses mesures, dans un ménage, que tout se fasse exactement, comme on le voudroit; et se trouuant mille obstacles que l'on ne peut pas
leuer aussy aisément qu'il est facile d'en remarquer les
mauuais effets, après qu'ils sont arriuez. J'obseruois
tout et je voyois le chagrin que l'on causoit au jeune
homme dépourueû d'authorité, et exposé trop souuent à
de semblables censures, qui ne seruoient qu'à l'attrister,
sans qu'il fust en son pouuoir de remedier à toutes
choses. Il s'en ouuroit quelquefois à moy, et, le consolant du mieux qu'il m'étoit possible, j'auois peine à
m'ingerer, n'ayant rien à voir sur tout cela, de representer aux personnes cette espece d'injustice qu'ils com-
mettoient, sans s'en apperceuoir eux mêmes. Je crus
neantmoins un jour que la charité, que je leur deuois à
tous, deuoit passer pardessuz certaines régles de bienséance, et me donnoit quelque droit dê leur parler en
faueur de ce jeune homme. Je le fis donc, et d'une maniere, à ce qu'il me paroissoit, si conuainquante que je
crus leur en auoir dit assez pour leur faire conceuoir
10

que, si eux mêmes auoient été à la place de celuy à la conduitte duquel ils trouoient toujours à redire, ils se seroient tenu (1) heureux qu'on les eust justifiez, comme je venois de faire celuy de qui ils se plaignoient. Cependant, soit que j'eusse parlé auec chaleur; soit que les veritez soient toujours un peu choquantes; soit enfin qu'on n'approuuast pas que je me meslasse de ce qui ne me regardoit point, il ne me fut pas difficile de remarquer qu'en voulant deffendre une personne affligée, j'en affligeay d'autres, qui ne s'attendoient nullement à estre preschez à leur tour, et qui me parurent tres sensiblement touchez de la maniere dont je leur auois parlé. Je me vis même obligé d'aller ensuitte trouuer la personne qui nous conduisoit (2) pour me justifier sur ce qui s'étoit passé. Je le fis; et peut estre auec trop de fierté, sentant, ce me sembloit, que j'auois raison, et que cette mortification, qui me venoit pour auoir fait une œuure de charité, m'étoit glorieuse; quoyque je reconnoissois auoir bien pu y mesler quelque chose d'étranger à la charité; étant difficile de faire les meilleures choses d'une maniere qui soit pure deuant Dieu et même deuant les hommes (3).

(1) Telle était l'orthographe prescrite alors. Voir plus bas note (1), p. 154.

(2) M. de Saci, son directeur (voir t. I, p. 205), et dont il va parler, un peu plus loin, dans les mêmes termes.

(3) Ce chapitre est entièrement inédit, sauf les sept pages que le premier éditeur en a données, en rapprochant différents passages du texte, dans son Deuxième livre, *chapitre V*, pp. 212-217. Ne voyant que Port-Royal, sans doute il jugeait superflus tous ces détails qui peignent les mœurs ou les idées du siècle où vivait l'auteur.

CHAPITRE XVII.

Cependant ce petit différend, quoy qu'il ne me causast
aucun refroidissement pour mes amis, pour qui même

j'ose dire que je sentis un renouuellement d'affection
tres sincere, me donna quelque dégoust pour ce lieu. Et
d'ailleurs, le peu de secours que j'y trouuois pour le spirituel, contribuant à m'en dégoûter encore plus, je supliay
M. de Singlin de trouuer bon que je logeasse à Paris, en
une maison qu'il auoit loüée dans le faubourg Saint Marceau, auec M. de Sacy et deux ou trois de nos amis (1).
Il me témoigna qu'il l'auroit bien souhaitté ; mais qu'il
n'y auoit aucun logement, tout se trouuant occupé et la
maison étant fort petite. Car il n'osoit me parler d'un
retranchement fait auec des aix de sapin, tout au milieu
d'un grenier. Cependant la grande enuie que j'auois de
me rapprocher de ces Messieurs et de quitter une campagne si incommode dans les chaleurs et dans les grands
froids, et dans tous les mauuais temps, à cause de l'éloignement de l'Eglise, me fit résoudre à passer par dessuz
toutes les incommoditez du logement qui se presentoit,
afin d'auoir le bonheur d'estre proche de M. de Sacy, en
qui j'ay toujours eû une parfaitte confiance pour ma conduitte. Je quittay donc le Petit Port Royal, et vins m'é-
tablir dans le grenier de cette maison, que je sceus
neantmoins approprier de telle sorte qu'il donna de la
jalousie aux plus belles chambres du logis, et que la
proprietaire de la maison l'ayant veû, dit qu'elle le choi-
siroit préferablement à tout le reste (2).

(1) « M. Singlin et M. de Saci jugerent à propos l'un et l'autre de
« se cacher dans une petite maison, du fauxbourg S. Marceau.
« M. Dumont étoit avec eux et j'y étois aussi (M. Fontaine). Nous
« étions là tous quatre seuls. Madame Vitart, une sage veuve, occu-
« poit le bas, et paroissoit occuper tout le logis. Elle avoit soin de
« nous faire apporter à manger. Pour nous, nous avions les apparte-
« mens d'en haut, et ne paroissions pas. » *Mémoires pour servir à
l'Histoire de Port-Royal*, par M. Fontaine, t. II, p. 195. — Mme Vitard,
veuve dès 1641, et tante de Racine, avait fait élever un de ses fils avec
lui dans les Ecoles de Port-Royal.

(2) Mme Vitard, comme il est dit dans la note précédente.

M. de Rebours y étoit mort quelque temps auparauant (1). C'étoit un prestre d'une vertu tres solide, et d'une conuersation tres agréable. Il auoit été engagé dans le sacerdoce, pour seruir, en qualité de **confesseur**, les Religieuses de Port Royal de Paris. Et il s'acquitta toujours de cet employ d'une maniere tres digne de son ministere. J'auois eû aussi le bonheur d'estre conduit par luy en diuers temps, où j'étois éloigné de M. de Sacy ; et je trouuois toute l'onction et toute la lumière qu'on peut desirer dans sa conduitte. Ayant été obligé, par les troubles qu'on excita contre cette sainte maison, d'en sortir auec M. de Singlin et les autres, il vint s'établir auec luy et M. de Sacy dans la petite maison dont je parle. Et, comme si le temps de sa course eust fini auec celuy de son employ, il ne suruesquit que peu de temps, après qu'il fut déplacé du poste où la prouidence l'auoit mis, pour la consolation de tant de filles et d'autres personnes, qui auoient une particuliere confiance en luy. Mais il mourut plein de jours et de mérites, quand sa vie fut deuenuë inutile à son prochain, par la malice des temps et l'injustice du siècle, qui n'étoit pas digne, pour parler comme Saint Paul, de tels hommes.

Mais nous fîmes encore dans cette même maison une autre perte beaucoup plus grande, en la personne de M. de Singlin établi auparauant par l'archeuesque de Gondy, confesseur (2), et ensuite par le cardinal de Rets, superieur des deux maisons de Port Royal (3). C'étoit un

---

(1) Bien près de trois ans. Le 12 août 1661, il mourut de douleur d'avoir été expulsé de Port-Royal des Champs, deux mois auparavant, par le nouveau supérieur M. Bail. Il y avait été confesseur pendant vingt ans.

(2) Ce mot, nécessaire au sens, qui se trouve dans l'Imprimé, n'est pas dans le Manuscrit. C'est en 1641 qu'il fut nommé confesseur.

(3) En 1656.

homme, ainsy que je l'ay marqué ailleurs (1), consommé
dans la vertu, et d'une sagesse et experience toute singuliere, pour la conduitte des ames. Il auoit aussy, comme
on l'a veû, un don tout à fait surnaturel pour la predi-
cation ; ses sermons étant toujours accompagnez de cette
parole de Dieu viuante et efficace, dont parle Saint Paul,
qui penetre le fonds des cœurs, et qui les touche d'une
sainte componction pour leur salut (2). Ceux qui connoissoient plus particulierement son mérite, remarquoient
de plus en luy une pénetration d'esprit, et une lumiere
de discernement, qui le rendoit l'un des hommes de
France le plus capable de donner conseil generalement
sur toutes choses. Madame de Longueuille, Mlle de Vertus (3), et M. Pascal, dont tout le royaume a connu le
grand mérite, en ont jugé de la sorte. Ce dernier luy
faisoit voir ses écrits, comme à un homme qui, bien
qu'il n'eust pas une grande érudition, excelloit en jugement et en justesse d'esprit (4). Quant à la Princesse que
j'ay nommée et à Mlle de Vertus, l'une et l'autre le con-
sultoient dans toutes les grandes affaires qui leur arri-
uoient, comme une personne dont l'auis étoit tres sûr,
et fondé sur une lumiere qui leur paroissoit tenir
quelque chose de l'intelligence. La premiere se seruit
beaucoup de luy, dans tout un caresme, pour débroüiller
beaucoup d'affaires qui luy donnoient de la peine, et

(1) Plus particulièrement, t. I, p. 59.

(2) Voir t. I, p. 175.

(3) Catherine-Françoise de Bretagne, demoiselle de Vertus, la
grande dame de compagnie, et l'on pourrait dire l'amie de la duchesse de Longueville.

(4) On savait bien que M. Singlin avait reçu Pascal comme pénitent,
à Port-Royal, après sa seconde conversion ; mais l'appel fait à son goût
par le grand écrivain paraît signalé ici pour la première fois. Voir
plus haut, p. 144, les noms des autres hommes de Port-Royal, dont
Pascal admettait la révision pour ses écrits.

pour faire une reueuë sur tant de choses qui s'étoient
passées pendant sa vie. Il alloit exprès pour cela, deux
ou trois fois la semaine, en son Hostel (1), et y passoit
la plus grande partie de la journée, toujours appliqué à
l'examen de plusieurs affaires délicattes et épineuses. Et
il jeûnoit auec cela rigoureusement, ne mangeant que sur
les cinq ou six heures du soir.

Un trauail d'esprit si penible, joint à un tel jeûne, en
une personne déjà usée d'austeritez et de prédications,
et de fatigues, acheuua de le consumer; et ceux qui le
rapporterent en chaire, de l'hostel de Longueuille, le
jeudy saint (2), nous dirent qu'ils ne sçauoient pas ce
qu'auoit celuy qu'ils auoient porté ; mais que c'étoit un
homme de plomb, et qu'ils n'en auoient jamais porté un
si pesant. En effet il se mit dès lors au lict, frappé de la
maladie dont il mourut, et dans le dernier accablement.
Le mal étoit au dedans plus qu'au dehors, et sans qu'il
parust une grande fieure, il se trouuoit si abbattu par
l'épuisement de ses forces, qu'il ne pouuoit même se
mettre sur son seant, sans le secours de quelqu'un de
nous (3). Il fut jusques à la fin dans cette tranquillité
d'ame et cette paix du Seigneur, que la multitude de ses
bonnes œuures, et l'abondance de sa charité, releuée
encore aux yeux de Dieu par l'épreuue de la derniere
persecution qu'on lui auoit suscitée, lui procuroient, aux

(1) « L'Hôtel de Longueville est dans la ruë de S. Thomas du Louvre,
« et du même côté que l'Hôtel d'Uzès : c'étoit autrefois l'Hôtel d'Eper-
« non. Il a assez d'apparence, mais il n'est pas acheué, et il y manque
« une aîle. » *Nouvelle Description de la France*, par Piganiol de la
Force. 1719. T. II, p. 87. — Les dernières constructions du Louvre l'ont
fait disparaître en entier.

(2) 10 avril 1664.

(3) Les quatre solitaires cachés dans la petite maison du Faubourg
Saint-Marceau, « ce nid et ce refuge des plus purs Port-Royalistes. »
M. Sainte-Beuve, *ibid.*, t. IV, p. 498.

approches de la mort, comme la récompense de sa bonne
vie. Il mourut donc le septième jour de sa maladie (1), et
s'éteignit comme une lampe où il n'y auoit plus d'huile.
Mais son cœur, qui étoit comme la lampe, auec laquelle
il alla se présenter au Seigneur, ne manquoit pas de
cette autre huile, qui manqua aux vierges folles, c'est à
dire, selon les saints interprettes, de l'humble reconnoissance de la grace de Jesus Christ, qui auoit été toute
sa force, et sur laquelle il auoit posé le fondement de son
esperance, au milieu de toutes les differentes trauerses
qu'il auoit eû à soutenir de la part de ceux qui persecutoient les dons de Dieu dans ses scruiteurs. Il mourut à
cinq heures du matin, après que je l'eûs veillé presque
toute la nuit (2). Et Mlle de Vertus, qui ne sçauoit point
l'extremité où il étoit, arriua sur les sept ou huit heures,
pour le consulter sur une affaire qui luy étoit de la derniere consequence, et pour la decision de laquelle il luy
auoit demandé du temps. En apprenant cette mort, sur
nos visages, autant que par nos paroles, elle receut le
coup le plus sensible qu'elle eust peust estre jamais senti
de sa vie. Et elle ne put se consoler, ne trouuant personne en qui elle eust, et pust auoir une si parfaitte
confiance (3). Nous portâmes son corps le lendemain à
Port Royal de Paris, où le curé de Saint Medart, son
curé, en fit l'inhumation (4), au milieu des larmes et des

(1) Le jeudi de la semaine de Pâques, 17 avril 1664.

(2) « On ne laissait pas de le veiller pendant la nuit.... Nous nous
« soulagions et nous coupions la nuit en deux. L'un en veilloit les
« premieres heures, l'autre en veilloit l'autre moitié. Le dernier jour
« de sa maladie, on vint de bonne heure me réveiller pour succéder
« à M. du Fossé. » *Mémoires* de Fontaine, t. II, p. 290. — Il place sa
mort une heure plus tard.

(3) Elle lui trouva un digne successeur dans M. de Saci.

(4) A neuf heures et demie du soir, pour ne point attirer l'attention, et comme il convenait à des gens qui n'osaient sortir de leur
cache, suivant le mot de M. Fontaine.

soupirs de toute cette grande Communauté de Religieuses,
qui l'honoroient et l'aimoient comme leur pere, ayant été
la pluspart recuës par luy à la Sainte Religion ; et qui se
trouuoient heureuses de pouuoir au moins luy rendre
ces derniers deuoirs de la piété chrestienne, après sa
mort, ayant été séparées de sa conduitte, par une violence
étrangere, dans ces derniers temps (1).

La vie que je menois dans cette maison, où mourut
M. de Singlin, étoit une vie fort desagréable, selon les
sens. Car j'y étois dans une solitude et une étude perpétuelle, n'ayant guere de conuersation qu'auec M. de Sacy,
quelque temps après les repas ; et cette conuersation
étant toujours fort serieuse, par la vigilance que ce grand
homme auoit sans cesse sur soy, pour ne pas perdre la
presence de Dieu, et pour ne rien dire qui ne tendist à
édifier ceux à qui il parloit (2). Cette vie étoit donc un
peu forte pour un jeune homme, qui s'accoutume diffici-
lement à estre toujours enfermé et à viure dans une
perpetuelle application d'esprit, comme je faisois alors ;
puisque nos conuersations mêmes d'après les repas
étoient une espece d'étude ou de conférences de piété.

(1) « Son absence de trois années entières, qui n'avoit point changé
« les sentimens que nous étions obligées d'avoir pour lui, n'avoit
« aussi rien diminué de la charité qu'il a toûjours eue pour ce Mo-
« nastère, dans lequel il rentra comme par une espece de triomphe,
« s'il est permis de donner ce nom à une ceremonie aussi triste que
« fut celle de son enterrement, qui se fit le lendemain de sa mort, le
« Vendredi 18 avril. » *Relation de ce qui s'est passé à Port-Royal depuis le commencement de l'année* 1664, etc., in-4°, p. 3.

(2) Ici se trouvait cette phrase : « Il voulut bien neantmoins me
« donner aussy de son temps, pour reuoir auec moy, et pour corriger
« la Vie de Saint Thomas de Cantorbéry, que j'auois faitte à la
« campagne. Mais j'auoüe que cette Vie étoit un peu forte, etc.... »
La phrase a été biffée, à cause sans doute de l'ambiguïté qu'offrait le
mot *Vie*, venant immédiatement après ; mais le fait de la révision est
à retenir.

Mais enfin je l'auois voulu ainsy, pour me tirer d'une autre espece de solitude encore plus fâcheuse de la campagne. Et c'est ce qui nous fait voir combien il est difficile de trouuer, en cette vie, un état fixe, où le cœur de l'homme puisse goûter du repos. Aussy il nous est auantageux de sentir cette instabilité en ce monde, pour ne nous y pas arrêter, et pour tendre continuellement ailleurs, où tout sera stable et éternel.

Mais nous ne fûmes pas bien longtemps, sans nous ressentir d'une nouuelle secousse, qui obligea M. de Sacy de se retirer de chez nous ; parce que l'auersion que les ennemis de Port Royal auoient conceüe contre cette sainte maison, leur donnoit un fort grand éloignement de tous ceux qui l'auoient conduitte, les regardant comme les autheurs de tout le mal imaginaire qu'ils luy attribuoient. La difficulté que ces saintes filles témoignerent au sujet de la signature du Formulaire, qu'on exigeoit d'elles pure et simple, ne fut pas un des moindres sujets du chagrin qu'on eut contre tous leurs anciens confesseurs, qu'on regarda comme en étant la premiere cause. Comme cette affaire a eu de si terribles suittes, et que nous mêmes nous y sommes trouué (1) enueloppez, d'une maniere surprenante, à cause de la liaison intime que nous auions auec un de ces principaux confesseurs, qui étoit M. de Sacy (2), il est important de la mettre icy dans tout son jour ; afin qu'on sçache, une bonne fois, sur quels fondemens on a étably le

(1) Notre auteur se conformait à la règle de Vaugelas défendant l'accord. « Quand après le preterit passif il y a un participe passif, « comme en cet exemple de M. de Malherbe : *La desobéïssance s'est* « *trouvé montée au plus haut point de l'insolence*, il faut dire, *s'est* « *trouvé montée* et non pas *s'est trouvée montée*. » Remarques sur la Langue françoise. 1672, in-12, p. 143.

(2) Fontaine, du Fossé et M. de Saci seront mis à la Bastille, deux ans plus tard, en 1666.

plus rude traittement dont on ait jamais usé enuers des Religieuses, que ce récit tres sincere fera voir n'auoir été en aucune sorte coupables, deuant les hommes, que d'une délicatesse de conscience qui leur faisoit craindre de se rendre criminelles aux yeux de Dieu, si elle faisoient le serment qu'on leur demandoit.

Pour reprendre cette affaire de plus haut, le Pape Innocent X auoit fait, le 21 mai 1653 (1), une Constitution, par laquelle il condamnoit cinq propositions, comme extraittes du Liure portant pour titre : *Cornelii Jansenii, Episcopi yprensis, Augustinus* (2). D'abord que cette Constitution parut en France, tout le monde s'y soumit tres sincerement. Et ny M. Arnauld, ny ses amis, ne faisoient aucune difficulté que l'on ne pust y souscrire, quant à ce qui regardoit la foy, parceque, pour ce qui étoit d'un fait, tel qu'étoit celuy de sçauoir si ces propositions condamnées auoient été effectiuement enseignées par l'Euesque d'Ipres, les cardinaux Baronius et Bellarmin, et les plus sauans autheurs conuenoient que ni le Pape, ni toute l'Eglise assemblée dans un concile œchumenique (3), ne pouuoit point en exiger la créance des

(1) Cette Bulle, qu'on peut lire en entier dans les *Mémoires du P. René Rapin*, édités par M. Léon Aubineau, se termine par ces mots, qui rectifient la petite erreur de du Fossé : « Donné à Rome, à « Sainte-Marie Majeure, l'an de Notre Seigneur, 1653, *le 31 de may* « et de Notre pontificat le neuvième. » T. II, p. 110.

(2) Voici le titre complet de ce fameux ouvrage, cause de tant de de débats : *Cornelii Iansenii Episcopi Iprensis* Avgvstinvs, seu doctrina sancti Avgvstini de hvmanæ natvræ sanitate, ægritvdine, medicina, adversvs Pelagianos Massilienses, tribvs tomis comprehensa. Parisiis, svmptibvs Michaelis Soly. 1641. 1 vol in-folio, sur deux colonnes, écrit en latin. L'édition princeps est de Louvain, 1640. — C'est en 1649 que Cornet, syndic de la Faculté de Théologie de Paris, avait réduit toute la doctrine de l'*Augustinus* à cinq propositions, bientôt déférées au Pape.

(3) Orthographe tout à fait défectueuse, ce mot français venant du

fidelles comme des décisions de foy. Cependant ceux qui s'étoient le plus remuez à Rome, pour obtenir cette Constitution d'Innocent X, ne pouuoient jouir du fruit de tous leurs trauaux, du moment que l'on faisoit cette distinction du droit et du fait (1). Car, pour peu qu'on ait connu les ressorts cachez de toute cette grande intrigue, formée au sujet des cinq propositions dont il s'agit, on sçait assez que ceux qui en poursuiuoient la condamnation ne se mettoient pas tant en peine de les faire condamner en elles-mêmes, que de faire condamner en même temps celuy auquel ils les attribuoient, et qu'ils n'aimoient pas, pour des raisons qui sont trop connuës. Aussi, s'ils n'auoient enuisagé, comme ils auroient dû, que la condamnation des erreurs presentées au Saint Siége, ils auoient tout lieu d'estre contens, comme de bons catholiques, en les voyant condamnées, et par le Pape, et par les Euesques, et par le consentement unanime de tous les fidelles. Mais, parce qu'ils se virent frustrez, comme je l'ay dit, de leur principal dessein, par cette fâcheuse distinction du droit et du fait, ils recom-

grec *é oikoumené* (la terre habitée), où il n'y a point de *chi*, mais un *cappa*.

(1) Cette fameuse distinction du *fait* et du *droit*, notre auteur en avait déjà parlé, à l'occasion d'une Lettre d'Arnauld, 1655, pour justifier le livre de Jansénius. Voir t. I, p. 269. — Voici le résumé de la doctrine des Jansénistes : « Les cinq propositions étaient bien légiti- « mement condamnées comme hérétiques, ils en convenaient; mais « elles n'avaient pas été censurées dans le sens de Jansénius et « n'étaient pas dans son livre. D'ailleurs, s'ils étaient obligés d'ac- « cepter les décisions pontificales sur un point de *droit* ou de dogme, « ils n'étaient pas tenus, prétendaient-ils, d'avoir la même soumission « sur un point de *fait*, comme le sens d'un auteur et d'un livre. Ils « trouvaient ainsi le moyen de respecter en apparence la Bulle d'Inno- « cent X et de continuer de soutenir la doctrine de l'*Augustinus*. » Dic-TIONNAIRE DE BIOGRAPHIE ET D'HISTOIRE, de MM. Dezobry et Bachelet; Art. *Jansénisme*, par M. l'abbé Maynard.

mencerent de nouuelles intrigues à Rome, pour obliger
le Saint Siége de se déclarer encore plus précisément sur
ce qui regardoit le fait, aussi bien que sur le droit.
C'est ce qu'ils obtinrent du pape Alexandre VII, dont on
vit paroistre, le 16 octobre de l'année 1656, une Bulle
qui confirmoit la Constitution d'Innocent X, et qui
déclaroit que les cinq propositions, condamnées par son
prédécesseur, auoient été véritablement extraittes de
l'ouurage de Cornelius Jansenius, éuesque d'Ipres, intitulé *Augustinus*, et condamnées au même sens qu'il les
auoit luy même entenduës (1).

Cependant cette Bulle, au lieu d'appaiser les troubles
des consciences, ne seruit qu'à les augmenter. Car tous
les Docteurs, qui étoient instruits de la doctrine de
l'Eglise Gallicane, sçauoient bien que le respect dû au
Saint Siége pourroit imposer silence en cette rencontre,
mais non imposer le joug inconnu de la creance interieure de ces sortes de faits à ceux qui ne l'auoient pas ;
et encore moins les obliger à les signer, comme s'ils les
auoient crus. Voila tres sincerement l'unique cause du
refus qu'ont fait un grand nombre d'Ecclésiastiques, et
particulièrement les Religieuses de Port Royal, de signer le Formulaire fameux, où l'on ajoutoit un serment
terrible, qui suffiroit presque seul pour faire ouurir les
yeux aux personnes qu'on obligeoit d'y souscrire (2). Car

(1) En 1654, les Evêques de France avaient déclaré que les cinq
propositions étaient dans Jansénius, et qu'elles avaient été condamnées
dans le sens de l'auteur. Par sa bulle de 1656, le pape n'avait fait que
confirmer leurs décisions d'une manière péremptoire. Elle parut après
la publication de la quatorzième *Provinciale*.

(2) Il y eut deux Formulaires, l'un dressé en 1656, « ne fut pas jugé
« assez bien pour être produit. » *Mémoires du Père Rapin*, t. II, p. 441.
Dans l'autre, du 17 mars 1657, on retrancha « des termes qui avaient
« choqué dans le premier. » *Ibid.*, p. 463. En voici le texte : « Je me
« soumets sincerement à la constitution du pape Innocent X, du

il est certain, selon la doctrine de saint Bernard et des autres Peres, qu'on se rend coupable de parjure, en assurant une chose auec serment, lorsqu'on l'ignore ou lorsqu'on en doute. Et aussy l'attribution qu'on faisoit. dans ce Formulaire, des cinq propositions condamnées au liure d'un éuesque, que plusieurs sçauoient estre mort en odeur de sainteté, et dans le sein de l'Eglise catholique, et estre haÿ personnellement par ceux qui s'étoient le plus employez à faire flétrir sa reputation, étoit une chose qui pouuoit paroistre à bien des gens au moins douteuse : et cela seul suffisoit, selon Saint Bernard, pour empescher que des filles, qui reconnoissoient ce saint Docteur pour leur pere, ne déclarassent, par un serment authentique, ce qu'elles ne pouuoient sçauoir, et dont même elles auoient quelques sujets de douter, ne prétendant pas néantmoins blesser en aucune sorte par leur doute le respect dû au Saint Siége ; mais craignant uniquement d'offenser Dieu et de blesser leur conscience, par ce serment qu'il leur paroissoit qu'on ne pouuoit exiger d'elles.

Mais quelqu'un demandera peut estre comment des filles étoient si sçauantes. Et il pourra bien en vouloir conclurre qu'on prenoit donc un grand soin de les instruire des matières contestées ; et que c'étoit en cela que leurs confesseurs auoient tort de leur embroüiller l'esprit, touchant des disputes si éleuées audessuz de

« 31 may 1653, selon le véritable sens qui a été déterminé par la consti-
« tution de notre Saint-Père le pape Alexandre VII, du 16 octobre
« 1656. Je reconnois que je suis obligé en conscience d'obéir à ces
« constitutions, et je condamne de cœur et de bouche la doctrine des
« cinq propositions de Cornélius Jansénius, contenues dans son livre
« intitulé *Augustinus*, que ces deux papes et les évêques ont condam-
« nées, laquelle doctrine n'est point celle de saint Augustin, que
« Jansénius a mal expliquée selon le vray sens de ce docteur. »

leur sexe et de la simplicité de leur vocation. C'est aussy sur quoy leurs ennemis se sont le plus appuyez, pour persecuter leurs directeurs et pour faire regarder ces saintes filles comme des personnes preuenuës et entestées des opinions de ceux qui les conduisoient. Mais c'est ce qu'il est tres important d'éclaircir, pour oster tout lieu à leurs aduersaires de les décrier sur un fondement si déraisonnable, et de faire passer, selon la parole de Jesus Christ, leurs directeurs pour des aueugles qui conduisoient d'autres aueugles (1).

Rien n'est plus vray qu'il n'y a point de monastere de filles en France, où l'on ait toujours été plus éloigné de toute curiosité que celuy de Port Royal. Le silence obserué si exactement en cette maison, la fuitte des entretiens à la grille, et le soin qu'auoient les supérieures d'éuiter, dans la conférence, qui est le seul temps où l'on ait la liberté de parler, tous les discours de cette nature, leur en ôtoit et la volonté et le moyen. Leur superieur, qui étoit M. de Singlin, bien loin de leur faire lire des liures de contestation, ne les lisoit pas lui même, s'attachant uniquement à ce qui pouuoit procurer l'édification et la sanctÿfication des ames. Ainsy, dans la verité, pour oublier ce que l'on pouuoit en auoir appris dans le monde, il suffisoit de venir à Port Royal. Je ne crains point d'estre démenty sur cela par aucune ou des pensionnaires, ou des postulantes, ou des nouices, qui en sont sorties, et qui, étant dans le monde, ont toute liberté de déclarer si ce n'a pas été là véritablement l'esprit, et la conduitte de cette Sainte Maison. Aussy quelques filles de grand esprit, qui auoient beaucoup aimé ces sortes de liures, auant que de se venir retirer à Port Royal, et à qui même cette lecture n'auoit pas peu

(1) S. Matthieu, ch. xxiii.

contribué pour les arracher au monde, la quittèrent absolument, dès qu'elles y furent entrées, pour se confor-
mer à l'esprit de la maison, où l'on ne se proposoit pour
unique étude que la science dont Saint Paul se glorifie,
qui est la science de Jesus Christ crucifié (1). Elles
auoient appris de ce grand apostre à attribuer à Dieu
tout le bien qu'elles faisoient, et à s'attribuer à elles
mêmes tout le mal et tout le péché ; à adorer auec humilité l'amour éternel de Dieu à l'égard de ses élus, et à
croire que, comme les réprouuez seront l'unique cause
de leur propre perte, aussy Dieu sera la principale cause
du salut éternel des Bienheureux. En un mot, elles se
tenoient assurées, par la parole de Jesus Christ, que,
sans luy, elles ne pouuoient rien faire ; mais que ce qui
étoit impossible aux hommes leur deuenoit tres possible,
auec le secours de Dieu. Voila tres sincerement quelle
étoit leur Theologie touchant la grace (2). Et ceux qui
leur ont attribué d'autres connoissances plus subtiles
et plus scolastiques, l'ont fait ou malicieusement ou par
pure préuention.

Mais s'il est vray, dira encore quelqu'un, qu'elles
étoient dans cette simplicité de la foy, quand on leur
parla de la signature du Formulaire, comment est il arriué qu'elles ont toutes refusé de le signer? Cela n'est
pas difficile à conceuoir, pour peu qu'on fasse de réflexion sur tout ce qui s'étoit passé jusqu'alors. Combien
de fois les auoit on calomniées elles mêmes sur des
choses dont elles connoissoient tres certainement la fausseté ! Combien M. de Singlin, leur supérieur, et leurs
autres directeurs auoient ils été décriez, jusques là

(1) S. Paul aux Corinthiens, Epître I, ch. II, vers. 2.

(2) Elle faisait le fond des débats entre les Molinistes et les Jansénistes, où il était question de la grâce efficace, de la grâce suffisante
et du libre arbitre. Voir la première et la deuxième *Provinciales*.

qu'on les eloigna enfin d'auprès d'elles, quoy qu'elles fussent tres assurées que jamais ils ne leur auoient rien appris qu'à s'humilier; qu'à porter leur croix; qu'à prattiquer l'Euangile, comme la vraye regle de tous les Chrestiens; qu'à reuerer la Sainte Eglise comme leur mere; qu'à estre soumises aux princes, comme à ceux qui ont receu leur authorité de Dieu même! Combien M. Arnauld, l'un de ceux qui les confessoient, auoit il été outragé par ceux qui ne l'aimoient pas, au sujet du liure *De la Frequente Communion*, quoyqu'approuué authentiquement par tant d'Euesques! Comment l'abbé de Saint Cyran, auec lequel elles auoient eû une liaison si étroitte, et qui leur auoit tenu lieu de premier pere depuis leur Réforme, auoit il été publiquement traitté d'heretique, quoy qu'elles se reconnussent redeuables à ce grand homme de la premiere connoissance qu'elles auoient euë du veritable esprit de la Religion où elles s'étoient consacrées! En falloit il dauantage pour leur donner un juste sujet de douter au moins qu'un Euesque, comme celuy d'Ypres, qui auoit eû une liaison intime auec cet abbé (1), et qu'elles sçauoient par le bruit commun estre mort en Flandres en odeur de sainteté, et dans l'exercice actuel de la charité enuers les pestiferez, ne fust, aussi bien que tous les autres, attaqué dans sa doctrine par ceux là mêmes qui auoient si cruellement déchiré la réputation de son amy et de tous leurs directeurs? (2) Mais

(1) Tel est le vrai motif de la résistance des Religieuses de Port-Royal, que M. Sainte-Beuve a eu le mérite de retrouver, après du Fossé. « Lorsqu'elles résistent si fort au sujet de Jansénius, c'est qu'elles « savent qu'il a été l'ami le plus intime de M. de Saint-Cyran leur père, « leur réformateur.... Qu'on aille au fond, c'est là leur pensée, et « tous les faux-fuyants, les airs d'humilité et d'ignorance dont elles « s'efforcent de l'envelopper et de la couvrir, ne sont que pour la forme « et pour le prétexte. » *Ibid.*, t. IV, p. 34.

(2) Nous avons déjà vu, plus haut (note de la page 64), que, d'après

quand elles n'auroient pas eû en particulier tous ces sujets de se déffier de la mauuaise volonté de leurs ennemis en ce point, aussi bien qu'en tous ceux dont j'ay parlé ; n'est il pas permis à des filles, à qui on demande qu'elles attestent un fait, et auec serment, de s'éclaircir, pour sçauoir si elles le peuuent en conscience, lorsqu'elles ne sçauroient connoistre la vérité de ce fait ? Et à qui s'addresseront elles plus naturellement pour cela qu'à ceux que leur propre éuesque leur a donné pour supérieurs et pour directeurs, et en qui elles n'ont jamais remarqué qu'une parfaitte droitture d'esprit et de cœur, et un amour tres sincere de la verité ? (1).

Racine, les Jésuites, « confondant les noms d'Arnauld et de Port-« Royal les embrassoient tous les deux dans une haine commune. » Tallemant des Réaux était du même avis. « Les Jésuites les haïssoient « déjà (messieurs Arnauld) à cause du plaidoyer d'Antoine Arnauld, « et, sur la matière de la grâce, ils les accusèrent d'être huguenots, « et disoient : *Paulus genuit Augustinum, Augustinus Calvinum, Cal-« vinus Jansenium, Jansenius Sancyranum, Sancyranus Arnaldum* « *et fratres ejus.* » Et puis, les Jésuites à qui « il importe de faire un « parti, ont poussé à la roue tant qu'ils ont pu et se sont prévalus de « tout ce qui est arrivé, comme de faire croire à la Reine que la « Fronde était venue du jansénisme. » Historiette CVIII (édit. in-12). *Arnauld (Antoine), le Docteur.* — Tallemant est dans le vrai, et, « sans « les Jésuites, ces subtiles querelles sur la grâce seraient restées « dans les écoles, » comme le remarque l'annotateur, M. Monmerqué.

(1) Port-Royal et ses amis croyaient fermement posséder la *Vérité*, dans leur lutte contre leurs adversaires. Ce mot revient sans cesse sous la plume des Religieuses et des Solitaires, et il semble que chacun d'eux répète ces paroles de saint Augustin, qui se présentèrent à l'esprit d'Arnauld au moment même où il était condamné par la Sorbonne : « Puisqu'ils n'ont persécuté en moi que la Vérité, secourez-moi « donc, Seigneur, afin que je combatte pour la Vérité jusqu'à la mort. » A cette époque, un ouvrage, où ce mot *Vérité* est souvent répété, trahit presque toujours un Port-Royaliste. Voir une *Ode sur l'Amour de la Vérité*, par une jeune Suisse, en tête du *Supplément au Nécrologe de Port-Roïal des Champs*, première partie.

Il est si vray, cependant, que ces saintes filles ont consulté en cette rencontre encore plus leur conscience que la lumiere de leurs directeurs, et que ç'a été l'unique crainte d'offenser Dieu, qui leur a fait refuser la signature simple du Formulaire, qu'elles ont paru plus fermes que leurs propres confesseurs, lorsque, touchez de la ruine dont on menaçoit une si sainte maison, ils s'abbaisserent, en quelque sorte, à leur proposer des manieres de signer qui ne blessoient pas la verité, mais qui sembloient accorder à ceux qui ne l'aimoient pas une espece d'auantage qui pourroit tourner en quelque sorte au deshonneur de l'Eglise. Ainsi, sans se mettre en peine de tous les maux temporels dont elles se voyoient menacées, elles auoient uniquement l'esprit occupé à éuiter tout ce qui pourroit blesser tant soit peu la delicatesse de leur conscience et leur parfaitte sincerité. C'est ce qu'elles firent paroistre plus particulierement à l'égard du premier mandement des vicaires generaux du cardinal de Retz sur la signature du Formulaire (1). Tout le monde étoit persuadé qu'il auoit été dressé par un desir tres loüable de donner la paix à l'Eglise (2). Et tous les Ecclesiastiques conuaincus de la sincerité des bonnes intentions que ces Grands Vicaires auoient euës de faire

(1) Pendant l'absence du cardinal de Retz, archevèque de Paris, disgracié, le gouvernement du diocèse était, en 1661, entre les mains du doyen de Notre-Dame, Jean-Baptiste de Contes, et de Hodencq, archiprêtre de Saint-Severin. — Ce premier Mandement est du 8 juin 1661.

(2) On croit qu'il avait été concerté par M. de Contes avec quelquesuns de ces Messieurs de Port-Royal, et probablement avec Pascal. *Recueil d'Utrecht*, p. 311. Aussi M. de Pontchâteau disait, quand ce prêtre mourut : « Je me souviens que cet homme a fait autrefois une assez « bonne action : c'est son premier Mandement ; mais il n'était pas « digne d'y persévérer et de contribuer par là à la paix de l'Eglise. » Mandé à Fontainebleau, M. de Contes lutta pourtant avec vigueur ; mais il fallut céder à la Cour.

cesser tous les troubles, sans blesser la verité, se seroient portez à le signer auec joye, si ceux qui étoient véritablement les autheurs de ces troubles, n'auoient obtenu des Arrets du Conseil d'Etat, pour en empescher la signature qui auroit fini tant de contestations (1). Cependant, parce qu'en dressant ce Mandement on en auoit concerté les termes et menagé les expressions (2), qui marquoient que la creance regardoit la foy, d'une maniere qui paroissoit trop adroitte et pas assez deueloppée, il est incroyable combien ces saintes Religieuses, ennemies de toute équiuoque et de toute obscurité, sentirent de trouble et de répugnances (3), par un pur principe de piété, d'abord qu'on leur en parla. Et, quoy qu'on les assurast que ceux en qui elles auoient le plus de confiance étoient persuadez qu'elles pouuoient signer ce Mandement, sans restriction, elles ne purent jamais se resoudre de le faire qu'en déclarant, à la teste, qu'elles condamnoient absolument, et sans reserue, par leur signature, toutes les erreurs que l'Eglise condamnoit (4).

Mais les Grands Vicaires ayant été obligez par l'authorité superieure de reuoquer tout à fait leur premier mandement (5), et d'en faire un autre pur et

(1) Un arrêt du Conseil d'Etat, 9 juillet 1661, obligea les grands vicaires de révoquer ce Mandement.

(2) La rédaction ayant demandé une plume délicate, l'intervention de Pascal est de plus en plus probable.

(3) « Ainsi nous signâmes ce Mandement le 22. juin (1661) avec « beaucoup de peine. » *Relation de ce qui s'est passé à Port-Royal depuis le commencement d'Avril 1661*, etc. In-4°, p. 10.

(4) C'est ce que l'on voit dans les deux lettres de la Sœur Euphémie (Jacqueline Pascal) et de la Mère Angélique de Saint-Jean. *Relation* ci-dessus, pp. 13-17.

(5) Outre l'Arrêt du Conseil d'Etat, du 9 juillet 1661, « il arriva un « bref du pape Alexandre VII qui condamnoit ce Mandement comme

simple (1), les mêmes Religieuses se trouuerent encore plus éloignées de le signer simplement. Et enfin, dans la signature qu'on les obligea de donner (2), elles déclarerent que, *pour satisfaire à l'ordonnance de Messieurs les Vicaires generaux, et dans l'ignorance où elles étoient de toutes les choses qui étoient au dessuz de leur profession, et de leur sexe, elles déclaroient par leur signature, qu'étant soumises auec un tres profond respect à nostre Saint Pere le **Pape**, et n'ayant rien de si pretieux que la Foy, elles embrassoient sincerement et de cœur tout ce que Sa Sainteté et le pape Innocent X. en auoient decidé, et rejettoient toutes les erreurs qu'ils auoient jugé estre contraires* (3). Voila ce que leur conscience leur permit de faire en cette rencontre, ne condamnant point celles qui signoient tout simplement, mais ne croyant pas que Dieu leur permist d'en user d'une autre maniere, quand leur monastere auroit dû estre renuersé ! Car elles auoient pour maxime celle de tous les saints ; qu'il ne peut jamais estre permis de faire un mal pour conseruer même le plus grand bien ; et elles étoient persuadées qu'il n'y a jamais, selon la parole d'un Ancien, de necessité de pécher pour ceux qui ne reconnoissent qu'une seule nécessité, qui est de ne point pécher (4) : *Nulla unquam est necessitas peccandi iis, quibus una est necessitas nunquam peccandi* ! Or elles enuisageoient comme un

« contraire aux bulles qui avoient condamné la doctrine de l'évêque
« d'Ipres et comme une espèce d'attentat à l'autorité du Saint-Siége. »
Mémoires du P. Rapin, t. III, p. 111.

(1) Ce second Mandement est du 31 octobre 1661.

(2) 28 novembre 1661.

(3) C'est la Mère Jeanne Catherine Agnès de Saint Paul Arnauld qui rédigea le préambule destiné à précéder la signature des Religieuses, et résumé par du Fossé. C'était un juste milieu entre le refus de signature et la signature simple. La *Relation* ci-dessus donne en entier « la Tête qu'elle jugeoit devoir mettre à leur signature. » P. 28.

(4) « Tertullian. » Ms. — Le texte latin n'est pas dans l'Imprimé.

mal, et même comme un grand pcché, d'attester par un
serment ce qu'elles ne connoissoient point, selon que
leur Pere Saint Bernard le leur auoit enseigné. Ainsy,
quoy que le principal des Grands Vicaires (1), qui esti-
moit tres sincerement la solide piété qu'il remarquoit
dans les Religieuses de Port Royal, fit ce qu'il put, tant
par luy même, et par le desir qu'il auroit eû de maintenir une si Sainte Communauté, que par les ordres qu'il
en receut dans la suitte, pour les porter à signer tout
simplement, comme les autres; elles demeurerent tres
persuadées qu'elles auoient satisfait, par leur signature,
à ce que l'Eglise leur demandoit touchant la pureté de
leur foy; et que leur conscience et la loy de Dieu leur
déffendoit de faire un serment pour attester une chose
qu'elles ne connoissoient point, et qu'elles ne pouuoient
même reconnoistre. Et, sur ce qu'on leur représenta
« qu'on pourroit prendre occasion de là, de leur causer
« de nouuelles peines, elles répondirent; qu'ayant tout
« quitté pour Dieu, et ne craignant que de l'offenser, tous
« les maux dont on les pourroit menacer, leur étoient
« moins considerables, que d'engager, en la moindre
« chose, la paix et le repos de leur conscience. »

Voila quel étoit l'état de ce Monastere, quand M. de
Perefixe fut nommé à l'archeuesché de Paris (2). L'une
des premieres choses que l'on exigea de luy, fut qu'il
obligeroit les Religieuses de Port Royal à faire une signature nouuelle du Formulaire (3). Je sçay, par des

(1) M. de Contes. Voir plus haut, p 163.

(2) Messire Hardouin de Beaumont de Péréfixe, évèque de Rhodez
et ancien précepteur de Louis XIV, avait été nommé, en juillet 1662,
pour succéder à Pierre VI de Marca, successeur du cardinal de Retz,
démissionnaire, et qui n'occupa le siége que quatre mois.

(3) Il le fit par un Mandement ou Ordonnance du 7 juin 1664, suivi
d'un Acte de Visite du 15 du même mois, où il répète les mêmes in-

personnes qui, étant à luy, le connoissoient tres particulierement, qu'il ne se seroit jamais porté par luy même
à troubler la paix de ces Saintes Filles. Mais leurs ennemis continuant à les décrier à la Cour, comme ils auoient
fait depuis si longtemps, luy firent donner des ordres
pour pousser cette affaire à bout. Et ainsy on doit regarder tout ce qu'a fait ce prelat comme l'effet, non de
son propre mouuement, mais de la mauuaise volonté de
ceux qui auoient recours aux puissances, comme malgré
luy.

Il seroit trop long, et même inutile, de marquer icy
toutes les négociations et les conferences de M. Chamillard, docteur de Sorbonne (1), et du Pere Esprit, prestre
de l'Oratoire, que M. l'archeuesque de Paris auoit nom-
mez, pour trauailler à faire consentir les Religieuses à
donner une signature qui pust satisfaire leurs ennemis (2). On peut juger, par ce que j'ay dit jusqu'à present de leur disposition, combien elles se sentoient éloignées de rien faire de nouueau qui pust blesser leur
conscience. Car leur vertu n'étoit point comme le roseau
agité différemment par les vents. Et elles se teuoient
fermes dans la verité, que leur Pere S. Bernard leur

jonctions. *Relation* ci-dessus, p. 97.—On signait le Formulaire « au pied
« du Mandement de ce Prélat pour la seconde Bulle d'Alexandre VII,
« qui prescrivoit un nouveau Formulaire. C'est celui auquel le serment
« est joint, et dont il a toujours été question depuis. » *Recueil
d'Utrecht*, p. 454.

(1) Michel Chamillard, prieur de Sorbonne, entra, en 1654, à la communauté de Saint Nicolas du Chardonnet, et fut nommé confesseur
et supérieur de Port-Royal, par l'archevêque Hardouin de Péréfixe
(juin 1664). Il se contenta d'être plus tard vicaire de S. Nicolas du
Chardonnet.

(2) On peut en lire le détail dans la *Relation de ce qui s'est passé à
Port-Royal, depuis le commencement de l'année 1664 jusqu'au jour de
l'enlevement des Religieuses, qui fut le 26. Août de la même année.*
115 pages in-4° à deux colonnes.

auoit apprise touchant les sermens. Ainsi, fatiguées en quelque sorte de tant de signatures inutiles à l'Eglise. que la mauuaise intention de leurs aduersaires exigeoit d'elles, les unes après les autres ; tout ce qu'elles purent se résoudre d'accorder encore au nouuel archeuesque, qu'on forçoit de les tourmenter, fut de signer le 10 de juillet 1664, en cette maniere : « *Nous soussignées, promettons une soumission et creance sincere pour la Foy. Et sur le fait, comme nous n'en pouuons auoir aucune connoissance par nous mêmes, nous n'en formons point de jugement, mais nous demeurons dans le respect et le silence, conforme à nostre condition, et à nostre état.*

Mais outre cette signature qui regardoit le Formulaire, elles signerent encore toutes ensemble un Acte authentique (1), qu'elles enuoyerent aussi à M. l'archeuesque, par lequel elles témoignoient; que, pour satisfaire à l'ordre qu'il leur auoit donné, de prier Dieu, et d'écouter les raisons qu'on leur pourroit dire, pour résoudre leurs difficultez, elles auoient renoncé à toute préoccupation d'esprit, à toutes considerations humaines et à tout attachement à qui que ce fust. « Nous nous sommes mises « deuant Dieu, ajoutent elles, autant qu'il nous a été » possible, dans le même dépoüillement où nous y paroistrons à l'heure de la mort, ne pensant qu'à l'état, « où nous voudrons estre alors, pour oser nous presen- « ter auec quelque confiance deuant son tribunal si re- « doutable. Nous auons pensé, que ce seroit alors la « verité qui nous accuseroit ou qui prendroit nostre def- « fense; et que nostre propre conscience deuant estre l'u- « nique témoin de toutes les choses qui nous pourroient « estre reprochées à cette heure effroyable, nous ne de-

(1) « Fait en nostre Monastere de Port Royal de Paris ce 5. Juillet « 1664. Signé de la Mere Abbesse et des Religieuses. » *Relation* ci-dessus, p. 61.

« uions rien faire dans l'occasion presente, contre le témoi-
« gnage qu'elle nous rend de nos deuoirs et de nos obli-
« gations. Nous nous sommes souuenuës de cet auis de
« Saint Paul : Que bienheureux est celuy qui ne se con-
« damne point en ce qu'il embrasse ; et que celuy qui
« mange des viandes, lorsqu'il doute, s'il luy est permis
« d'en manger, est condamné. Et nous auons fait beau-
« coup de réflexions sur les auis, que Monseigneur l'ar-
« cheuesque a eu la bonté de nous donner, en nous or-
« donnant de ne rien faire que de tres sincere, et nous
« enseignant, qu'il n'étoit pas pas permis de signer ab-
« solument le formulaire qu'on nous presentoit, si l'on
« n'auoit veritablement dans l'esprit la disposition qu'il
« demandoit, tant à l'égard de la foy que des faits qu'il
« contient. Ensuitte, éxaminant nostre disposition sur
« ces régles, nous nous sommes trouuées toutes dans
« une parfaitte soumission aux Constitutions des Souue-
« rains Pontifes, en ce qui touche la Foy, qui est la
« seule chose qui nous puisse regarder (1)... Et quant
« aux faits qui sont l'unique objet de nostre peine, nous
« auons écouté auec beaucoup de respect tout ce que les
« Ecclesiastiques, que Monseigneur l'archeuesque de
« Paris nous a donnez pour nous en instruire, nous
« ont voulu representer sur ce sujet. Mais, après tout ce
« qu'ils nous ont dit, nous n'auons pu vaincre la ré-
« pugnance de nostre conscience, qui nous persuade
« toujours, que ne sçachant point, si les heresies con-
« damnées sont dans le liure d'un Euesque catholique,

(1) Le passage supprimé renferme l'assurance donnée à l'archevêque de leur complète soumission aux Constitutions des Papes, et à
la doctrine de l'Eglise, affirmant « qu'elles sont prêtes de mourir
« pour la moindre des vérités qu'elle enseigne à ses enfants. » *Relation* ci-dessus, p 60.

« que nous sommes incapables de lire (1), nous sommes
« incapables aussi, de rendre témoignage, par une signa-
« ture publique, de ce fait que nous sçauons estre con-
« testé entre des Theologiens, et dont, par nostre état et
« nostre profession, nous ne sommes point obligées de
« nous informer (2)... Ainsy enuisageant, auec un trou-
« ble de conscience insurmontable, cette épreuue extraor-
« dinaire, qu'il a plu à Monseigneur l'Archeuesque, de
« faire de nostre obéïssance, et craignant de luy deso-
« beïr en une matiere infiniment plus importante, qui
« est le commandement qu'il nous a fait, après l'Ecri-
« ture, de luy parler auec la même sincerité que nous
« ferions à Dieu même, nous nous sommes resoluës, de
« nous jetter entre les mains de Dieu, et aux pieds de
« Monseigneur l'Archeuesque, pour ne nous en releuer
« point, qu'il ne nous ait donné sa benediction. Nous im-
« plorons auec larmes sa charité pastorale. Nous le sup-
« plions, et nous le conjurons, par la misericorde du
« Souuerain Pasteur, qui a donné sa vie pour ses bre-
« bis, qu'il daigne condescendre à l'infirmité de celles
« qu'il luy a commises (3)... Elles luy addressent les
« mêmes paroles, qu'un peuple affligé disoit autre fois
« à un saint patriarche, qui fut appellé, le Sauueur du
« monde : Nostre salut est entre vos mains : jettez seu-
« lement sur nous, Monseigneur, un regard de compas-
« sion, et nous seruirons Dieu auec joye. » Etc. (4).

(1) Il est écrit en latin et forme un gros in-folio.

(2) Le passage supprimé affirme la nécessité, à leurs yeux, d'expliquer leurs sentiments par les termes employés en tête de leur signature.

(3) Ici vient une nouvelle affirmation « de leur docilité et de leur
« obéissance. »

(4) La pièce se termine en rappelant « qu'elles avaient fait par leur
« signature du 28 novembre 1661 généralement tout ce qu'elles pou-

Je me suis arrété exprès à rapporter une partie considerable de ce grand Acte, qu'elles enuoyerent à M^r l'archeuesque de Paris (1), afin de faire connoistre à tout le monde, si l'on a pu justement accuser d'orgüeil des filles qui ont donné des preuues si authentiques de leur profonde humilité; si le langage qu'elles tiennent en cet Acte est un langage d'entestement et de réuolte; et si les plus rudes traitemens. dont on a usé tant à leur égard qu'à l'égard de ceux qui étoient unis auec elles par les seuls liens de la pieté, ont été fondés sur des crimes qui meritassent l'excommunication, l'emprisonnement et la dispersion; ou plutost sur la haine inueterée et sur le credit de ceux qui s'étoient si hautement déclarez contr'elles. Quoy que leur conduitte fust si humble, si respectueuse, et si innocente, elles connoissoient un peu trop le caractere de l'esprit de leurs ennemis, pour ne pas préuoir l'orage, qui deuoit bientost fondre sur leur monastere. Et Dieu même les y prépara en quelque sorte par auance. Car s'etant cru obligées, à cause des bruits scandaleux que l'on répandoit sur la pureté de leur Foy, de faire le 11 aouts de la même année 1664, un Acte capitulaire, dans lequel elles souscriuirent toutes la profession de foy du Concile de Trente (2); comme elles étoient arrangées, après la grande Messe, dans le Chapitre, pour jurer cette profession de foy sur l'Euangile,

---

« vaient sans rien réserver, et que si l'on demandait davantage, il leur
« était impossible de le donner. » Ainsi, *Rien au delà* fut désormais
leur devise. — Le texte de cet *Acte authentique* a été rajeuni dans la
Relation in-4°, publiée en 1724, où il se trouve pp. 60 et 61, et celui de
du Fossé a dû être copié sur une publication du temps.

(1) Par le peintre Philippe de Champagne, dont la fille unique était
Religieuse à Port-Royal de Paris. La *Relation* ci-dessus contient le
récit de la remise de cette pièce, pp. 73 et 74.

(2) L'Acte débute par le récit des faits accomplis depuis 1661. Il est
rapporté en entier, dans la *Relation* ci-dessus, pp. 84-89.

la Mere Agnès Arnauld, de qui j'ay déja parlé, ouurit le liure des Saints Euangiles, auant que de le poser sur la table, dans le dessein de remarquer ce que la diuine Prouidence leur y feroit rencontrer. Et à l'ouuerture, elle trouua le 16. et le 17. chapitre de saint Jean, où on lut d'abord ces paroles à la première page : *En verité, en verité, je vous dis, que vous pleurerez, et que vous verserez des larmes, mais le monde se réjoüira… Je ne vous dis pas, que je prieray mon Pere pour vous. Car mon Pere vous aimè luy même, à cause que vous m'aimez… L'heure vient, et elle est déjur venuë, que vous allez estre dispersez chacun de vostre costé… vous auez des afflictions dans le monde : mais ayez confiance; j'ay vaincu le monde.* Et dans la seconde page, il y auoit la priere que Jesus Christ fait à son Pere, afin qu'il unisse en luy tous ceux qu'il luy a donnez, et qu'aucun d'eux ne perisse.

Cette rencontre leur parut à toutes une prophetie, qui les préparoit à tout attendre, auec cette consolation que ce seroit Jesus Christ, qui surmonteroit encore une fois le monde en elles, par la vertu de sa grace toute puissante ; pourueu qu'elles demeurassent unies dans la charité, qui deuoit estre toute leur force. L'une d'entr'elles lut ensuitte tout haut la profession de foy du Concile, toutes étant à genoux, en leur rang, dans un profond recüeillement. Ensuitte l'abbesse la premiere, qui étoit la Mere Madelaine de Ligny, et les autres par ordre se leuerent de leur place, pour aller, l'une après l'autre, mettre la main sur les saints Euangiles et baiser le liure, en signe qu'elles embrassoient et juroient tous les articles de Foy, dont elles venoient de faire profession (1).

____

(1) Toute cette scène est extraite, presque textuellement, de la *Relation* ci-dessus, p. 84, et avait été supprimée, dans l'Imprimé, à la page 241.

C'est ainsy que, dans le temps même qu'on vouloit les faire passer, malgré elles, pour heretiques, elles s'unissoient plus que jamais à l'Eglise, par la profession authentique qu'elles faisoient de sa foy. Et, pour peu qu'on fasse d'attention sur ces actes d'une foy pure, et d'une pieté ardente, auxquels elles auoient recours deuant Dieu, et qu'elles exposerent même aux yeux de tout le public (1), on sera sans doute étonné, et on aura de la peine à conceuoir comment des filles, si inuiolablement attachées à l'Eglise, ont pu estre traittées aussitost après auec les dernieres rigueurs, resserrées tres étroittement, séparées de leurs Meres, priuées de sacremens, et interdittes de toute communication auec leurs amis et leurs anciens directeurs. *Obstupescite cœli super hoc ; et portæ ejus desolamini vehementer* (2). Il y a lieu, en effet, de s'écrier, auec le prophete, sur un tel prodige, qui a dû étonner le ciel même, et qui aura de la peine à estre cru dans la posterité.

Nous voicy donc arriuez au temps de cette étrange désolation de deux Monasteres (3), qui a tiré des larmes des yeux de tous les gens de bien, qui leur a fait déplorer la condition malheureuse de la vie presente, où le bien passe souuent pour un mal, et où les justes sont traittez comme criminels, à l'exemple de Jesus Christ,

(1) En les publiant, soit elles-mêmes, soit par leurs amis.

(2) « Jérém., cap. ii, 12. » Ms. — Arrivant « à ce renversement « universel du couvent de Port-Royal, » le P. Rapin se raille un peu de ses Apologistes, « qui apostrophaient le ciel si pathétiquement pour « l'exciter à s'émouvoir au récit d'une si affreuse cruauté. » *Mémoires*, t. III, p. 311. Il cite le début du même verset de Jérémie.

(3) Bossuet avait eu la même transition, en arrivant à l'Empire romain, dans son *Discours sur l'Histoire universelle* : « Nous sommes « enfin venus à ce grand empire qui a englouti tous les empires de « l'univers. » IIIe partie, ch. vi. — Il semble que l'un et l'autre avaient hâte d'aborder cette partie de l'histoire qu'ils retracent.

dans le temps même que les pécheurs sont couronnez et dans la gloire. Mʳ l'archeuesque de Paris étant tombé malade, vers ce même temps, les Religieuses de Port Royal demanderent à Dieu tres sincerement sa santé, par une neuuaine qu'elles firent à la Sainte Epine de la couronne de Nostre Seigneur (1). Et le jeudi 21. aouts de la même année 1664. il vint luy même leur en apprendre des nouuelles d'une maniere bien surprenante. Après qu'il leur eut parlé en commun et ensuitte à chacune en particulier, pour les exhorter à la signature pure et simple du Formulaire ; comme il vit que c'étoit inutilement qu'il s'efforçoit d'exiger d'elles ce que leur conscience ne pouuoit luy accorder, il fit assembler de nouueau la communauté, et leur déclara auec des paroles tres dures qu'il les jugeoit incapables de la participation des Sacremens, et qu'il leur deffendoit de s'en approcher, comme en étant indignes, à cause de leur opiniâtreté et de leur desobéïssance. Il ajouta qu'il reuiendroit, au premier jour, pour y mettre ordre ; et en même temps il tourna le dos pour s'en aller. Mais, après estre sorty du parloir, il s'arrêta à la porte, quelque temps, pour écouter. Cependant ces pauures filles, dans la derniere desolation, fondoient en larmes. Les unes disoient que celuy, dont on vouloit les separer, seroit le juge de leur innocence. D'autres en appelloient au tribunal de Jesus Christ. Comme il y auoit plusieurs personnes dans la court, qui attendoient que le prelat descendit, et entre autres la Princesse de Guemené, auec laquelle se trouua alors mon pere (2), il ne voulut point se montrer : mais, après

(1) « Il tomba malade d'une fièvre double tierce, dont il eut cinq « ou six accès, » le dimanche, 10 août 1664, et la neuvaine commença, le mercredi 13. *Relation* ci-dessus, p. 82 et 93. — C'est donc le dernier jour de cette neuvaine qu'il fit la visite dont il va être question.

(2) Outre les écrits et les informations de ses amis, du Fossé eut donc, sur cette scène, les renseignements particuliers de sa famille,

auoir osté son rochet et pris son manteau dans une chambre voisine, il remonta au parloir, où presque toutes les Religieuses étoient encore, à qui il parla auec une émotion extraordinaire, et leur deffendit, sur peine de desobeïssance, et auec de grandes menaces, de parler ou d'auoir aucune communication auec qui que ce fust du dehors. Sur ce que l'abbesse, qui étoit sœur de M^r l'Euesque de Meaux (1), et la fille la plus humble qu'on pust voir, voulut luy parler, il la traitta auec les dernieres indignitez, et en des termes que j'aime mieux taire icy, quoy qu'ils aient été rendus publics par des Actes imprimez (2). Car il en eut dans la suitte un vray regret, lorsqu'il vint à considerer serieusement ce que la caballe si puissante des ennemis de ces saintes filles l'obligea de faire alors, contre sa propre inclination, comme je l'ay sceu de la propre bouche d'un des princi-

et une relation qu'il trouva dans les papiers de son père, comme il le dira plus loin dans ses *Mémoires*.

(1) Le Ms. porte « nièce, » que l'Imprimé a remplacé par « sœur, » et avec raison; car Madelaine de Ste Agnès de Ligny, régulièrement élue abbesse de Port-Royal, et confirmée, le 12 décembre 1661, était bien la « sœur » de Dominique II de Ligny, frère du chancelier Séguier, nommé évêque de Meaux, le 16 mai 1659, et prédécesseur de Bossuet.

(2) Voici les paroles qui lui échappèrent dans un mouvement d'impatience : « *Taisez-vous, vous n'êtes qu'une petite opiniâtre et une* « *superbe, qui n'avez point d'esprit, et vous vous mêlez de juger de* « *choses à quoi vous n'entendez rien; vous n'êtes qu'une* PETITE PIM- « BÈCHE, *une petite sotte, une petite ignorante, qui ne sçavez ce que* « *vous voulez dire ; il ne faut que voir votre mine pour le reconnoître :* « *on voit tout cela sur votre visage.* On entendoit de la cour tout ce « qu'il disoit, parce qu'il parloit avec une étrange chaleur. » *Relation* ci-dessus, p. 95. — « Quelques jours après, quand on lui représenta « les mêmes paroles imprimées (car les Religieuses de Port-Royal « écrivaient tout, et les Messieurs imprimaient tout), il ne pouvait se « décider à les reconnaitre comme siennes, et demandait à chacun s'il « les avait dites en effet. » M. Sainte-Beuve, *ibid.*, t. IV, p. 101.

paux de sa maison (1). Quelques unes luy ayant dit, pour
luy témoigner leur douleur; Que la mort leur seroit moins
dure, que la priuation où il les mettoit, et qu'il y en
auoit assez pour mourir : « Allez, dit il, vous ne mourrez
« pas auant que de me reuoir : je vous réponds que ce sera
« bientost (2). » Mon Dieu ! quelle consolation pour de
pauures filles, à qui l'attente d'une telle visite ne pouuoit estre que formidable ! Cependant il leur déclara luy
même qu'il ne trouuoit rien à redire à leur conduitte;
qu'elles étoient de fort bonnes Religieuses et tres vertueuses; mais qu'etant pures comme des anges, elles
étoient orgüeilleuses comme Lucifer (3). C'est ce qu'il
repeta encore à la princesse de Guemené, qui l'attendoit,
comme je l'ay dit, à la descente du parloir; quoy que tout
leur orgüeil consistast, ainsy qu'on l'a veû, dans le
refus qu'elles faisoient d'attester, contre leur conscience,

(1) Ce témoignage favorable, dû à la bonne foi de du Fossé, atténue
un peu les torts du langage et de la conduite du prélat, qui n'était
pas un méchant homme, mais manquait parfois de dignité et de sang-
froid.

(2) L'effet suivit de près la menace; il revint, le 26 août, à cinq jours
de distance.

(3) Tel est bien le texte de la *Relation*, p. 96. — M. Sainte-Beuve,
citant ainsi ce passage : « *Elles sont pures comme des Anges et or-
« gueilleuses comme des Démons*, » ajoutait en note : « On a encore :
« *Elles sont pures comme des Anges, mais orgueilleuses comme Lucifer
« et opiniâtres comme des Démons*. Mais la plus courte version est la
« meilleure. » La *Relation* dit ici formellement : « Vous êtes pures
« comme des Anges et orgueilleuses comme Lucifer; vous avez une
« opiniâtreté et une superbe de Démon. » P. 96. Du Fossé a donc
rapporté exactement le mot tel qu'il fut dit ce jour-là, et la troisième version, préférée par M. Sainte-Beuve, rappelle les termes mêmes
dont le prélat se servit, le 28 août 1664, en demandant à l'abbesse de
Sainte-Marie, à Saint-Denis, des places pour mettre quelques Religieuses enlevées de Port-Royal. Voir la *Relation* ci-dessus, p. 115.
La seconde version est venue de la fusion de deux phrases consécu-
tives.

et par un serment terrible, un fait dont il leur étoit absolument impossible de connoistre la verité, et dont
même il paroissoit tres inutile de demander attestation à
des filles, qui n'auoient nulle authorité dans l'Eglise ;
comme en effet le pape Clement IX, ne l'exigea nullement d'elles dans la suitte, lorsqu'il rendit la paix à
l'Eglise (1), et que le même archeuesque de Paris ne les
y obligea point non plus alors.

Elles s'en allerent toutes, au sortir du parloir, à
l'Eglise, où, prosternées deuant le Saint Sacrement, elles
dirent, auec une profonde humilité, le *Miserere*, le
seizieme (2) pseaume, et quelques autres prieres, qui
furent tellement entrecouppées de soupirs qu'elles
s'entendoient à peine prononcer l'une l'autre des parol-
les. Mais parce qu'il ne leur étoit pas permis d'estre
indifferentes sur le sujet d'un châtiment tel qu'étoit
celuy de la priuation des Sacremens, elles se sentirent
obligées, pour leuer, autant qu'il seroit en leur pouuoir,
le scandale qu'un tel traittement pourroit causer dans
l'esprit de tous les fidelles, de dresser et de signer toutes
ensemble un Acte, qui attesteroit à toute l'Eglise leur
innocence et le sujet pour lequel leur archeuesque les
condamnoit à une peine si rigoureuse (3). Elles marquoient, dans cet Acte, la parfaitte satisfaction que ce
prelat auoit témoignée de la régularité de leur maison,
après la visite qu'il en auoit faitte, comme leur superieur. Elles ajoutoient que la seule chose qu'ils auoient
trouué à redire en elles, étoit le refus qu'elles faisoient

(1) En 1668.

(2) L'Imprimé a mis : « les *six* psaumes. » P. 244.—Le XVIe Psaume
donne la belle prière de David, qui commence par ces mots : « Exaudi,
« Domino, justitiam meam, etc.

(3) Il est donné, par la RELATION ci-dessus, sous ce titre : *Acte de
protestation des Religieuses de P. R. du 21. Août 1664. pp. 96-98.*

12

de signer sans aucune restriction le Formulaire : et
qu'ainsy, pour préuenir les effets funestes de la haine de
leurs ennemis , elles se croyoient obligées de déclarer
par un témoignage public ; qu'on ne les accusoit d'aucun
crime ; que leur archeuesque auoit reconnu luy même la
pureté de leur foy et de leur conduitte, et leur parfaitte
régularité ; que l'unique fondement de la dureté auec
laquelle il les traittoit, comme on pourroit faire les plus
abandonnées, étoit qu'il auoit trouué en elles trop de
scrupule et de délicatesse de conscience, qui leur faisoit
craindre d'attester, par un serment, une chose qui ne
regardoit point la Foy, et qu'elles étoient incapables de
connoistre. « Que Dieu soit juge entre luy et nous,
« ajoutoient elles ; et que toutes les personnes, qui
« aiment la justice, portent compassion à une Commu-
« nauté de cent pauures Religieuses (1), qui après auoir
« tout quitté, pour s'attacher à Jesus Christ, sont
« arrachées, par une conduitte si violente, du pied de ses
« autels, et bannies de la Sainte Table ; elles qui s'étoient
« consacrées, par leur Institut particulier, à l'adorer
« nuit et jour dans le diuin Sacrement, dont on prétend
« les éloigner. Toutes les autres peines qu'on leur pré-
« pare encore seront beaucoup moins sensibles que
« celles là (2). »

(1) Le catalogue de toutes les Religieuses Professes, remis par l'abbesse à l'archevêque de Paris, lors de sa visite du 9 au 24 juin 1664,
en portait le nombre « à soixante-neuf de Chœur et quatorze Conver-
« ses. » *Relation* ci-dessus, p. 41. — Les autres, restées à Port-Royal
des Champs, complétaient la centaine annoncée. — En 1661, il y avait,
à Port-Royal des Champs, vingt-sept Religieuses de Chœur et sept
Professes converses. *Ibid.*, p. 2. Si le chiffre est resté le même, en 1664,
il y aurait eu 117 personnes. La centaine est un chiffre rond plutôt
qu'exact.

(2) Cette analyse est de la plus grande exactitude. Il n'y manque
que les deux derniers paragraphes, où elles expriment l'espoir que

Cinq jours après (1), on vit quelque chose de bien plus
extraordinaire et de plus tragique, qu'on auoit veû jusqu'alors. L'Archeuesque, accompagné de douze ecclesiastiques, vint à Port Royal ; et en même temps le Lieutenant ciuil, auec des commissaires ; puis le Preuost de
l'Isle et le Cheualier du Guet entrèrent auec des exempts
et des archers, au nombre de près de deux cents, qui
inuestirent la court du dehors, et s'y rangerent le mous-
queton sur l'épaule (2). Une partie se saisirent de toutes
les portes et y posèrent des corps de garde, par dehors
et par dedans, à toutes les auenuës ; au coin de la ruë,
du costé des Capucins ; et à l'autre bout, du costé de la
ruë d'Enfer (3). M. de la Brunetiere (4), grand vicaire de
Paris, qui accompagnoit Mr l'archeuesque, ne put s'empescher de dire à l'une des sœurs qui luy demanda qui
étoient ces deux Messieurs qu'elle voyoit ; que c'étoit le
Preuost de l'Isle et le cheualier du Guet ; et qu'il étoit
vray que de les faire venir, c'étoit traitter cette maison

« Dieu leur viendra en aide contre leurs ennemis, » et motivent leur
Protestation sur le désir « que personne ne prenne sujet de scandale
« de la disgrâce où l'on nous verra tombées. » *Relation* ci-dessus,
p. 98.

(1) Le 26 août 1664. — Le lieutenant civil du Châtelet était François Dreux d'Aubray, qui occupait cette charge depuis 1643.

(2) Dans la visite faite à Port-Royal des Champs, le 23 avril, on
n'avait envoyé que le Lieutenant civil et le Procureur du Roi. Cette
fois, on y avait joint le Prévôt de l'Ile, chargé de maintenir la police
dans toute l'étendue de l'Ile de France, de faire le procès à tous les vagabonds, de connaître des crimes ou délits commis par les gens de
guerre, des vols sur les grands chemins, de la fabrication de la fausse
monnaie. Le Chevalier du Guet était chargé de veiller à la sûreté de
Paris, en organisant des rondes à pied et à cheval.

(3) La rue de la Bourbe (aujourd'hui Port-Royal) donne d'un côté,
à l'Est, dans la rue Saint-Jacques, et de l'autre, à l'Ouest, dans la
rue d'Enfer.

(4) Guillaume de la Brunetière du Plessis-Gesté, chanoine de Notre-
Dame, grand-vicaire, puis évêque de Saintes.

d'une maniere bien dure. Le prelat, à la descente du carrosse, trouua M. d'Andilly, qui luy dit, en se jettant à ses pieds, qu'il étoit bien malheureux d'auoir vécu 76. ans, pour voir ce qui se passoit. M^r l'archeuesque le releua fort promptement et luy dit; Qu'il en étoit bien fâché ; mais que les Religieuses s'étoient elles mêmes attirées ce mal, dont il les auoit auerties auparauant, afin qu'elles pussent l'éuiter. « Il est difficile, luy répli-« qua M. d'Andilly, de resister à une difficulté qui « vient de la conscience. Hé, qui doit les satisfaire « sur leur conscience, repartit il, si ce n'est leur « archeuesque ? » M. d'Andilly ajouta ; Qu'il auoit prié qu'on luy donnast sa sœur et ses filles, pour les mener à Pomponne ; que la maison en seroit ainsy dechargée, et qu'il auroit la consolation de les auoir près de soy. Mais le prelat ayant repondu que cela ne se pouuoit, et que le conseil en étoit pris, il entra dans l'Eglise, et de là dans le monastere auec tous les ecclesiastiques.

Il fit alors assembler la communauté dans le chapitre : et, après leur auoir témoigné la violence qu'il se faisoit à luy même, pour en venir à de si grandes extremitez, qu'elles auroient éuitées, en obeïssant à son ordonnance (1), il leur déclara qu'il venoit pour leur oster celles d'entr'elles qu'il jugeroit conuenable ; et il les nomma en même temps. Sur quoy l'abbesse luy dit, auec toutes les Religieuses, qu'elles se croyoient obligées en conscience d'appeller et de protester contre une violence si inoüie jusqu'alors. Luy, quoy que surpris, se mocqua de leur appel et de leurs protestations, et leur dit : « Faites ce « que vous voudrez ; mais vous m'obéïrez. » Elles se jetterent à ses pieds, pour luy demander misericorde, et

____

(1) L'ordonnance du 7 juin 1664, confirmée dans l'Acte de Visite du 15 du même mois.

pour luy representer l'excès de la violence qu'il exerçoit
à leur égard. Elles luy dirent qu'il les rendoit orpheli-
nes, qu'il donnoit le coup de la mort à la Mere Agnès,
âgée de 73 ans, qui auoit eû, depuis deux ans, trois atta-
ques d'apoplexie ; que Dieu jugeroit, au jour du Jugement, celui qu'il portoit presentement contr'elles, et
qu'alors leur innocence seroit reconnuë. Il leur répondit :
« Ouy, ouy, nous verrons, quand nous y serons, qui
« aura raison de vous, ou de moy » (1). Il parla ainsy
dans la chaleur de l'emotion : mais il n'a pas attendu
cette heure si redoutable, à reconnoistre qu'il s'étoit
trompé, puisqu'il témoigna souuent depuis son regret
d'auoir suiui en tout cela plutost des impressions étrangeres que ses propres sentimens.

Pour ne pas trop allonger ce recit, qu'on peut voir ailleurs fort en détail dans des Ecrits imprimez (2), je me
contente d'ajouter icy que ce prelat ayant fait sortir douze
Religieuses, entre lesquelles étoient la Mere Abbesse,
la Mere Agnès Arnauld, et trois de ses nièces, il les fit
conduire en differens monasteres (3), dans des carrosses
qu'il auoit fait amener exprès pour cela, y ayant un
Ecclesiastique et une Dame dans chaque carrosse afin
de les accompagner, outre des archers à pied qui l'enui-

(1) « Sortant de plus en plus du ton d'évêque et de chrétien. »
M. Sainte-Beuve, *Ibid.*, t IV, p. 101.

(2) Une Remarque, mise à la fin de cette *Relation*, est ainsi conçue : « Les Religieuses dresserent un procès-verbal exact, de tout ce
« qui s'étoit passé à cet enlevement de leurs Meres et de leurs Sœurs ;
« et c'est par là que se termine cette Relation.

« Comme il ne contient que ce qui se trouve plus amplement dans
« cette même Relation, on a cru inutile de le mettre ici. Il fut im-
« primé presque aussi-tôt ; ce qu'il est important de remarquer, parce
« qu'il en sera beaucoup parlé dans les Relations suivantes, M. l'Ar-
« chevêque en ayant été extrêmement irrité. » P. 115.

(3) On trouvera leurs noms et ceux des monastères où elles furent
conduites, dans l'Appendice VII.

ronnoient. Et il fit entrer ensuitte dans la maison six
Religieuses de Sainte Marie (1), pour gouuerner celles
qui restoient. Mais elles firent de nouuelles protestations
contre cette violence, et ne voulurent jamais les reconnoistre autrement que comme des commissaires établies
pour les obseruer, n'ayant point d'autres legitimes supe-
rieures que leurs Meres, qu'elles s'étoient volontairement choisies, selon leurs constitutions, comme tres
capables de les conduire dans la voye de leur salut et
dans l'obseruance de leur Regle. Et même étant d'un
autre Institut, qui n'auoit aucun rapport auec le leur,
elles étoient absolument incapables de prendre la conduitte de leur Maison. Celle qu'on vouloit établir leur
superieure, en la place de leur abbesse, s'appeloit la
Mere Eugenie (2). Mais elles refuserent absolument de
la reconnoistre. Sur quoy le prelat, ayant pris une des
Religieuses par le bras (3), luy dit : « Or ça, ma bonne
« fille, entendez raison : faittes cela pour l'amour de
« moy (4) : obéïssez; receuez la Mere Eugenie. Elle ne
« demeurera pas longtemps. Il a fallu donner cela à la
« violence de vos ennemis(5). » Cependant un Ecclesiastique de la compagnie du Prelat ne put s'empescher, en

(1) Les Religieuses de la Visitation de Sainte-Marie avaient alors
plusieurs couvents à Paris, rue Saint-Jacques, rue Montorgueil et
rue Saint-Antoine. C'est de cette dernière maison que venait la Mère
Eugénie, dont il va être question.

(2) « La Mère Eugénie s'appelait *Louise Eugénie de Fontaine*. Ayant
« été convertie du Calvinisme elle fit profession dans le couvent de
« la Visitation de Paris, où elle fut élue supérieure en 1611. » Note
du premier éditeur.

(3) C'était la « Sœur Françoise de S. Claire Soulain, *celleriere*. »
Relation ci-dessus, p. 113.

(4) Après ces mots, la *Relation* met : « (car c'est son terme ordi-
« naire.) »

(5) L'aveu fait, pour expliquer la conduite du prélat, ne laisse pas
d'être assez singulier dans sa bouche.

consolant une des sœurs, de luy dire (1) : Que Monseigneur auoit été obligé d'user de cette violence ; mais
qu'il étoit bourrellé, et qu'il en étoit plus crucifié, ce fut
son terme, qu'elles mêmes, au fond de son ame. Sur
quoy cette sœur luy répondit admirablement : « Je le
« crois, Monsieur ; car pour nous, par la grace de Dieu,
« le trouble n'est que dans nos sens : mais la paix est
« dans le fonds de nostre cœur, et nostre conscience est
« en repos. Cependant il faut reconnoistre que ce traitte-
« ment est terrible. »

Qui n'auroit cru, en effet, à voir tout cet appareil de
gens de Justice et de gens de guerre, qu'il s'agissoit de
forcer quelque place, où l'on eust tenu contre le Roy, et
former de puissantes caballes contre l'Etat et contre
l'Eglise ? Un archeuesque, enuironné d'un nombreux
clergé ; un lieutenant ciuil, escorté de ses officiers, et des
commissaires du Châtelet ; un préuost de l'Isle, accompagné de six ou sept de ses lieutenants ou exempts ; le
Cheualier du Guet, suiui de même de ses officiers, et
d'un grand nombre d'archers, auec la carabine et leur
casaque sur l'épaule, étoient sans doute un spectacle
assez surprenant pour donner lieu à tout Paris de juger
qu'il s'agissoit de quelque grande et dangereuse expédi-
tion. Cependant tout ce fracas se réduit à enleuer douze
Religieuses, qui étoient comme des agneaux, et dont l'une
des principales, sçauoir la Mere Agnès Arnauld, joüissoit
d'un si grand calme, au milieu de tout cet orage, qu'étant
montée dans le carrosse, auec sa nièce la Sœur Marie

---

(1) La *Relation* dit que « M. de la Brunetière et un autre ecclé-
« siastique parlerent toûjours à une de nous. (Ma sœur Eustoquie.) »
Plus haut on lit : « Cet autre ecclésiastique, que l'on dit être M. Petit,
« secretaire de M. de Paris. » C'est à lui que la Sœur Anne Marie de
S. Eustoquie de Flecelles de Brezy fit la réponse donnée aussi par la
Relation ci-dessus, p. 109 et 111.

Angelique Arnauld, elle commença tranquillement son office, comme si elle eust été dans l'Eglise. Et pour quel crime les traittoit on de la sorte? Pour n'auoir osé, par délicatesse de conscience, faire, à la face de l'Eglise, un faux serment, en jurant une chose dont elles n'auoient et ne pouuoient auoir connoissance. En verité, je le dis encore, et ne peus assez le dire, que c'est ce qui paroistra incroyable à toute la posterité (1). Mais ce qui m'arriua à moy même, deux ans après (2), ainsi que je le diray en son lieu, fera voir tres clairement, aussi bien que ce que je viens de rapporter, que ceux qui étoient les véritables autheurs de ces violences, par la haine qu'ils portoient à Port Royal, et à tous ceux qui y auoient relation, étoient bien aise de faire un grand bruit, et d'accompagner leur vengeance d'un fracas qui pust s'entendre de loin, et faire une viue impression sur les esprits. Car ils retiroient de là cet auantage malheureux de tromper beaucoup de personnes, qui, n'étant pas in-

(1) Malgré cette chaleureuse apologie, on ne saurait nier l'impression de fatigue et d'impatience que cause au lecteur l'opiniâtreté des Religieuses de Port-Royal, soutenues dans leur résistance par l'inflexible rigidité d'Arnauld et de ses adhérents. Les Jésuites ne s'y étaient pas trompés. De son côté, M. de Péréfixe n'avait pas tort, quand, le 16 avril 1664, il disait à Lancelot, venu pour le complimenter sur sa promotion, au nom de l'Abbesse et de toute la Communauté : « Enfin représentez leur, je vous prie, qu'elles doivent se re- « soudre à chercher des moyens de contenter le Roi : que deux « Papes ayant parlé, et les Evêques aïant reçu leur jugement, les « Facultez l'ayant admis, les Docteurs et les Religieux ayant signé, « et toutes les Communautez ayant passé par là, il n'est nullement à « propos qu'une seule Maison de Filles veuille faire la loi aux « autres, et paroître plus juste et plus intelligente que les Papes, les « Evêques, les Prêtres et les Docteurs. » *Relation*, p. 5. — Une fois le débat soulevé, il devait avoir cette solution. Peut-être eût-il été plus sage, de part et d'autre, de ne pas le soulever, et surtout de ne pas y apporter une pareille ténacité, une pareille rigueur.

(2) Son arrestation et sa mise à la Bastille, en 1666.

formées de la verité [des choses, jugeoient simplement,
par l'exterieur éclattant d'une telle punition, qu'il falloit
bien que ceux qu'on traittoit ainsy fussent coupables de
quelque grand crime ; puisque toute la puissance ecclesiastique et seculiere se joignoient ensemble pour les
poursuiure. Mais, si l'on veut bien suspendre son jugement jusqu'au temps où ces mêmes filles furent rétablies
dans l'usage des Sacremens, et reconnuës par le pape,
par l'archeuesque de Paris, et par le Roy, pour de tres
bonnes Catholiques, sans qu'il arriuast aucun changement de leur part et qu'elles fissent rien de nouueau, on
verra auec surprise le dénoüement de toute cette étrange
intrigue, et on s'abstiendra, dès à present, de condamner
comme criminelles celles qui doiuent, dans quelque
temps, estre regardees comme innocentes (1).

Les Religieuses de Port Royal des Champs ne furent
pas traittées auec une moindre rigueur que celles de
Port Royal de Paris ; si ce n'est qu'on n'en enleua aucune (2). Mais on leur donna une tourriere au dehors,
et des ecclesiastiques qui n'auoient eu jusqu'alors aucune relation auec elles (3). On leur interdit l'usage des
sacremens. Et nous verrons, dans la suite, qu'au temps

(1) Quand le Grand-Vicaire du même archevêque, M. de La Brunetière, viendra à Port-Royal des Champs, le lundi 18 février 1669,
lire à la Communauté assemblée à l'église, la sentence qui levait
l'interdit. — Voir, à l'Appendice VIII, quelques remarques sur ce
Récit où l'auteur a retracé, avec autant de sincérité que d'exactitude,
les longs débats nés de la signature du Formulaire.

(2) L'archevêque de Péréfixe y alla pourtant, le 15 novembre 1664,
et y resta jusqu'au 17, procéda avec la même rigueur à l'interrogatoire des Religieuses, et termina sa visite par une excommunication
formelle.

(3) « On leur donne une Touriere de la part de M. Chamillard, et
« deux Prêtres ensemble : un nommé M. Biord, et l'autre M. Dusaugé,
« tous deux Savoïards, et qui venoient de recevoir tout récemment
« les ordres. » Le premier fut renvoyé, parce qu'il osa parler à l'arche-

qu'on leur reünit celles de Paris, on leur ennoya. pour
empescher qu'elles ne pussent auoir le moindre commerce auec nul de leurs amis, des gardes du corps, auec
un exempt (1), qui se rendirent absolument maistres,
non seulement du dehors, mais même de la porte qui
donnoit dans les jardins du dedans ; en sorte qu'ils faisoient la ronde, jour et nuit, partout, comme s'ils auoient
été en un païs ennemy et dans une place de guerre. Ils
foüilloient toutes les personnes qui se presentoient pour
entrer, jusques à decoiffer les panures païsannes qui se
presentoient, dans la crainte qu'elles ne cachassent
quelques lettres dans leur bonnet. Enfin la rigueur dont
usoit l'Exempt étoit telle qu'il paroissoit bien que les ennemis de cette maison luy auoient particulièrement recommandé d'en user de cette sorte ; puisque ces officiers
du Roy qui approchent de sa personne sacrée, ont accoutumé d'estre par eux mêmes plus honnestes et de ne
se pas porter à de telles duretez.

Cependant nous eûmes, mon pere et moy, quelque

véque, en faveur des Religieuses. L'autre marquait sa haine contre
Port-Royal, en écrivant sur un hêtre : *Du Saugé de Savoïe*, *Anti-
Janseniste*. Au bout de deux ans, révoqué pour quelques actions peu
séantes, il fut remplacé par un prêtre du Séminaire de Caen, qui
était encore plus emporté. *Mémoire de M. Loger, Curé de Chevreuse,
sur les Confesseurs qui ont été envoyés par M. Chamillard à Port-
Roïal, depuis sa persécution.* Supplément au Nécrologe, Ire partie,
p. 95. Il y eut encore MM. Clerson, Rey, Pastour, Poupiche, etc.,
pour confesseurs.

(1) « Le 3. Juillet 1665. On mit à Port-Royal des Champs une gar-
« nison qui y demeura jusqu'au 18. Fevrier 1669. » *Mémoires de
M. Fontaine*, t. II, p. 30. « L'exempt des gardes du Corps étoit Saint-
« Laurent, de la compagnie de Gesvres, avec quatre gardes, dont
« deux gentilshommes. » M. Sainte-Beuve, *ibid*., t. IV, p. 178.
M. Loger, dans le *Mémoire* ci-dessus, parle « d'un Exempt et de
« six archers. » Ces six archers du prévost de l'Hôtel remplacèrent
les gardes du corps.

temps après (1), une sensible mortification d'une nouuelle que nous apprîmes touchant ma sœur Madeleine
de Sainte Melcthide, l'une des Religieuses de Port Royal
de Paris. Comme le prélat et le sieur Chamillard la connoissoient pour une excellente Religieuse, et qu'ils sçauoient qu'on l'aimoit beaucoup dans la maison, ils jugerent que, s'ils pouuoient la gagner et la faire condescendre à signer le Formulaire sans restriction, son
exemple seroit d'un grand poids et pourroit faire de
l'impression sur l'esprit de beaucoup d'autres. Ainsy ils
tàcherent de l'accabler par la multitude des raisons spe-
cieuses qu'ils sceurent luy representer, et par le poids
de l'authorité épiscopale, dont il étoit difficile de se deffendre, à moins que la consideration d'une authorité superieure, qui étoit celle de Dieu même, ne mist à couuert
de ce piége si dangereux. Ma sœur étoit en effet une tres
bonne fille, fort humble et pleine de charité. Mais elle
manquoit un peu de cette force d'esprit, et de cette fermeté d'ame qui s'accorde fort bien auec l'humble simplicité du Christianisme. Ainsi, surprise par la subtilité
des raisonnemens de l'archeuesque et du sieur Chamillard ; ébloüie, pour le dire ainsy, par l'éclat de la dignité
épiscopale de son superieur, qui luy disoit mille choses
pour luy leuer tous ses doutes et luy faire voir un grand
péché dans le refus de la signature qu'il lui demandoit ;
enfin délaissée pour quelque temps à elle même par un
secret jugement de Dieu qu'il ne nous est point permis
de pénetrer, elle signa (2), sur l'assurance que luy donnoit son archeuesque qu'il ne luy demandoit sa signature que comme un acquiescement et une soumission, et
sur la promesse qu'il luy fit de lui en donner sa déclara-

(1) Après l'enlèvement des dames Religieuses du 26 août 1664.
(2) Le 15 octobre 1664.

tion écritte de sa main. Cette signature fit grand bruit
dans la maison, où quelques unes auoient néantmoins
déja signé (1). Le prelat, aussy bien que le sieur Chamillard, en tirérent grand auantage contre les autres qui
demeuroient fermes. Et ce fut assurément un scandale
tres facheux, pour toutes les sœurs, que le changement
d'une d'entr'elles, qui étoit dans une si grande estime.

Il arriua, vers ce même temps, une chose fort remarquable. L'une des Religieuses du Monastere étant au
parloir auec le prelat, et ayant signé en sa presence, une
bonne sœur conuerse, qui étoit l'édification de toute la
communauté, prioit Dieu, dans le même temps, en un
oratoire qui regarde sur le chœur, et d'où l'on voit le
Saint Sacrement et l'autel. C'étoit pendant vespres, et
les cierges de l'autel n'étoient point allumez. Cependant,
sans qu'elle eust veû personne s'en approcher, elle apperceut tout d'un coup un cierge allumé au costé droit, deuant la corne de l'autel. Et lorsqu'elle le regardoit, s'é-
tonnant en elle même de le voir seul, et à une place
extraordinaire, où personne n'étoit venu l'allumer, elle
le vit, au bout d'un *Miserere*, tomber et s'éteindre. Elle se
sentit touchée d'une tres viue douleur, ayant pensé
aussitost que Dieu luy marquoit par là qu'une de ses
sœurs auoit signé. Elle sortit toute troublée de l'Oratoire
pour s'en informer. Et on l'apprit deux heures après de
la bouche de celle qui l'auoit fait. Le lendemain, cette

(1) « Il y en eut bien (si l'on fait l'addition générale) une douzaine
« au dedans qui signèrent, et cinq parmi les exilées du dehors, ce qui
« fait dix-sept en tout, chiffre encore assez éloigné de celui de vingt-
« cinq auquel prétendait arriver l'archevêque. Et ces dix-sept signa-
« tures, il ne les a jamais tenues dans sa main à la fois : quand l'une
« venait à grand'peine, l'autre était déjà échappée ; le total ne gros-
« sissait pas et c'était toujours à recommencer. » M. Sainte-Beuve,
ibid., t. IV, note de la page 114.

sœur qui auoit signé vint se jetter à genoux dans le
Chapitre, au milieu de l'assemblée, en conjurant toutes
ses sœurs, auec de profonds soupirs, de prier Dieu pour
elle, et leur disant qu'elle auoit signé, après estre conuaincuë qu'elle le deuoit faire ; mais qu'elle les supplioit
de demander à Dieu que, si elle l'auoit offensé, ce qu'elle
ne croyoit pas, il la châtiast en ce monde et n'attendist
pas à le faire en l'autre. Toutes les Religieuses furent sai-
sies d'une si grande douleur qu'elles fondoient en larmes.
Et celle qui en étoit le sujet pleuroit, tous les jours,
comme les autres ; ce qui leur donnoit quelque esperance
qu'elle pourroit reuenir et les portoit à prier beaucoup
pour elle (1).

Cependant ma sœur fut dans des troubles et des an-
goisses incroyables, depuis le moment qu'elle eut signé.
Dieu luy fit connoistre la faute qu'elle auoit commise,
en se separant d'auec ses sœurs, dans une chose de cette
importance, sans auoir fait toutes les réflexions qu'elle
auroit dû sur toutes les choses qui s'étoient passées
jusqu'alors. Et lorsque le sieur Chamillard et la Mere Eugenie la congratuloient de ce qu'elle venoit de faire comme
d'une des plus grandes graces qu'elle eust receuës en sa
vie, elle se pleuroit elle même comme ayant manqué de
fidelité à Dieu, quoy qu'elle eust signé dans la crainte
seule de l'offenser. Moy, de mon costé, qui sentois tres

(1) Le premier éditeur, qui décidément n'aimait ni le merveilleux,
ni le surnaturel, a encore supprimé ce passage, à la page 251. — De
plus, une Note du *Recueil d'Utrecht*, p. 453, porte que, dans la *Relation* (in-4) *contenant les Lettres écrites pendant le gouvernement de
la Mère Eugénie,* (pages 61 et 62); « on lit entre autres choses le récit
« d'une vision qu'une Religieuse eut pendant que la Sœur Melthilde
« signoit le Formulaire : récit qui est confirmé par plusieurs autres
« Manuscrits. » Il doit être question d'un fait analogue au fait mis
ici sous le couvert de la « bonne Sœur converse. » Mais du Fossé l'aura
prudemment passé sous silence, en parlant de sa sœur.

viuement le scandale que sa signature auoit causé à ses
sœurs, je n'auois gueres moins d'inquietude sur son
sujet : et, penetré de douleur, je resolus de l'aller voir,
pour tâcher de luy parler, si je le pouuois, à cœur ouuert (1). Etant donc arriué à Port Royal de Paris, je la
demanday. Et la signature qu'elle auoit faitte me procura la liberté de luy parler. Car sans cela, on ne m'auroit pas sans doute permis de la voir. D'abord que la
grille fut ouuerte, il luy fut aisé de remarquer, sur mon
visage, mes sentimens sur ce qui s'étoit passé. Et je remarquay aussi une fort grande tristesse en elle ; mais je
n'en connoissois point la cause. Comme on luy auoit
donné une Religieuse de Sainte Marie pour écouter (2),
je ne pouuois lui parler ouuertement, jugeant bien qu'on
ne me le permettroit pas. Aussy je luy dis en termes plus
generaux ; Que je venois pour me consoler, ou pour
m'affliger auec elle sur ce que j'auois appris qu'elle auoit
enfin signé ; Que j'étois bien aise de connoistre par elle
même les raisons qui l'y auoient engagé (3) ; et que ce seroit pour moy une satisfaction toute particuliere qu'elle
voulust bien m'en éclaircir. Sur cela la Religieuse de
Sainte Marie, qui s'etoit tenuë à costé, selon la Regle, sans
qu'on la vist, se leua assez brusquement, et, se venant
presenter deuant la grille, me dit d'un ton assez ferme
que Monseigneur auoit deffendu que l'on s'entretint de

(1) On comprend tout le chagrin que la famille du Fossé, si dévouée
à Port-Royal et à ses doctrines, dut ressentir de voir l'un de ses
membres, la Sœur Melcthilde, parmi les *Signeuses*, comme on les
appelait avec mépris.

(2) L'Imprimé dit « pour Ecoute. » P. 252. Peut-être cette leçon
est-elle meilleure que l'autre, puisqu'on l'appelait : « la Mère Ecoute, »
ainsi qu'on va le voir, p. 191.

(3) Telle est l'orthographe du Ms. — On a vu déjà bon nombre
d'exemples de ce manque d'accord du participe, accord qui n'était pas
alors exigé comme aujourd'hui.

ces affaires. « Pardonnez moy, Madame, luy répondis je
« du même ton qu'elle l'auoit pris : Monsieur de Paris
« ne peut nullement trouuer mauuais que je demande à
« ma sœur les raisons qui luy ont fait faire ce qu'elle
« auoit refusé d'abord ; puisque, les croyant tres bonnes,
« il est bien aise que tout le monde les connoisse, afin
« qu'on soit conuaincu de la justice de ce qu'il a demandé
« à ma sœur, comme elle même en a été conuaincuë. »

Ne sçachant que me répondre, elle se retira au même
endroit où elle étoit auparauant. Et je continuay à interroger ma sœur et à la presser de me vouloir dire ce qui
l'auoit à la fin déterminée à donner sa signature pure et
simple. Elle cependant, qui étoit alors dans une inquietude mortelle sur tout ce qu'elle auoit fait et qui n'osoit
s'en ouurir à moy, à cause de la presence de la Mere
Ecoute (1), souffroit une peine interieure qui ne se peut
exprimer ; et me répondant seulement en termes generaux sur ce que je luy demandois, elle tâchoit de me
faire entendre, par la tristesse de son visage et même
par ses soupirs, ce qu'elle n'auoit pas la liberté de me
dire ouuertement. Mais je ne comprenois point ce langage, qui étoit pour moy un mystere que je ne pouuois
déuelopper. Et je continuois toujours à luy faire de nouuelles instances, en luy témoignant qu'elle soulageroit
tout à fait mon cœur de me dire ce que je lui demandois.

La Religieuse de la Visitation, plus importunée encore
que ma sœur de mes demandes, se leua une seconde
fois ; et d'un ton plus imperieux que la premiere, me dit
qu'elle m'auoit déja déclaré que Monseigneur ne vouloit
point absolument qu'on parlast aux sœurs de ces matieres. Je rehaussay aussy bien qu'elle le ton de ma voix,
et repondant à cette saillie : « Je vous ay aussy, Madame,

(1) Tel est le nom qu'elle tirait de ses fonctions.

« luy repliquay je, déja témoigné que vous n'entrez pas
« dans les sentiments de Mr de Paris, et que vous ne
« comprenez pas qu'il y va de son interets et de son hon-
« neur que tout le monde soit informé de la droitture
« de ses intentions et de la force de ses raisons ; puisque
« ce sera par là seulement qu'il justifiera aux yeux du
« public sa conduitte à l'égard de ce monastere. C'est
« pour luy que je parle, lorsque je veux obliger ma sœur
« de me dire les raisons qui l'ont engagé à faire ce
« qu'elle auoit cru jusqu'alors ne pouuoir faire. Il n'y a,
« selon Jesus Christ, que les œuures de tenebres que
« l'on a soin de cacher ; mais celles de la lumiere se pro-
« duisent au jour, pour estre un sujet d'édification de
« tous les fidelles. » Cette bonne Mere, abattuë encore
une fois par la force de ce que je luy disois, et par le ton
d'authorité que j'auois pris, comme étant en droit de luy
parler de la sorte, s'alla remettre tout de nouueau sur
son siege. Mais enfin, pour ne les pas fatiguer inutilement l'une et l'autre, comme je vis qu'il ne m'étoit pas
possible de faire parler ma sœur, qui n'auoit garde d'entreprendre de me faire valoir les raisons de Mr l'archeuesque, dans le temps qu'elle auoit regret elle même de
s'y estre renduë, et qui n'osoit pas non plus me faire
connoistre ses sentiments, je me leuay un peu après, en
luy témoignant assez ma douleur de la voir si resserrée
à mon égard, et luy faisant trop comprendre, par la
maniere dont je luy parlay, quels étoient mes veritables
sentimens sur tout ce qu'elle auoit fait (1).

J'étois cependant tres peu satisfait de ma visite.
Et la tristesse que j'auois veû peinte sur le visage de ma
sœur me touchant sensiblement, je retournay, quelques

(1) Tout ce paragraphe du récit a été supprimé par le premier éditeur, p. 253.

jours après, pour la demander de nouueau. On me fist
monter au parloir, auant sans doute que l'on eust tenu
chapitre sur mon sujet. Car la maniere dont j'auois parlé,
dans ma premiere visite, ayant rendu ma personne
suspecte aux Religieuses de Sainte Marie, on me vint
dire que je ne pouuois pas voir ma sœur. Je demanday
un peu fièrement à la tourriere pour quelle raison. Elle
me dit qu'elle étoit un peu indisposée. « Et comment,
« repliquay je auec chaleur, on me fait monter, comme
« si ma sœur se portoit bien ; et après que l'on m'a fait
« bien attendre, on me vient dire qu'elle est un peu
« indisposée. Je crois en effet qu'elle l'est bien peu, et
« que l'indisposition est plutost dans ceux qui me refu-
« sent la liberté de la voir. Il est bien honteux d'en user
« ainsy auec des gens d'honneur. » Je parlois fort haut,
en sortant du parloir, parce que je sçauois que M. Chamillard étoit au parloir voisin, et que je voulois qu'il
l'entendist, l'accusant un peu d'auoir tenu conseil auec
la Mere Eugenie, pour me faire receuoir ce refus. Je
m'en retournay ainsy encore plus mécontent que l'autre
fois. Mais je ne fus pas longtemps à apprendre tout le
dénoüement de cette intrigue. Car un papier, qui fut
jetté par dessus les murs du Monastere, et qui tomba entre les mains d'une fille qui connoissoit et qui aimoit Port
Royal, nous fit sçauoir que ma sœur s'étoit rétractée de
sa signature. L'histoire en est remarquable. Et comme
elle regarde une personne qui m'étoit si proche, je ne
sçaurois me dispenser d'en faire icy un petit recit
abbregé (1).

Le jour même que ma sœur eut signé (2), M. Chamil-

(1) Ce passage a été également supprimé par le premier éditeur,
p. 253.

(2) Le 15 octobre 1664, comme on l'a vu plus haut, dans la note de
la page 187.

13

lard la fit venir au parloir, pour luy témoigner son extrême joye de ce qu'elle auoit fait, et lui demanda si elle ne 'vouloit point se confesser, pour communier le lendemain, qui étoit le jour de l'Octaue de Saint-Denis (1). Etrange raisonnement d'un docteur, qui sembloit mettre toute la bonne disposition à communier dans la signature d'une chose que des filles attestoient auec serment, contre leur conscience, ne la sçachant pas ! Ma sœur luy dit qu'elle auoit l'esprit trop agité ; et qu'elle differeroit bien jusqu'au jour de Saint Simon et de Saint Jude, qui étoit celuy de sa profession (2). Ce docteur luy témoigna qu'il étoit fâché de ce qu'elle se vouloit priuer si longtemps d'un si grand bien. Mais elle luy repliqua qu'elle aimoit mieux ne le faire pas sitost, et le faire comme il falloit. Il ajouta qu'elle deuoit estimer beaucoup la grace que Dieu venoit de luy faire, et que c'étoit une des plus grandes qu'il luy eust peut estre jamais faittes. Sur quoy ma sœur ne luy fit aucune réponse, n'étant point du tout de son sentiment. Car quoy qu'elle doutast encore si elle auoit offensé Dieu, n'ayant eû, ce luy sembloit, aucune veuë humaine en signant, elle crut toujours que ses sœurs, qui étoient demeurées fermes, étoient beaucoup plus heureuses qu'elle. M. Chamillard luy demanda encore si elle auoit assez de confiance en luy pour se confesser. Elle luy dit qu'elle en eust eû dauantage, si, dans la derniere conference qu'il leur auoit faitte, il ne leur auoit parlé fort désauantageusement de leurs Meres et de leurs anciens Directeurs. Enfin, pour ne point trop allonger ce récit, elle fut, les trois jours suiuants (3), dans des pleurs presque continuels, et telle-

(1) Le 16 est bien l'octave de la Saint-Denis, dont la fête se célèbre le 9 octobre.

(2) Le 28 octobre.

(3) Les 16, 17 et 18 octobre.

ment hors d'elle qu'elle ne sçauoit ce qu'elle faisoit.
Elle demeura encore plusieurs jours dans des agita-
tions et des irresolutions qui la mettoient dans la derniere angoisse. Mais Dieu luy ayant à la fin parlé au
cœur tres sensiblement, elle demeura tres persuadée
qu'elle auoit commis un grand péché, et qu'elle ne
pouuoit le réparer que par une rétractation publique (1).
Elle la fit d'abord dans sa cellule, en la presence de Dieu,
le 16. du mois de Nouembre. Et l'ayant écritte le 22e.
elle écriuit le lendemain au prelat ; Que depuis qu'elle
auoit signé entre ses mains, et par son commandement,
elle s'étoit trouuée en état de dire que son péché auoit
toujours été, non pas deuant elle, mais contr'elle ; et
qu'ainsy ne pouuant plus résister aux mouuements de
sa conscience, qui la pressoit continuellement de reconnoistre sa faute, elle se prosternoit à ses pieds pour le
supplier d'auoir pitié d'une personne qui étoit tombée
dans un état digne de compassion, par un desir inconsideré de se rendre à ce qu'il désiroit d'elle. « Vous ne
« pourrez pas, Monseigneur, ajoutoit elle, m'accuser à
« l'auenir d'entestement et de désobéïssance ; puisque
« ma soumission m'a reduit dans la derniere misere.
« Et j'ose esperer, que mon éxemple seruira à exciter
« vostre compassion sur mes sœurs…. puisqu'il est cer-
« tain, que si je pouuois vous exprimer l'état où cette
« signature m'a réduit, vous les exhorteriez plutost à ne
« la point faire, que de leur ordonner sous de tres gran-
« des peines. Et vous auöeriez qu'elles ont bien raison
« de préferer la paix de leurs consciences, qui est un

(1) La visite de son frère, qui dut être faite peu de jours après la
signature, n'y fut pas sans doute étrangère, non plus qu'une « lettre
« écrite confidemment à sa sœur Melthilde, après toutes les affaires
« qui s'étoient passées dans sa maison. » Il en sera question, deux ans
plus tard, dans ses *Mémoires*, lors de son arrestation, en 1666.

« thresor que je conçois mieux, depuis l'auoir perdu, à
« tous les maux, et à toutes les peines exterieures. »

Le même jour qu'elle enuoya cette lettre à M. l'archeuesque, auec l'Acte de ses rétractations (1), elle se mit
à genoux au Refectoir, en presence de toute la Communauté, immediattement après le *Benedicite*, et dit tout
haut : « Mes cheres Sœurs, je me sens obligée en cons-
« cience, de vous demander tres humblement pardon, de
« la faute que je reconnois auoir faitte, en signant le
« Formulaire, et de la maniere dont j'ay agi en cette
« occasion. Je me retracte de tout mon cœur, et desire
« sincerement de satisfaire à Dieu pour cette faute. J'ay
« supplié une de nos sœurs de lire icy tout haut ce papier
« contenant mes dispositions, afin de satisfaire à Dieu, à
« ma conscience, et à la Communauté. » Alors la Mere
Eugenie de la Visitation, surprise et troublee au dernier
point, ayant fait grand bruit et voulu même arracher le
papier à la sœur qui commençoit à le lire, on jugea plus
à propos d'en remettre la lecture à un autre temps. Après
les Graces, qu'on va chanter dans le Chœur, ma Sœur
entonna l'Antienne, *Te Deum Patrem*, et toutes les Sœurs
poursuiuant témoignerent à Dieu leur reconnoissance
d'une si grande grace. Elles s'assemblerent ensuitte
dans une chambre, où ma Sœur se mit à genoux et fit
elle même la lecture de sa retractation ; ce qui causa une
telle joye à toutes les Sœurs que la veuë de cette misericorde si particuliere de Dieu leur fit presque oublier
toute leur persecution, pour ne penser plus qu'à estre
fidelles à leur conscience jusques au bout (2).

Cette affaire cependant eut de grandes suittes. Le pre-

(1) Le 23 novembre 1664.

(2) Toute cette scène caractéristique a été supprimée par le premier éditeur, p. 255.

lat fort en colere d'un tel changement, qui renuersoit
toutes ses mesures, fit sortir ma Sœur de Port Royal, et
la [fit] conduire, en un monastere de Saint Denys, pour
y estre obseruée et veillée, comme en une espece de prison (1). Il est vray que cette pauure fille, se voyant
ainsy abandonnée de ses Meres et de ses Sœurs, priuée
de la consolation et des secours des Sacremens de l'E-
glise, séparée de toute communication auec ceux qui
auroient pu la consoler en un état si pénible, enuironnée
de personnes qui la regardoient comme une heretique et
comme une réprouuée, n'eut point la force de se soutenir
jusqu'à la fin (2). Mais on peut bien dire d'elle cette
excellente parole d'un grand saint; Que si elle succomba
de nouueau pour un temps (3), ce fut plutost un effet de
la violence qu'on luy fit que du changement de son
cœur, qui fut toujours le même à l'égard de ses Meres
et de ses Sœurs, et des personnes qui auoient pris soin
de leur conduitte. Car elle ne pouuoit souffrir que qui
que ce fust parlast à leur desauantage en sa presence,
et elle se rejoignit enfin auec elles dans le Monastere de

(1) « Le 29 novembre (1664) M. l'Archevêque vint à Port-Royal de
« Paris, et en fit sortir la Sœur Melthide qu'il fit renfermer chez les
« Religieuses de la Visitation de S. Denis. » *Recueil d'Utrecht*, p. 453.
— Il enleva avec elle, pour aller aux Ursulines de Saint-Denis, la
Sœur Anne-Marie de Sainte Eustoquie de Flecelles de Brégi, qui a
laissé une *Relation de sa captivité*, où il est souvent question de la
Sœur Melcthilde. — Deux autres Religieuses furent aussi enlevées,
ce qui, au début, en portait le nombre à seize.

(2) Elle eut encore deux rechutes. Le 25 janvier 1665, elle signa,
une seconde fois, le Formulaire, entre les mains de M. de Péréfixe ;
et, au mois de juin suivant, elle le signa, une troisième fois, « au
« pied du Mandement de ce Prélat pour la seconde Bulle d'Alexan-
« dre VII, qui prescrivait un nouveau Formulaire. » *Recueil d'Utrecht*,
pp. 454 et 455. Il y eut alors, à Port-Royal des Champs, soixante et
onze Religieuses de Chœur et dix sept Converses.

(3) Elle fera une seconde rétractation définitive, en 1669.

Port Royal des Champs, après qu'on les y eut réünies toutes ensemble, par la separation des deux Maisons, ainsy que je le diray en son lieu (1).

(1) « Au commencement de 1665, M. l'Archevêque fit aller à Port-
« Royal des Champs toutes les Religieuses opposantes qui étoient à
« Port-Royal de Paris, et il réunit avec elles toutes celles qui étoient
« enfermées en différens Monastères.... Depuis ce temps, les deux
« Maisons firent deux Communautés différentes. » *Recueil d'Utrecht*,
pp. 454, 455.

CHAPITRE XVIII.

Après auoir parlé tout de suitte de ces affaires gene-
rales, qui furent cause que M. de Sacy quitta la maison

(1) Tout ce chapitre, si rempli de curieux détails de mœurs, est entièrement inédit, sauf une trentaine de lignes, que le premier éditeur

où nous demeurions ensemble (1), je viens maintenant
à ce qui me regarde en particulier. Cet amy incomparable, ayant une charité sincere pour moi, résolut de
changer entierement de quartier, et de prendre une
maison en un lieu fort éloigné, où il pust estre inconnu,
et où nous demeurassions ensemble. On en trouua une,
telle que nous la demandions, dans la ruë du bout du
monde (2), où il y auoit un beau jardin, et d'où, étant
lans ma chambre, je voyois sur le jardin de l'Hôtel de
Charo (3) ; ce qui étoit, pour un tel quartier, une veuë

a prises au début, au milieu et à la fin, pour les mettre en tête du
Chapitre X de son Second Livre (pp, 237-238).

(1) Au faubourg Saint-Marceau, où il était caché, comme on l'a vu
plus haut, p. 148.

(2) Elle était dans le quartier Saint-Eustache, et « traversait de la
« rue Montmartre dans celle Montorgueil. » (Jaillot.) Elle débou-
chait dans la rue Montmartre, à droite, en montant vers les remparts,
presque en face de la rue des Vieux-Augustins. Le Plan de Piganiol
de la Force, dans sa *Description de Paris*, la place immédiatement
au-dessus de la rue Tiquetonne. (T. III, p. 176.) Ce serait aujourd'hui
la partie de la rue Saint-Sauveur (autrefois du Cadran), comprise
entre les rues Montorgueil et Montmartre. — « L'enseigne d'une
« maison qui étoit la cinquième à droite en entrant par la rue Mont-
« martre, lui fit donner le nom qu'elle porte aujourd'hui ; on y avoit
« représenté un *os*, un *bouc*, un *duc* (oiseau) et un *globe*, figure du
« *Monde*, avec l'inscription *Os Bouc Duc Monde* (Au bout du Monde). »
Recherches critiques, historiques et topographiques de la ville de Paris,
par Jaillot (1772). Quartier Saint-Eustache, p. 6. — Son nom
n'aurait-il pas pu venir de la situation de cette rue, à la limite du
quartier Montmartre, confinant alors aux remparts de Paris, plutôt
que du rébus d'une enseigne où se trouve rappelé le nom tiré de la
position que nous signalons ?

(3) L'Hôtel Charost était dans la rue Montmartre, entre les rues
Tiquetonne et du Bout du Monde, situé au milieu d'elles. « Un peu
« plus haut que la chapelle de Sainte Marie Egyptienne (d'où l'on a
« fait la rue de la *Jussienne*) et de l'autre côté de la rue Montmartre,
« est un Hôtel accompagné d'un jardin, qui a été longtemps habité
« par le duc de *Béthune-Charost* à qui il appartient, et qui portoit

tres agréable. Nous y demeurâmes neantmoins assez peu de temps ; parce que M. de Sacy, que la persecution qu'on faisoit à Port Royal obligeoit de se tenir le plus retiré qu'il pouuoit, fut connu bientost en ce quartier là par des personnes qui y étoient établies. Ce fut dans ce peu de temps que j'y demeuray (1), que mon pere, qui étoit venu à Paris, pour consulter les medecins les plus habiles, sur un mal qui le tourmentoit, depuis plusieurs années, et qui se trouua, comme je l'ay dit auparauant, à Port Royal, auec la Princesse de Guemené, quand le prelat y vint interdire aux Religieuses l'usage des Sacremens (2), prit la résolution d'aller, au printemps de l'année suiuante, c'est à dire de l'année 1665, aux eaux de Bourbon, suiuant l'auis de ses medecins.

S'en étant donc retourné à Rouen, et son mal, qui étoit une colique d'estomach tres violente, augmentant toujours, il reuint à Paris, aussitost après Pasques (3), auec ma mere et ma sœur (4), pour le voyage dont j'ay parlé. Je l'allay voir, le matin même du jour qu'il deuoit partir pour Bourbon, et je trouuay qu'il auoit eû une fort mauuaise nuit. Cela me dónna occasion de dire à ma mere que j'auois un peu de peine à le voir partir en cet état : et je luy demanday, en même temps, si elle ne croyoit pas que je ferois bien de l'accompagner dans ce voyage. Elle me dit qu'elle en seroit bien aise et que j'en parlasse moy même à mon pere. Je le fis dans le

« le nom d'Hôtel Charost. » Piganiol de la Force, *Description de Paris* (Edit. de 1765), t. III, p. 229. Le Jardin est figuré dans le Plan et paraît considérable. — C'est sur l'emplacement de cet Hôtel et du jardin qu'on a ouvert le Passage du Saumon et la rue Mandar.

(1) Un peu plus d'une année, pendant laquelle du Fossé fit deux longues absences.

(2) Le 26 août 1664. Voir plus haut, p. 179.

(3) En 1665, Pâques tomba le 5 avril.

(4) Catherine Thomas, sa sœur puinée, âgée de 25 ans.

moment. Et comme il craignoit que ce voyage ne me
nuisist plus qu'il ne luy seruist, il eut d'abord quelque
peine à y consentir. Mais, après y auoir un peu songé,
il le voulut bien, ne trouuant qu'un inconuenient qui
étoit qu'il n'auoit point de cheual de selle pour son valet
de chambre, à la place duquel je serois dans le carrosse,
et qu'il auoit pris ses mesures pour partir sur le midy.
Je luy leuay promptement cette difficulté, en l'assurant
que je remedierois à tout; que je luy achetterois un
cheual de selle; que j'irois faire mon paquet, et serois de
retour encore assez tost pour ne le point retarder. Il eut
de la peine à le croire, et c'étoit assurément beaucoup
entreprendre. Mais qu'y a t'il d'impossible à celuy qui
veut aussi fortement que je voulois ce voyage?

J'allay donc, sur les sept à huit heures du matin, auec
un de mes amis, chez plusieurs marchands de cheuaux
chercher un cheual qui fust propre pour monter un valet
de chambre. Je fis presque tout le faubourg Saint Marceau (1), la ruë Saint Victor, et la place Maubert, sans
trouuer ce que je cherchois. Enfin, nous parlâmes à un
valet de boucher, qui nous dit qu'il en auoit un, tel que
je le souhaittois, mais qu'il n'étoit point à l'écurie et
qu'il deuoit reuenir bientost. Je suppliay mon amy de se
charger de l'attendre et de le voir; d'en faire luy même
le marché, et de l'enuoyer à l'hôtellerie de mon pere, qui
étoit logé dans l'Isle (2). J'étois bien hardy de me fonder
sur cela comme sur une chose assurée. Quoy qu'il en
soit, je m'en allay, de mon costé, en fort grande diligence,
à la ruë du bout du monde, c'est à dire à une demye

(1) Le Marché aux Chevaux est encore dans ce faubourg, près du
Jardin des Plantes.

(2) L'Ile Saint-Louis, à l'Est de l'Ile de la Cité, formée, au commencement du xviie siècle, de la réunion de l'Ile Notre-Dame, au Sud, et
de l'Ile aux Vaches, au Nord.

lieuë dé là, faire agréer mon voyage à M. de Sacy, et faire un paquet de ce qui m'étoit necessaire pendant mon absence. Jamais dessein ne fut pris et exécuté auec plus de promptitude et de bonheur ; puis qu'ayant tant de choses à faire, et dans un si grand éloignement, je ne laissay pas d'estre reuenu à l'hostellerie de mon pere, auant l'heure qu'il auoit marquée pour partir ; et que le cheual s'y trouua aussy à temps, auec une selle et sa bride, tout prets à monter ; qui étoit assurément, quoy que petit, un des cheuaux les meilleurs que j'aye jamais veus. Après cet exemple, qu'on ne cherche point d'excuses pour se flatter dans la paresse. Mais qu'on s'accuse plutost soy même de lâcheté, quand on manque assez souuent des choses tres importantes, sous pretexte d'impuissance.

Il ne nous arriua rien de remarquable dans le voyage jusqu'à Bourbon (1). Ce lieu est dans une situation tres desagreable et mal saine, et il faut assurément estre bien pressé de mal pour se résoudre d'y demeurer. Car c'est comme un trou, où l'on descent de tous costez, et un trou tres resserré (2). Les maisons y sont logeables et meublées passablement bien. La nourriture des cheuaux y est à fort bon marché, et celle des hommes un peu plus chere ; mais, à tout prendre, on n'y est point cherement (3). Pour bien faire et se loger commodément, il

(1) Bourbon l'Archambaut, Dᵗ de l'Allier, arr. de Moulins, chef-lieu de canton, « a pris son nom de la bourbe qui est dans ses eaux, et « cette étymologie est préférable à celle qu'en donne Olivier de la « Marche, qui croit qu'on a dit Bourbon pour *Bourg-bon*. » Piganiol de la Force, *Nouvelle Description de la France* (1719), t. V, p. 264. Il vaudrait mieux aussi écrire l'*Archambaud*, parce que « neuf de ses « seigneurs ont porté ce nom. » *Id.*, *ibid.*

(2) « Dans un fond, entre quatre collines. » *Id.*, *ibid.*

(3) Onze ans plus tard, en 1676, Mᵐᵉ de Sévigné fera la même re-

faut d'abord aller descendre à une hostellerie. Et de là
on va chercher à loisir un logement qui soit commode en
chambre garnie. On fait marché d'ordinaire pour le logement et pour la nourriture des cheuaux. Et l'hoste est
obligé, dans le même marché, de fournir autant de bois
qu'on en a besoin, du linge de table, deux ou trois fois
la semaine, de la vaisselle d'étain et la batterie de cuisine. D'abord que l'on est logé, on est assiegé de toutes
sortes de gens, qui viennent offrir leur marchandise, les
uns de la viande, les autres des pots, les autres des
verres, d'autres de la chandelle, et ainsy du reste ; en
sorte qu'on n'a qu'à se deffendre du prix et qu'on est
bientost pourueu de tout.

Les eaux de Bourbon sont chaudes et toujours boüil-
lantes, comme celle d'une chaudière qui est sur le feu ;
en sorte qu'on ne peut pas y tenir son doigt un moment.
Et elles ont neantmoins cette propriété singuliere de
brûler sans escorier et faire de playe. Car, quelque brû-
lantes qu'elles soient à la gorge, quand on les prend au
sortir de la fontaine, jamais elles ne font éleuer la peau,
ni ne causent la moindre cloche, comme la brûlure de
l'eau commune. Il y a trois principales fontaines, qui
sont comme trois puits d'une large circonference, et
d'une mediocre profondeur, exposez à la veuë de tout le
monde ; mais où les seuls habitans du lieu ont la liberté
de puiser pour eux ; parce qu'ils empeschent tous les
étrangers d'y puiser de l'eau eux mêmes, ou d'y enuoyer
leurs domestiques. C'est un droit qu'ils se sont réserué
à eux seuls, pour gagner leur vie, aux dépends de ceux
qui viennent chercher dans leur bourg du soulagement
à leurs maux. Ainsy il y a un certain nombre de galo-

marque à propos de Vichy, situé au Sud du même département, où
elle prit les eaux qu'elle avait préférées celles de Bourbon.

pins, qui sont ceux qui donnent l'eau à boire sur le bord
des fontaines, ou qui la portent dans les maisons (1); ce
qu'ils font auec une vitesse prodigieuse ; pour conseruer
tous les esprits de l'eau minerale, qu'ils bouchent bien
auec des seruiettes dans des cruches, où ils la portent.
On en prend, la premiere fois, trois ou quatre grands
verres, à differentes reprises. Et les jours suiuans, on
augmente, à proportion, jusqu'à douze ou quinze. Ces
eaux, pour bien faire, doiuent se rendre par les urines,
et purger même une fois ou deux. On se tient tres chaudement en les prenant ; et on se promene, afin qu'elles
passent plus facilement. On en voit de beaux effets pour
la paralysie, surtout lorsqu'on n'a point attendu trop
tard à venir en prendre ; mais que l'on y a recours, dès
qu'on est attaqué, et que la malignité de l'humeur n'a
point encore séjourné longtemps aux endroits où elle
s'est déchargée. Quand ces eaux ne passent pas bien, on
prend un peu de sel vegetal dans le premier verre. Il
faut obseruer exactement de ne point dormir, pendant le
jour, en prenant des eaux, et de souper peu et de bonne
heure (2). On a veu des accidens tres fâcheux arriuer à
des personnages qui, se mocquant de l'auis qu'on leur
donnoit de ne se point assoupir, furent trouuées
mortes (3). Il est ridicule de raisonner à sa mode, et de
ne pas croire l'experience des gens du lieu sur des choses
de cette consequence. Et cependant il faut auouër que

----

(1) La première signification de ce mot était celle de : « Petit mar-
« miton qui sert dans les maisons des Princes à tourner la broche ; »
et la seconde : « Petit garçon que l'on envoie çà et là pour différentes
« choses. » *Dictionnaire de Trévoux.* L'étymologie est *galop*, parce
qu'ils couraient toujours.

(2) La même recommandation était faite pour les Eaux de Forges.
— Voir les ouvrages de Linand et de Larouvière sur ces Eaux.

(3) La même remarque s'y trouve encore.

c'est une fort grande peine de s'empescher de dormir
alors ; parce que ces eaux assoupissent naturellement
par la grande quantité d'esprits mineraux qu'elles
enuoyent à la teste. Pour y remedier plus facilement, il
faut auoir soin de se promener beaucoup, et à l'ombre,
autant qu'on le peut, à cause que le soleil, donnant sur
la teste un peu longtemps, y pourroit causer de grands
maux.

Outre les eaux qu'on prend par la bouche, on se sert
encore de la douje (1), qui agit plus efficacement sur les
membres affectez. Pour la prendre, on se met nud dans
une cuue couuerte d'un drap, audessus de laquelle est un
grand bacquet suspendu, que les hommes destinez à cet
employ emplissent incessamment de l'eau chaude des
fontaines, qu'on fait tomber de haut par un robinet sur
la partie qui est malade. Cette eau plus ou moins chaude,
selon qu'on a soin de la temperer, penetre à trauers les
pores d'une manière étonnante, et met le malade en état
de suer beaucoup, au sortir de la cuue, lorsqu'étant couché aussitost après dans un lict il y est tout enueloppé
de linges chauds, et couuert à proportion (2). Je pourray
dire autre part ce que j'en ay éprouué, dans un voyage
que je fis encore à Bourbon, trente ans après (3).

Il y a aussy des bains fermez à la clef, proche les
fontaines, où les malades vont se baigner dans l'eau
chaude, et où l'on donne la douje à ceux qui ne veulent
pas auoir l'embarras de se la faire donner dans leur
chambre. Les gens destinez pour donner la douje sont
au nombre de vingt quatre, tous gens robustes, qui sont

(1) *Douje* ou *Douge*, que nous retrouverons plus loin, n'était plus
usité au xviiie siècle, et Mme de Sévigné emploie *Douche*.

(2) Tels furent les faibles débuts de l'Hydrothérapie, à Bourbon.

(3) Il tiendra parole, trente-deux ans plus tard, pour avoir expé-
rimenté la Douche sur lui-même, en 1697.

obligez de porter à deux, sur les épaules, de grands
baquets pleins d'eau, et de les monter quelque fois jusqu'à un troisième étage. Mais parmy ces gens, il y en a
de plus adroits, qui sont ceux que l'on choisit pour
approcher des malades, pour les mettre dans le bain,
pour les en faire sortir, et pour les changer de linges ; ce
qu'ils font auec une modestie et une adresse dont j'ay
été moy même surpris.

On peut regarder comme une chose tres remarquable
qu'au même lieu presque où sont toutes ces fontaines,
et tous ces bains d'eau boüillante, l'on trouue aussi une
tres belle fontaine d'eau fraîche, qui tombe dans un
bassin éleué par quatre chuttes différentes et espacées
également. Ainsy le chaud et le froid se rencontrent ensemble, d'une maniere qui surprend d'abord, mais qui
est facile à conceuoir, quand on considere que, la source
de la fontaine d'eau fraîche étant éloignée, l'eau en est
conduitte par des canaux jusqu'à cet endroit, pour la
commodité de tout le bourg (1).

Il y a aussy, à Bourbon, une Sainte Chappelle fort bien
bâtie, dans le Château, qui est éleué audessuz de la
Ville, en un lieu fort escarpé. Elle est desseruie par un
doyen et plusieurs chanoines, dont les prebendes sont
de mediocre reuenu, mais suffisant pour les originaires
du lieu, à cause qu'il fait si bon viure en ce païs. Ce
qu'il y a de plus remarquable en cette Sainte Chapelle (2)
est la Relique tres pretieuse de la vraye Croix de Nostre

(1) Le même phénomène se reproduit à Aix-la-Chapelle, et le fait
est constaté par ce vers gravé sur la Fontaine :

Frigidus hic calidas Fons salit inter aquas.

(2) En 1719, Piganiol de la Force dira qu'elle était « dans une troi-
« sième chapelle du château appelée *le Trésor.* » Voir *Description
de la France*, t. V, p. 265. Du Fossé, écrivant 32 ans après son
voyage, a-t-il confondu les deux chapelles ?

Seigneur, qui s'y conserue auec un grand soin, et qui s'y honore auec une profonde veneration. C'est un morceau de neuf poulces de longueur et de cinq de trauers, sur un poulce de largeur. Elle est enchassée dans une grande croix d'or fort large, et enrichie de plusieurs pierres pretieuses ; au bas de laquelle est aussy enchassée une épine entiere de la Couronne de Nostre Seigneur (1). On porte deux fois tous les ans en procession cette Relique si pretieuse, le jour de l'Incarnation, et le jour de l'Exaltation de la Sainte Croix (2). Et cela se fait auec beaucoup de ceremonie et d'appareil : car il y a enuiron cent cinquante bourgeois qui se mettent souz les armes, ayant le Maire à leur teste, et qui accompagnent partout la vraye Croix. On presche au milieu de la procession, à un reposoir, qu'on fait vis à vis des halles, et les ruës sont tenduës de tapisseries, comme à la procession du Saint Sacrement. On la porte encore dans quelques occasions particulières, comme sont des necessitez publiques. Et l'on a souuent éprouué le secours qu'il plaist à Dieu de donner aux peuples par le merite de la Croix et des souffrances de son Fils ; comme quand Bourbon étoit menacé de quelque orage furieux, qui faisoit craindre quelque renuersement, et qu'on portoit cette pretieuse Relique à la rencontre de l'orage ; on voyoit les nuées, le houragan, et toute la tempeste s'écarter et se détourner ailleurs (3).

Le quartier de Bourbon le plus agreable pour ceux qui viennent y boire des eaux, est celuy des Reuerends

(1) Voir, pour plus de détails, l'Appendice X.

(2) Le 25 mars et le 14 septembre. — Il faut entendre « l'Incarna- « tion du Verbe, » l'un des trois ou quatre noms donnés à la fête de l'Annonciation.

(3) Voilà une page, bien antérieure aux *Voyages liturgiques* de Le Brun de Marettes, qui les aurait enrichis en y comblant une lacune.

Peres Capucins, qui ont grand soin de dire des messes, à differentes heures, et surtout à la fin de la matinée. qui est le temps le plus libre qu'ayent les beuueurs d'eau pour l'entendre (1). Ils ont aussy beaucoup trauaillé pour faire, hors de leur enclos, plusieurs terrasses éleuées les unes sur les autres, et plantées de doubles rangées d'arbres, auec quelques cabinets, au bout des allées, afin que l'on puisse y prendre l'air, s'y promener commodément et s'y reposer ensuitte (2). Ces trauaux, qui sont tres utiles au public, ne leur sont pas non plus inutiles à eux mêmes ; puisqu'on est porté à reconnoistre la charité de ces bons peres, et que nul ne sort gueres de Bourbon, sans leur faire son aumône (3). On ne manque point non plus d'occasions d'exercer là charité en ce lieu. Mais il y en a une qui me paroist preferable à toutes les autres. C'est celle qui regarde l'entretient de l'hospital des pauures malades, desserui par les sœurs de la charité, où l'on reçoit ceux qui, n'ayant point le moyen de se nourrir, et de se faire traitter à leurs dépends, pour des paralysies dont leurs membres sont entrepris, y viennent se presenter auec quelque recommandation, qui fasse connoistre qu'ils sont vrayment pauures et que ce ne sont point des vagabonds.

Il y a toujours, à Bourbon, des medecins, dans le temps

(1) Les Capucins de Forges faisaient de même.

(2) « Audessus du Couvent des Capucins, il y a une promenade qui « consiste en trois allées, l'une audessus de l'autre, plantées dans « une terre achetée par le Maréchal de la Mailleraye, qui la donna « aux Capucins à condition d'en tenir la porte ouverte pour la commo- « dité publique. C'est le lieu le plus agréable de Bourbon, et la pro- « menade ordinaire des buveurs. » Piganiol de la Force, *Nouvelle Description de la France*, t. V, p. 266.

(3) Les mêmes services étaient reconnus de la même manière, à Forges, comme le prouve un Manuscrit que nous possédons : *Le Liure des Capucins de Forges.*

14

qu'on prend des eaux, c'est à dire, au printemps, et à
l'automne. Mais il y en a un qui a la qualité d'Intendant
des eaux, auec quelques appointemens qu'il reçoit du
Roy (1). Celuy qui étoit alors, à Bourbon, se nommoit
le sieur Grifet (2), homme d'esprit, agreable, et enjoüé,
qui vint prendre possession de nos corps, aussitost après
que nous fûmes arriuez, et qui régla tout nostre régime,
à cause qu'il sceut que nous deuions prendre des eaux
tous ensemble, auec mon pere. Mais, auec toute sa plaisanterie, il pensa nous faire mourir, ma sœur et moy,
ayant voulu faire mettre de la casse dans nos medecines,
quoy que nous luy eussions déclaré tres expressément
qu'elle nous étoit mortelle. Nous regardant comme des
ignorans, ou comme des malades imaginaires, il se railla
de nostre simplicité. Et sur ce que nous luy en parlâmes
fort serieusement, il consentit, en apparence, à ce que
nous luy disions ; mais il s'en mocqua en effet, et donna
son ordre à l'apoticaire tel qu'il luy plut. Cependant il
ne put point nous tromper. Car nostre crainte n'étoit
point fondée sur une simple imagination, mais sur un
mal tres réel. Et la nature se declarant le trahit bientost.
Nous fûmes si mal, l'un et l'autre, chacun séparément
dans nostre chambre, que nous ne pûmes douter de sa
trahison. Pour moy, je me vis en un état que je me
mourois, sans auoir la force d'appeller du secours. Neant-

(1) Tallemant des Réaux dit, en parlant du médecin Charles de
l'Orme, sieur de Beauregard : « Les Eaux de Bourbon, qu'il a mises
« en réputation, l'y ont mis lui-même. On dit qu'il prétendoit que ceux
« de Bourbon luy érigeassent une statue sur leurs puits ; il se fit faire
« intendant des eaux, et puis vendit cette charge. On l'accuse d'avoir
« pris pension des habitants pour y faire aller bien du monde. »
Historiette CCXIV (Edit. in-8°). — Il voulut y faire aller Mme de Sévigné, en 1676 ; mais elle préféra Vichy.

(2) Ce doit être le successeur immédiat de Delorme ou de l'Orme.

moins, comme ma mere étoit dans une chambre voisine,
elle entendit quelques plaintes ; et, étant accouruë, elle
me trouua si mal que je tombois presque en foiblesse,
par la violence des coliques que je souffrois. Elle me
chauffa des linges et me secourut le mieux qu'il luy fut
possible, ayant été obligée aussy de faire la même chose
à l'égard de ma sœur, qui de son costé n'étoit gueres
mieux que moy. Enfin il paroist par là combien il est
dangereux de ne pas faire quelquesfois des exceptions de
la regle generale, et quelle faute c'est de n'écouter pas
un malade, lorsqu'il cite l'experience qu'il a de luy même
et de son temperamment, qu'un medecin est obligé d'obseruer auant toutes choses. Sur quoy je diray icy ce qui
arriua à un de nos amis, homme d'un grand esprit et
d'un merite tres distingué, comme M. Taunier, docteur
de Sorbonne (1). Il ne prit jamais que trois fois de la
casse dans toute sa vie. La premiere fois, il fut tres
malade. Mais ne sçachant pas encore ce qui pouuoit luy
auoir fait tant de mal, quoy qu'il s'en doutast, il en prit
une seconde fois, dans une autre maladie, et il en pensa
mourir. Enfin, quelques années après qu'il tomba encore
malade, les medecins ayant ordonné qu'il prendroit une
medecine de casse, sur ce qu'il representa auoir éprouué
qu'elle luy étoit fort contraire, l'un d'entre eux, qui étoit
celebre en son temps, et que je ne veux point nommer,
luy dit qu'il n'y auoit point de remede plus doux, et qu'on
en donnoit aux petits enfans. Mais c'est en quoy il raison-
noit mal : car l'on a plusieurs experiences que les choses
les plus innocentes et les plus douces en elles mêmes

(1) Claude Taignier, né à Paris, licencié en 1642, docteur de Sorbonne en 1643, (d'autres disent de Navarre), fut un des amis dévoués
de Port-Royal, et seconda la charité de M. de Bernières. Il était spirituel et contrefait. Du Fossé lui rend justice, tandis que le *Nécrologe*
ne donne même pas son nom.

sont des poisons pour certains temperammens. En un mot,
M. Taunier, ayant bien voulu, par soumission, se rendre
à ce beau raisonnement de ses medecins, prit leur medecine et mourut dans l'operation (1). Pour nous autres,
quand le sieur Grifet nous vint voir l'apres disné, ou le
lendemain, nous ne luy demandâmes pas s'il auoit fait
mettre de la casse dans la medecine qu'il nous auoit ordonné ; mais nous luy dîmes tres fortement qu'il auoit
eù tres grand tort d'y en faire mettre ; parce que la nature
nous auoit bientost déclaré à nos dépends ce qu'il auoit
prétendu nous cacher, et nous luy fîmes entendre, non
en riant, mais d'une maniere tres serieuse, que cette
sorte de plaisanterie venoit fort à contre temps, quand il
s'agissoit de mettre en peril la vie des malades. Jamais
homme ne fut plus surpris, surtout quand il vit la chose
attestée par ma mere, qui auoit été témoin de l'état où
sa medecine nous auoit reduits. Et je m'assure que ce
coup d'essai, qu'il fit sur nous, a bien pu sauuer dans la
suitte la vie à quelque autre.

Je ne sçaurois m'empescher de marquer icy, pour confirmer dauantage la verité de ces oppositions naturelles,
qu'ont certains tempérammens à des choses les plus
douces en apparence, ce qui arriua à une personne, qui
nous le conta elle même un jour. S'étant trouuée à une
promenade auec quelques uns de ses amis, dans le temps
des premiers fruits, on leur presenta à la collation,
entr'autres choses, un bassin de fraises. Comme il témoigna à ses amis qu'il n'osoit en manger, parce qu'elles

---

(1) « Le 22 juillet 1666, M. Taignier, docteur en théologie, est dé-
« cédé à Paris, étant exilé et déguisé en habit et communion laïque.
« Il est enterré dans l'église de Saint-Jean en Grève. » Note manuscrite de M. de Pontchâteau, citée par M. Sainte-Beuve, *ibid*, t. IV,
p. 537. — La cause de sa mort est sans doute donnée ici pour la première fois.

luy étoient fort contraires, ils se mirent tous à le railler,
ne pouuant pas conceuoir qu'un fruit si doux et si agrea·
ble pust jamais faire de mal, et traittant d'imagination
et de pure idée la peur qu'il auoit. Puis le pressant tous
d'ajouter foy à ce qu'ils disoient plutost qu'à ce qu'il
s'imaginoit. ils le forcerent en quelque sorte d'en manger. Mais ce qu'il auoit mangé étant pour luy un vray
poison, sa teste commença bientost à estre attaquée d'un
heresipelle (1), et à s'enfler d'une maniere monstrueuse.
Ses amis tout épouuantez et pouuant à peine croire ce
qu'ils voyoient, ne sçauoient à quoy se résoudre. Mais,
comme ce furent eux qui luy causerent le mal, ce fut luy
qui leur découurit quel en étoit le remède. Il les pria que
l'on cherchast au plutost de l'oruietan (2). On en trouua.
Et après qu'il en eut pris, il commença à se mieux porter ; parce que les fraises étoient pour luy, comme je l'ay
dit, un veritable poison.

Mon pere, pour qui nous étions venus aux eaux de
Bourbon, fut celuy qui s'en trouua le moins bien. S'il
s'étoit cru, il en seroit reparty, peu de temps après y
estre arriué, parce que, les premieres fois qu'il en but,
il se sentit en effet plus mal. Mais dans la suitte elles
passoient mieux : et il eut la perséuerance de continuer
à en prendre pendant un mois. La vie que nous menions
à Bourbon n'étoit en aucune sorte une vie de diuertissement. Comme on deffend, et qu'il seroit en effet tres
dangereux de s'appliquer, dans le temps qu'on prend des
eaux, je ne trauaillois à rien et n'étois pas même en état
de le pouuoir faire, quand j'en aurois eû la pensée. n'ayant

(1) D'après l'étymologie grecque, on devrait lire *érysipèle :* mais
l'orthographe vulgaire et vicieuse est encore *érésipèle,* sans l'*h*, qui
n'a aucune raison d'être.
(2) Parce que cet électuaire fut apporté en France d'Orviéto (Italie).
où Lupi l'inventa.

point de liures ; et le matin, qui est le meilleur temps
pour le trauail, étant occupé tout entier à prendre et à
rendre ses eaux, ce qu'on fait en se promenant le plus
qu'on peut. Mais, au lieu que la vie des eaux est une
vie de commerce, de visites et de jeu, qu'on regarde
même comme necessaire en quelque sorte pour éuiter
l'application ou le sommeil, mon pere qui, comme j'ay
dit, au commencement de ces Memoires (1), s'étoit retiré du grand commerce du monde pour songer à son
salut, ne crut pas que le besoin qu'il auoit des eaux de
Bourbon, dust le porter à changer de vie, outre que son
mal le mettoit même assez souuent hors d'état de voir le
monde. Ainsy un officier de la maison du Roy, étant
venu pour le voir, quelques jours après que nous fûmes
arriuez à Bourbon, il me chargea de luy aller faire ses
tres humbles excuses, sur ce que sa maladie luy ostoit
la liberté de receuoir et de rendre des visites. Cet officier
me témoigna fort honnestement qu'il auroit été fâché de
l'incommoder ; et qu'il étoit seulement venu, selon la
coutume, pour luy faire ses ciuilitez comme au doyen
des eaux, c'est à dire comme à celuy qui y étoit arriué le
premier (2). Cela s'étant déclaré, nous vécûmes à Bourbon,
c'est à dire au milieu de tout ce grand monde qui y aborde
de tous costez, comme si nous auions été dans une profonde solitude. Il y auoit un jardin, dans nostre maison,
d'où, sans passer par le bourg, nous montions la montagne, ma sœur et moi, et nous allions nous promener

(1) Tome I, pp. 52, 53, 138.

(2) Curieux détail de mœurs, comme tous ceux qui se trouvent
dans le récit de cette saison aux Eaux de Bourbon. — Ce passage des
Mémoires complète, de la façon la plus heureuse, le *Traité des Eaux
de Bourbon l'Archambaud* selon les principes de la nouvelle Physique, par le Sr J. Pascal, docteur en médecine. Paris MDCXCIX,
in-12. Il y a une vue des Eaux de Bourbon gravée par Levesque.

sur les hauteurs. J'auois aussy l'entretient de mon perc.
qui étoit fort agreable, et qui, se plaisant à me faire disputer sur des matieres assez difficiles, me poussoit quelquefois à bout ; parce que, pour m'exercer, il prenoit
exprès le contre pied de ce que je lui disois. Il le faisoit
cependant auec une bonté toute particuliere, et plutost
pour s'assurer de mes sentiments que pour me choquer.
Aussy je ne puis oublier que, m'ayant un jour engagé à
parler d'un certain sujet que j'auois extrémement à cœur,
comme il disputoit contre moy auec d'autant plus de
force qu'il me voyoit plus fortement attaché à la cause
que je deffendois, qui étoit assurément la plus juste, je
luy témoignay enfin, par mon exterieur et par un certain
chagrin qui parut sur mon visage, la peine que je ressen-
tois de lui voir ainsy soutenir le mauuais party : ce qui
le fit arréter tout court. Et nous étant séparez, lui dans
sa chambre, et moy dans la mienne, je fus étonné, après
que nous eûmes prié Dieu pendant quelque temps, de le
voir rentrer dans ma chambre, auec un visage riant
comme pour me témoigner qu'il ne vouloit pas que j'eusse
du chagrin de nostre dispute, et que c'étoit par maniere
de recreation qu'il faisoit mine, pour le dire ainsy, de se
mettre sur les bancs, afin de me donner lieu de m'exercer

Je suis obligé de marquer icy, à la loüange de la grace
de Jesus Christ, que j'étois dans l'admiration du changement si prodigieux qu'elle auoit produit en luy, depuis
qu'il auoit appris de l'abbé de Saint Cyran que la vertu
du Chrestien consiste à vaincre ses passions, à se mépri-
ser soy même et à souffrir. Car cet homme, que j'auois
veû, dans le temps de mon enfance, si absolu, si imperieux, si fier qu'il faisoit voller les assiettes (1) à la teste

____

(1) Il y avait primitivement « d'argent » qui a été biffé, comme
inutile ou prétentieux.

de ses valets, lorsqu'ils manquoient à la moindre chose,
et deuant lequel tout trembloit autrefois dans sa maison,
paroissoit alors auec la douceur et le calme d'un agneau,
lors même qu'on l'insultoit en quelque sorte. J'en appor-
teray seulement icy un exemple, dont je fus moy même
aussy étonné qu'édifié. Un jour s'étant souuenu, à la fin
du disner, de quelque chose qu'il vouloit dire au sieur
Grifet, son médecin, ou au sieur Baudiere, qu'il auoit
pris pour son apoticaire, il dit à son valet de chambre
d'aller chez eux pour cela. Ce valet entra en une
mechante humeur, soit à cause que c'étoit l'heure de son
disner, ou pour quelque autre raison. Y étant allé en
grondant, il reuint, comme en colere, rendre réponse.
Mais quelle réponse! La plus sotte et la plus imperti-
nente dont on ait jamais entendu parler. Il se contenta
d'entr'ouurir la porte de la chambre, sans y entrer. Et
de là, auançant sa teste, il dit tout haut : « Il n'y a ni
« Grifet, ni Grifon ; ni Baudiere, ni Bauderon : » puis
fermant la porte sur luy, il s'en alla promptement disner.
Du temperamment et de l'humeur impétueuse dont étoit
mon pere, il l'auroit tué (1), s'il n'auoit appris, depuis
vint ans, à se vaincre dans les saillies violentes de son
naturel. Mais, bien loin de s'emporter contre luy, comme
il eust fait autrefois, il ne dit pas même un mot : il rentra
audedans de soy, pour s'humilier deuant Dieu, dans la
veuë de ses anciens emportemens ; et il put bien neantmoins faire cette réflexion, que, si la douceur est auantageuse aux maistres, pour leur procurer la vertu et les
fruits salutaires d'une patience chrestienne, elle ne con-
tribuë pas peu à augmenter quelquefois l'insolence des
valets. Que l'on ne s'excuse donc point sur son impuis-

(1) Il semble que le fils porte quelque atteinte à la réputation de son
père, pour ajouter au mérite de l'auteur de sa conversion.

sance ; et qu'après un tel exemple on ne dise plus : « Je
« ne sçaurois ; » mais plutost : « Je ne veux pas me domp-
« ter. » Car, si vous ne le pouuez, c'est que vous ne le
voulez pas. Et vous ne le voulez pas, parce qu'il faut que
vous vous fassiez quelque violence, pour resister à votre
orgüeil, et que, ne voulant point vous humilier, ni demander pour cela le secours de Dieu, vous aimez mieux
mettre votre force à vous faire craindre par les hommes
qu'à vous abbaisser deuant celuy qui a déclaré dans ses
Ecritures ; Qu'il a égard à la priere des humbles et qu'il
resiste aux superbes.

Après auoir demeuré cinq semaines, ou enuiron, à
Bourbon, nous en partîmes, étant guidez par nostre
hoste, le sieur Desrolines, homme de petite taille, mais
d'un grand cœur, et de qui mon pere s'étoit fait aimer
singulierement, par ses manieres si genereuses et si
honnestes. Comme nous prenions, pour retourner, un
autre chemin que celuy de la Charité (1), et que nous
voulions passer par Bourges (2), il nous conduisit trois
ou quatre lieuës durant, et étoit prest de venir beaucoup plus loin, si mon pere ne l'eust obligé de s'en retourner. Il nous arriua un accident, tout en arriuant à
Bourges même. Un des cheuaux de deuant du carrosse
se mit à boitter tout bas, en sorte qu'étant à l'hostellerie
il ne pouuoit presque s'appuyer sur un de ses pieds. On
y regarda et on trouua qu'un marechal maladroit l'auoit
picqué, en le ferrant. Nous nous vîmes donc en danger
d'estre obligez de séjourner là plusieurs jours ; ce qui
auroit chagriné beaucoup mon pere, dans l'état où il
étoit, aspirant uniquement à se voir un peu en repos chez
luy. Mais il auoit eû la préuoyance de faire porter auec

(1) Dans la Nièvre, sur le chemin ordinaire d'Orléans à Moulins.
(2) En allant au Nord-Ouest.

soy une petite fiole d'huile de pin, qui est souueraine
pour ces sortes de picquures. Et il obligea le marechal,
après qu'il eut bien paré le pied du cheual et donné du
jour à l'endroit malade, d'y verser un peu de cette huile
chaude et de mettre pardessuz des linges trempez dans
la même huile : ce qui produisit un effet si surprenant
qu'au bout de douze heures le cheual fut en état de marcher et de continuer le voyage, sans qu'il se sentist en
aucune sorte de sa picquure. L'eau de morelle, auec le
marc de l'herbe pardessuz, y est aussy excellente.

Nous vîmes quelque chose de singulier, pour les richesses, dans la Sainte Chapelle de Bourges (1). Car je
ne crois pas qu'il y ait dans le monde de plus riches ornemens que dans cette Eglise. Il y en a un surtout tres
magnifique, consistant en une chasuble et les deux
tuniques ; six ou huit chappes ; un deuant d'autel, et un
tres grand contretable, auec les pentes des deux costez ;
le tout d'une tres riche étoffe, sur laquelle il y a, en broderie d'or releuée d'une infinité de perles fines et de corail
trauaillé en façon de perles, un grand nombre de belles
figures. Cet ornement si magnifique est accompagné d'une
croix et de deux chandeliers d'or, d'un calice, de deux
burettes et d'un bassin à lauer les mains, d'or aussy. On
voit, au bas de la nef, un chandelier de fer ou de bronze,
des plus grands et des plus extraordinaires qui se voyent,
fait en forme de couronne, suspenduë en l'air, qui tient
en sa circonference toute la largeur de l'Eglise, et sur laquelle il y a tout autour un tres grand nombre de
pointes où s'attachent des cierges dans les grandes cere-

(1) « La Sainte Chapelle a été fondée par Jean de France, Duc de
« Berry, pour servir de Chapelle à son Palais. Cette Eglise fut bâtie
« en 1400. et l'architecture ne cède en rien à celle de la Cathédrale. »
Piganiol de la Force, *Nouvelle Description de la France*. (Berry),
t. VI, p. 32.

monies et dans les saluts ; ce qui cause une prodigieuse illumination dans l'Eglise, et y fait paroistre comme un grand feu. J'ay veû ailleurs de ces sortes de chandeliers ; mais je n'en ay point veû de si monstrueux que celuy là (1).

Nous étant trouuez, le jour du Saint Sacrement (2), en un gros village, façon de bourg, nous aurions bien souhaitté y pouuoir passer la feste en déuotion. Mais l'état où mon pere se trouuoit ne luy permit point d'y séjourner. Et, après auoir assisté à une partie de Matines, et à la premiere messe, nous nous mismes en chemin. Vers le temps que nous approchions de l'hostellerie, où l'on deuoit s'arréter pour le disner, nous vîmes l'air s'obscurcir d'une maniere étonnante, auec menaces de tonnerres, qui grondoient de loin. Nous gagnâmes l'hostellerie le plus promptement que nous pûmes. Et quand nous y fûmes arriuez, il s'éleua, quelque temps après, un si furieux houragan, auec un orage, des éclairs, et un tonnerre si épouuentable, que nous crûmes presque que c'étoit le dernier jour du monde, au moins pour nous, qui étions dans une tres mechante maison, assez éleuée pour faire beaucoup de bruit en tombant, et que nous crûmes effectiuement deuoir tomber sur nous, tant elle fut ebranlée, en differentes secousses, par les coups de vent, qui sembloient l'aller enleuer de dessuz ses fondemens. Nous fûmes assurément bien aises, quand tout ce fracas fut appaisé, et que nous tastant nous nous trouuâmes en aussy bonne santé qu'auparauant, sans auoir ni pieds, ni bras rompus, ni tête cassée ; car c'étoit presque la moindre chose à laquelle nous auions dû nous attendre.

(1) Il y a, non pas un chandelier, mais un lustre de cette forme en fer battu doré sous la coupole de la cathédrale d'Aix-la-Chapelle, suspendu au-dessus d'une pierre gigantesque d'un seul morceau, où se lisent ces deux mots : CAROLO MAGNO.

(2) Le 4 juin.

Mais, à peine fûmes nous sortis de ce péril, que nous nous trouuâmes en un autre encore plus grand. Car, comme il étoit tombé une tres grande quantité d'eau, nous nous vîmes, l'après disner, à l'entrée d'un gué qui nous fit peur. Il est vray que le grand chemin y conduisoit, et qu'ainsy on ne pouuoit presque douter que ce ne fust par là qu'il falloit passer. Mais on sçait aussy que la suitte des grands orages est de grossir considerablement les eaux, et de rendre souuent inguéables les courans d'eau les moins profonds. Nous nous arrétâmes quelque temps à considerer s'il n'y auoit point de route qui menast ailleurs. Mais nous ne pûmes déconurir que ce seul chemin, qui nous conduisoit au milieu de l'eau; et personne ne paroissoit, dans la campagne, pour prendre langue et pour s'assurer de la veritable route. Enfin mon pere, s'abandonnant à la conduitte de Dieu, dit au cocher d'auancer dans l'eau. Et quand nous eûmes fait quelques pas, voyant que l'eau deuenoit plus profonde, il dit à son valet de chambre de marcher deuant le carrosse, pour sonder le gué. Mais son cheual étant plus petit que ceux du carrosse, comme il vit qu'il commençoit à en auoir jusqu'aux sangles, il tourna bride, pour se remettre au derriere du carrosse, en disant qu'il étoit monté trop bas pour seruir de guide à de grands cheuaux. Nous continuâmes donc à marcher, souz la conduitte de nostre bon ange, jusqu'à ce que les cheuaux de deuant commençant à nager, mon pere cria à un grand laquais, qui étoit derriere, de passer par dessuz l'imperiale du carrosse et de s'aller mettre sur un de ces cheuaux, pour les mieux conduire, et empescher que, s'écartant à droit ou à gauche, en un chemin où l'on ne voyoit point les ornieres, ils ne nous fissent verser. En effet, à chaque pas presque que nous faisions, nous croyions verser, tant le carrosse baissoit d'un costé et d'autre, par l'inegalité du chemin. Cependant l'eau nous gagnoit toujours dans le carrosse, et nous croyions estre perdus, lorsque nostre crainte s'augmenta encore beaucoup, par la découuerte que nous fîmes, en un coin de haye et à un détour, d'une bonde semblable à celle qui sert à faire écouler les eaux des étangs. Sur cela je m'écriay, tout transi de peur, que nous étions au milieu d'un étang, et je ne pus m'empescher de dire que Dieu nous punissoit de marcher ainsy, le jour de la feste du Saint Sacrement. Nous apperceûmes, en effet, en tournant au coin de la haye, que nous auions encore un aussi grand espace d'eau à passer que celuy que nous laissions derriere nous. J'eus tort sans doute de parler ainsy deuant mon pere, qui auoit assurément une plus solide deuotion que moy, mais qui crut auec raison que l'état d'infirmité, où il étoit, luy tenoit lieu d'une excuse legitime deuant Dieu et deuant les hommes, pour ne se pas arréter en une miserable hostellerie. Aussi il parut, au milieu de tout ce peril, dans une tranquillité qui nous faisoit bien connoître que la confiance qu'il auoit en Dieu valoit mieux que nos defiances et nos inquietudes, fondées sur de vains scrupules. Enfin, après que nous eûmes marché, enuiron un quart d'heure, dans ce gué, nous en trouuâmes le bout, et nous apperceûmes en même temps audelà une ou deux pauures maisons. Au sortir de l'eau, nous nous arrétàmes deuant ces maisons, et demandàmes à ceux qui se presenterent s'il étoit possible que ce fust là le chemin. Ils nous en assurèrent en ajoutant que c'étoit l'orage qui auoit haussé les eaux au point où nous les voyions. Nous fûmes rauis, étant alors en lieu seur, de les regarder derriere nous. Et après auoir employé une botte de paille à essuyer tout dans le carrosse, nous continuàmes nostre chemin.

Mais nous eûmes encore une troisième frayeur, causée

par un desordre effroyable que le même orage auoit produit dans un bois, que nous eûmes à passer. Car nous
apperceûmes un tres grand nombre de gros chesnes que
le houragan auoit arrachez par le pied et renuersez de
tous costez. Quoy qu'il n'y eust pas le même peril à
courre que dans l'eau, l'embarras pouuoit estre encore
plus grand, puisqu'un ou deux de ces chesnes, abbattus
de trauers dans le chemin, nous eût empeschez absolument de passer. Cependant, par un grand bonheur, nous
trouuâmes le moyen de sortir enfin de ces bois, aussi
bien que du gué dont j'ay parlé ; et nous continuâmes
heureusement nostre route jusqu'à Orleans. Ce fut là
que nous fûmes attaquez, non dans la forets, qui est
quelquefois si dangereuse (1), mais au milieu de la ville,
par une espece de voleurs, authorisez ou soufferts au
moins par la Justice, qui, souz prétexte de nous fournir
des viures, nous rançonnerent, comme auroient pu faire
des ennemis. Jamais mon pere, qui auoit extrémement
voyagé, ne s'étoit veû taxer si chérement. Car ils méri-
toient plutost le nom d'Arabes (2) que de François. C'étoit
d'ailleurs l'homme du royaume qui regardoit le moins à
l'argent, et qui sçauoit mieux contenter son hoste. Mais
il est vray qu'une si grande injustice le frappa, et qu'il
ne pust s'empescher de dire que, s'il s'étoit mieux porté,
il auroit été trouuer le Lieutenant general pour l'engager

(1) La forêt d'Orléans, à cause des vols et des assassinats fréquents
qui s'y commettaient, avait une très mauvaise réputation, comme la
forêt de Bondy, près Paris, et le bois de la Valette, près Rouen.

(2) Ce mot était synonyme de : *rapace, avide, voleur.* Boileau le
prenait en ce sens, quand il mettait ces vers dans la bouche d'un
père recommandant à son fils de s'enrichir avant tout :

> Endurcis-toi le cœur : sois *Arabe*, corsaire,
> Injuste, violent, sans foi, double faussaire.

(*Satire VIII.*

à arréter, par l'authorité de sa charge, un tel excès de cupidité et d'auarice.

D'Orleans nous prîmes le chemin, non de Paris, où mon pere ne vouloit point repasser, mais de Chartres, qui abbregeoit son retour à Rouën (1). Et ce fut à Char-res que je le quittay, pour me mettre dans le carrosse de Paris.

(1) Peu de temps après, le 18 juillet 1665, il faisait son testament.

CHAPITRE XIX.

— 1665. —

Je retournay donc trouuer M. de Sacy, dans la ruë du
bout du monde, où je repris mes occupations ordinaires.
L'étude à laquelle je m'appliquois étoit celle de l'Histoire
Ecclesiastique (1). M. de Tillemont, qui, depuis plusieurs

(1) Il avait commencé à s'en occuper, au château de Saint Jean des
Troux. — Voir plus haut, p. 55.

années, s'appliquoit assidüement à y trauailler auec une
grande exactitude, et un merueilleux discernement,
comme il paroist par les volumes qu'il a donnez au public,
et qui font l'admiration de tous les sçauans, auoit la bonté
de me prester ses Memoires, qui me seruoient à composer un corps suiui d'Histoire Ecclesiastique (1). Et je
lisois, outre cela, les originaux, pour trauailler plus
surement, et entrer mieux dans les sentimens et dans
l'esprit des grands hommes de qui je parlois. Ainsy,
lorsque je fus obligé de faire l'histoire de Tertullien (2)
et d'Origenes (3), il me fallut lire particulierement les
ouurages de Tertullien (4), où il est luy même le témoin
fidelle de ses pensées, tant de celles qu'il a euës dans
tout le temps qu'il est demeuré uni à l'Eglise catholique,
lorsqu'il en étoit l'un des principaux membres, que de
celles qu'il eut depuis, quand il fit gloire de s'en séparer
et qu'il traittoit tous les Catholiques de Psyquiques (5),
c'est à dire de charnels. Et il étoit en effet si necessaire
que je m'assurasse des sentimens de ce sçauant homme,
par la lecture exacte de ses ouurages, que j'aurois eû
de la peine à en estre persuadé, si mes propres yeux
n'en auoient été témoins. Aussi un Ecclesiastique, habile
homme et de bon esprit, preuenu, comme beaucoup
d'autres, en faueur de Tertullien, que l'on regarde et

(1) M. de Tillemont prêtait à du Fossé le Manuscrit de la partie
composée alors de ses *Mémoires pour servir à l'Histoire ecclésiastique
des six premiers siècles*, imprimés seulement de 1693 à 1712, en 16 vol.
in-4°. — Il en a déjà parlé avec éloge, t. I, p. 252.

(2) Né à Carthage, vers 160, mort vers 245, Tertullien est rangé
parmi les Apologistes latins de l'Eglise.

(3) Né à Alexandrie, en 185, mort en 254, Origène est rangé
parmi les Apologistes grecs de l'Eglise.

(4) On a trente-deux traités de Tertullien.

(5) Du mot grec Ψυχικός, qui, bien que venant de Ψυχή (âme),
signifie *charnel*, dans le langage de l'Ecriture. — Voir la Iʳᵉ *Epître
de Saint Paul aux Corinthiens*, texte grec, ch. II, v. 14.

15

que l'on cite ordinairement comme un Pere de l'Eglise (1),
m'ayant demandé un jour d'où j'auois pu prendre ce que
je disois de luy, pour faire voir ses illusions et son
schisme ; j'aurois été beaucoup moins hardy, pour luy
répondre que c'étoit dans ses propres liures, si je ne les
eusse exactement lûs moy même. Je fus obligé aussy de
m'assurer des veritables sentimens d'Origenes par la lecture des ouurages (2) ou des endroits principaux, dans
lesquels il s'est peint luy même, par la viue expression
des mouuemens tres sinceres de son cœur. Ainsy, quoyqu'il soit tombé dans des fautes et des erreurs, j'ay été en
droit, après auoir bien examiné ce qu'il a dit de soy
même et de ses vrayes dispositions, et ce qu'en ont dit
tous ceux qui ne s'étoient point laissé emporter à une
mauuaise préuention contre luy, de prouuer, comme j'ay
fait, dans la même histoire, que ce grand homme n'a
jamais eù ni l'esprit, ni le cœur gasté en aucune sorte,
comme Tertullien, mais qu'il a toujours été parfaittement
catholique, soumis à l'Eglise, et attaché à la verité, lors
même que la necessité, où le mettoit son employ, de lire
et relire tous les sentimens des philosophes pour les ré-
futer, l'a fait écarter quelquefois de cette adorable verité,
sans le connoistre (3).

Cette étude, à laquelle je m'appliquois auec ardeur, et
pour laquelle mon pere auoit trouué bon que j'achettasse
beaucoup de liures choisis, qui coutoient une somme
considerable, m'eust été assurément tres utile. Mais il

(1) C'est un Docteur et non un Père de l'Eglise.

(2) Le nombre en est considérable. Il a fait, entre autres, plus de
mille *Homélies*, des *Commentaires* sur toute l'Ecriture sainte, et a
publié les *Hexaples*, ou Bible divisée en six colonnes parallèles, contenant le texte hébreu et les différentes traductions grecques connues
de son temps.

(3) Ce jugement sur Origène est resté celui des meilleurs critiques.

m'arriua bien des choses qui me troublerent dans ce trauail, et qui m'obligerent à la fin de le quitter tout à fait,
ainsy que je le diray dans la suitte (1).

Les eaux de Bourbon n'ayant soulagé mon pere que
pour un moment, son mal empira toujours ; et il souffroit
les plus cruelles douleurs, sans que ceux qui se promet-
toient de le guérir pussent luy donner du soulagement.
Enfin, au commencement de septembre de la même année,
il se disposa à la mort, et receut auec sa pieté ordinaire
tous ses Sacremens. Ma mere nous écriuit, à mon frere
qui étoit encore au college (2) et à moy, l'état de la maladie
de mon pere, dès la fin du mois d'aouts, afin que nous
nous disposassions à aller receuoir sa benediction, auant
qu'il mourust. Je n'étois guere en état de partir alors,
étant moi même indisposé et dans les remedes. Mais
mon frere partit aussitost, et il arriua à Roüen, quelques
heures seulement auant la mort de mon pere (3). Cependant ma mere récriuit une seconde lettre plus pressante
encore que la premiere, par laquelle elle mandoit en peu
de mots, et toute pénétrée de douleur, que, si je voulois
voir mon pere en vie, je deuois partir dans le moment.
Je ne pus donc point differer dauantage. Et, quelque
crainte que me témoignast M. de Sacy qu'un tel changement à mon égard ne fist quelque fâcheuse impression
sur mon esprit, et ne m'ébranlast dans la résolution que
j'auois prise de me donner tout à Dieu, c'est à dire de

(1) L'auteur du Catalogue des *Ouvrages de M. du Fossé,* placé en tête
de sa *Vie,* dans la Première édition de ses Mémoires, a mis : « La Vie
« de Tertullien et d'Origenes. Nous ne savons pas en quel temps il
« l'a composée. » (P. xxxiv.) Ce passage montre qu'il s'en occupa dès
1663. L'*Histoire de Tertullien et d'Origène* fut publiée, à Paris, par
Josset, 1675, in-8°. Il la donna sous le nom du *sieur de La Motte.*

(2) A Beauvais. Voir t. I, p. 260.

(3) Il mourut, le 5 septembre 1665, comme on le voit dans un acte
dont nous parlerons plus loin.

renoncer à tous les engagemens du monde, il me fallut abandonner (1) à la prouidence misericordieuse de celuy qui jusqu'alors m'auoit soutenu dans le dessein de ne prendre point de part à la corruption du siecle. A deux licuës de Roüen (2), je vis un carrosse s'arrêter auprès de celuy où j'étois. C'étoit celuy de mon pere, que ma mere voulut enuoyer exprès audeuant de moy, auec le sieur Julien, curé du Fossé (3), et le valet de chambre (4), pour me preuenir un peu, et empescher que je ne fusse si troublé, en arriuant à Roüen, sans auoir ap-

(1) C'est-à-dire : « Il fallut m'abandonner, » d'après la règle usitée au xvii° siècle, en vers comme en prose, pour le placement du pronom personnel. Quand, deux verbes étant consécutivement unis, ce pronom se trouvait être le complément direct du second, on le plaçait toujours avant le premier :

> Enseigne-moi, Molière, où tu trouves la rime.
> On dirait, quand tu veux, qu'elle *te vient chercher*.
>
> BOILEAU, Satire II, vers 6 et 7.

Bossuet a dit aussi, en parlant des jugements de Dieu : « Vous *les « venez d'apprendre* de la bouche de saint Jean. » *Discours sur l'His-toire universelle*, III° partie, ch. 1.

(2) Voici la route suivie alors de Paris à Rouen : « Saint-De-« nis, Franconville, Pontoise, le Bord'haut de Vigny, Clery, Ma-« gny, Saint-Clair sur Epte, Tillières, Ecouis, Fleury sur Andelle, « Longboel, *Le Faux*, Rouen. » Piganiol de la Force, *Nouvelle Des-cription de la France*, en tête du tome II. *Le Faux* ou *Les Faulx*, hameau de la commune de Saint-Pierre de Franqueville, était le dernier relais avant Rouen.

(3) « Le curé du Fossé en Normandie, nommé *Manan*, se défit de sa « cure entre les mains de M. Julien, et se retira ici après la mort du « Père *Maignart* de l'Oratoire. » *Supplément au Nécrologe de Port Roïal des Champs*, p. 172. Le Père Maignart mourut le 15 janvier 1659, et M. Decorde dit que Gilles Julien remplaça le curé Manant, en 1665. *Essai sur le canton de Forges-les-Eaux*, p. 135. Le *Registre des Bap têmes*, etc. de la paroisse du Fossé prouve qu'il en était curé, le 16 oc-tobre 1650, où il fut parrain d'un enfant de la famille Manant. — Com-munication de M. Malicorne.

(4) Il se nommait Alleaume, comme il le dira plus loin.

pris la mort de mon pere. Ils vinrent à la portiere du carrosse public, tous deux en habit de grand deuil. Et, sans me parler, ils me firent assez connoistre, en se presentant à moy, dans cet équippage, la perte que j'auois faitte du pere le plus chrestien, le plus tendre, le plus charitable, et le plus auantagé des dons naturels , aussi bien que de ceux de la grace, que je connusse. Je fus étourdy de ce coup, auquel je ne m'attendois pas si tost, esperant au moins auoir la consolation de voir mon pere, de luy parler et de receuoir sa benediction, auant qu'il mourust. Je montay dans son carrosse, saisi d'une espece de tremblement par tout le corps. Et je crois que je ne dis pas un mot, dans tout le reste du chemin jusqu'à Roüen.

En arriuant à la maison (1), je trouuay ma mere dans une grande chambre tenduë de deüil, toute pénetrée d'affliction, et enuironnée de personnes qui la consoloient. Je ne pus point soutenir la veuë de cet appareil funebre. Et, après auoir embrassé ma mere, sans pouuoir luy rien dire, je me retiray tout hors de moy dans une autre chambre, pour me reposer sur un lict, fatigué du voyage et de mon indisposition, et interdit par la surprise où je me trouuay, ne pouuant plus esperer de voir celuy qui m'auoit toujours aimé tendrement pour Dieu, qui auoit eû des bontez pour moy que je ne pourray jamais reconnoistre, comme j'y suis obligé, et qui étoit non seulement mort, mais enterré, sans que je fusse arriué assez à temps pour estre present à son inhumation (2). Comme il auoit été marguillier de sa paroisse,

(1) D'après un Acte notarié, dont nous parlerons plus loin, l'habitation des du Fossé devait être, à Rouen, dans la rue des Arsins. — Voir, à l'Appendice XI, les indications que fournit cet Acte.

(2) « Il fut enterré dans l'église de Sainte Croix Saint Ouën de Roüen « sa paroisse, dans le tombeau de son pere, vis à vis de l'Epitaphe de

qui est celle de Sainte Croix Saint Oüen, les Marguilliers
luy firent faire un seruice solennel, lorsque je fus arriué (1). Et, après que nous luy cûmes rendu les derniers
deuoirs de la pieté chrestienne, nos parens nous dirent
qu'il falloit songer à faire au plutost nos partages; parceque, comme c'étoit le temps de la vacation (2), ils étoient
bien aises d'aller, chacun en leurs terres, pour donner
ordre à leurs affaires.

M. de Bomelet (3), président à mortier au parlement,
neueu de ma mere, et M. Dery (4), à present Doyen des
Requestes, neueu de mon pere, étoient ceux qui pres-
soient le plus, ayant demeuré exprès à Roüen pour nos
affaires. Mon beau frere, de qui j'ay beaucoup parlé (5),
qui auoit épousé ma sœur aînée, et le procureur du Roy
de Neufchâtel étoient joints à ces Messieurs pour trauailler tous ensemble à ces partages. Ils se firent de la
maniere du monde la plus extraordinaire, et dont j'ose
dire qu'il n'y en a peut estre guere eû d'exemple. Mais
je l'attribuë à la benediction de Dieu, que mon pere auoit
eû soin d'attirer sur nous, par l'excellente éducation
qu'il nous auoit procurée; par la connoissance qu'il nous

« marbre, qui est attachée au premier pillier de la nef à main droite,
« deuant le grand Crucifix de l'entrée du chœur, l'an 1665. au mois de
« septembre. » *Généalogie de la famille Thomas.* Ms. de notre auteur.

(1) Au mois de mars 1666, les deux frères firent, au trésor de cette
église, en augmentation de fondation, le don d'une maison, rue des
Arsins, pour satisfaire aux dernières volontés de leur père, qui, par
testament du 18 juillet 1665, avait fondé deux obits, pour lui et pour
son épouse. — Voir le texte des deux Fondations à l'Appendice XI.

(2) Les vacances du Parlement.

(3) Jean Beuzelin, sieur de Bosmelet, président au Parlement de
Rouen, en 1661, après avoir été conseiller. Voir t. I, p. 13.

(4) Jacques Dery, nommé conseiller, en 1652, dont il a fait l'éloge,
t. I, p. 8.

(5) Le sieur de Durdent, t. I, pp. 16, 144, 146.

donna des premiers hommes qui fussent alors dans l'E-
glise; et par l'abondance de ses aumônes, qu'il distri-
buoit, comme un bon pere de famille, aux pauures qu'il
mettoit, selon le conseil de Saint Augustin, au nombre
de ses enfans. Pour comprendre la maniere dont se firent
entre nous ces partages de la succession de mon pere,
il faut sçauoir que, dans le canton où estoit le principal
de nostre bien, c'est à dire la terre du Fossé et ses dépen-
dances, les deux tiers et le préciput appartiennent à l'aîné,
et l'autre tiers aux cadets (1). On partage donc tout le
bien en trois portions les plus égales qu'on peut, après
auoir leué préférablement le préciput; et c'est au cadet à
faire ce partage de telle sorte que la portion qui luy
tombera et à ses freres, qu'elle qu'elle puisse estre, ne
soit pas moindre que chacune des deux autres. On appelle
ces portions des lots. Et quand ils sont faits, le cadet les
presente à l'aîné, afin qu'il choisisse de ces trois lots
les deux qu'il voudra; le troisiéme luy restant, par non
choix, pour parler selon la Coutume du païs (2). C'étoit
donc à mon frere à faire les lots, et à moy à les choisir.
Mais ni luy, ni moy, nous n'auions jamais été sur les
lieux, depuis que nous eûmes l'usage de la raison. Et
nous ne connoissions non plus nostre bien que celuy du
Grand Seigneur (3). Cependant nos parens, qui étoient
gens de probité, de capacité et d'honneur, ayant eux
mêmes dressé les lots auec le plus d'égalité qu'il leur
fut possible, les donnerent à mon frère, afin qu'il me les

(1) Articles 337 et 346 de la Coutume de Normandie, titre XIV : *De
Partage d'Heritage.*

(2) Articles 352, 353, 354, *ibid.*

(3) Ou le *Grand Turc,* comme on disait plus habituellement dans
les Proverbes. Mais du Fossé met le *Grand Seigneur,* parce que
c'était « le peuple qui l'appelait le *Grand Turc.* » Dictionnaire de
Trévoux.

presentast. Il le fit, sans connoistre en aucune sorte, ni
la qualité, ni la force de ces lots qu'il me presentoit. Et
j'en fis de même le choix de deux, sans auoir de connoissance de ceux que je choisissois. Comme on reconnut,
quelques jours après que nous les eûmes signez, qu'on
s'étoit mépris considerablement, en donnant à mon frere
plus qu'il ne luy appartenoit, ma mere luy en parla ; et,
sans aucune façon ni procedure, il me signa un écrit par
lequel il me cedoit ce que l'on m'auoit osté pour le luy
donner. Nous signâmes de même la transaction, par laquelle on régloit les droits de ma mere, sans que nous
dismes la moindre chose pour les contester, quoyqu'ils
nous parussent monter fort haut et que nous n'y connus-
sions proprement rien. Et ce qui fut fait demeura aussy
inuiolable que si tous les Nottaires du Châtelet y eussent passé.

Comme la Coutume me donnoit droit de rembourser à
mon frere son tiers en Caux (1), ce qu'elle permet afin
que les biens des freres soient moins meslez, je lui en
fis la proposition dans la suitte, auec cette condition que,
s'il vouloit bien, j'en excepterois une grande ferme éloignée du Fossé. Il y consentit, sans faire la moindre
difficulté ; quoy qu'il auroit pu, s'il auoit été moins
honneste, m'obliger à luy rembourser le tout ; ce qui
m'eust peut estre mis dans l'impuissance de le faire.
Ainsy, après auoir fait entre nous le projet du rembour-
sement, nous l'allâmes passer chez un notaire, parce
qu'il étoit besoin pour cela d'un acte authentique. Je
m'assure qu'on aura peine à reconnoistre, dans cette
conduitte, le caractere qu'on attribuë à ceux du païs de
Normandie, qu'on regarde comme fort interessez et
defians. Il est vray qu'il y a toujours des exceptions de

(1) Article 296 de la Coutume de Normandie.

la regle generale. Il est vray encore que la bonne éducation peut corriger ces deffauts. Et il faut enfin reconnoistre que, lorsque l'on a passé toute sa vie, comme nous
auions fait, dans l'éloignement de son païs, on peut bien
s'estre dépouillé en quelque sorte du caractere de sa
naissance. Mais lorsque je considere la maniere si genereuse dont mon pere en auoit luy même toujours usé,
accommodant tous les procès plutost que d'estre obligé
à plaider, et ayant accoutumé de dire à ses amis qu'il n'y
auoit point de si mechant accommodement, qui ne valust
mieux que le meilleur procès : lorsque je fais réflexion
sur la facilité auec laquelle la grande succession de
M. Deshameaux (1), conseiller d'Etat, qu'on faisoit monter à quatre vint mille liures de rente, sans les meubles,
fut partagée en quatre ou cinq heures de temps, entre
M. de Bomelet (2), dont j'ay parlé, et ses cohéritiers, par
l'auis d'un de leurs amis communs : quand je songe qu'il
est tres commun chez nous qu'on fasse des baux de
fermes, de douze et de quinze cents liures de rente, sur
un méchant papier, auec une signature priuée, et qu'on
en est cependant aussi bien payé que si tous les nottaires du Châtelet y auoient passé : quand je vois la bonne
foy de nos païsans, qui se tiennent absolument à nos
registres, et qui, depuis plus de trente ans, ne se sont
pas auisez de me demander quittance de ce qu'ils me
payent de leurs fermes (3); enfin quand je pense qu'il n'y

(1) Jean Dyel, sieur des Hameaux, avait été nommé Conseiller au
Parlement de Rouen, en 1617. Il fut ensuite conseiller d'Etat et ambassadeur à Venise. — Voir t. I, p. 13.

(2) Voir, t. I, p. 13, et plus haut, p. 230.

(3) Les baux ne se font plus ainsi. Mais un de nos bons amis,
M. Desjonquères, propriétaire et maire de Pommereux, à deux pas
du Fossé, nous a signalé ce fait : « qu'aujourd'hui encore, dans la
« vallée de Bray, toutes les transactions concernant l'achat, la vente

a peut estre pas de païs où il se termine plus d'affaires par voye d'accommodement, y ayant presque partout des personnes charitables et éclairées, qui se font une vraye gloire de coupper la racine et les suittes des procés qui consument tres souuent les parties : et que, de l'autre, je jette les yeux sur cette innombrable multitude de procés qui occuppent tous les jours tant de grandes jurisdictions dans Paris ; les chicannes perpetuelles qui y sont entretenuës par l'habileté des procureurs, qui, comme des sangsuës publiques, sucent le sang des familles jusqu'à les épuiser entièrement ; les defiances où l'on y est les uns des autres et les grandes précautions dont on use dans les plus petittes affaires (1) ; je conclus de tout cela que je crois estre en droit de dire qu'on a raison de se deffier quelquefois de ceux qui crient le plus fortement : AU VOLEUR ; et que ce n'est pas toujours une marque trop assurée qu'on soit de meilleure foy que les autres, quand on accuse les autres un peu trop generalement d'en manquer. Ainsy je suis tout à fait de l'auis d'une princesse de notre temps, c'étoit la princesse de Cheureuse (2), qui me paroist auoir parlé fort juste sur ce sujet même, lorsqu'elle disoit agreablement ; qu'elle ne connoissoit que deux sortes de nations, les honnestes gens et les frippons ; et qu'ainsy elle ne regardoit jamais le païs d'un honneste homme, et qu'il séyoit tres mal à celuy qui ne l'étoit pas de se glorifier du sien.

J'auouë, en effet, que, lorsque je retournay à Roüen,

« et le paiement des bestiaux, se font verbalement, sans écrit ni
« quittance d'aucune sorte, et que le respect des engagemens ainsi
« contractés est la loi commune et l'usage général du pays. »

(1) Boileau ne parle pas autrement, dans le fameux Portrait de la Chicane. *Le Lutrin*, ch. V, vers 33-60.

(2) Il en a déjà parlé, t. I, pp. 133, 189, 217, 227.

auec la préuention generale qu'on m'auoit donnée contre
ce païs, d'où j'étois sorty dès l'âge de neuf ans, je cherchois parmy ce grand nombre de personnes, que je fus
obligé de voir, des gens de ce caractère que l'on m'auoit
peint auec des couleurs si noires (1) ; que j'eus peine à en
remarquer, trouuant dans la plus grande partie des gens
de Roüen une bonne foy et une certaine cordialité, que je
n'auois pas toujours trouuée de même ailleurs. Il est
vray que mon pere s'étoit fait, par son merite, d'excellens amis, et que, lorsque nous allâmes rendre nos visites à nos parens, et aux autres qui auoient pris part à
l'affliction de la famille, nous connûmes bien des gens
dont la bonne teste et le bon cœur s'accordoient parfaittement, dans le commerce ordinaire qu'ils auoient auec
leurs amis. Nous y vîmes le fameux Abbé d'Aulnoy (2),
neueu du celebre éuesque du Bellay (3), lequel a rendu
son nom illustre par la generosité auec laquelle il fut le

(1) Vivant à Paris, il ne pouvait en être autrement. De nombreux
proverbes prouvent que, tant à Paris qu'ailleurs, et depuis longtemps,
on impute aux Normands l'amour du gain et des procès. Boileau nous
en donne la preuve dans ses œuvres, quand il dit :

> Soutenons bien nos droits : sot est celui qui donne.
> C'est ainsi devers Caen que tout Normand raisonne.
>
> *Epître* II, v. 29-30.

Ou bien dans l'éloge des mœurs du temps passé :

> On ne connaissait point la ruse et l'imposture ;
> Le Normand même alors ignorait le parjure.
>
> *Epître* IX, v. 119-120.

Enfin, dans le Portrait de la Chicane, il nous informe qu'au milieu
de la Grand'Salle du Palais de Justice de Paris :

> Est un pilier fameux, des plaideurs respecté,
> Et toujours des Normands à midi fréquenté.
>
> *Lutrin*, ch. V, v. 35-36.

(2) Charles Dufour, curé de Saint-Maclou de Rouen, prieur de
Beaussault.

(3) Jean Pierre Camus, deuxième évêque de Belley, oncle de Dufour,
qui lui succéda dans l'abbaye d'Aulnay-sur-Odon (Calvados), en 1653.

premier qui, à la teste des curés de Roüen, leua l'étan-
dart de l'Euangile de Jesus Christ contre la corruption de
la Morale relâchée des casuistes modernes (1) ; et qui fut
suiui bientôt dans son zele non seulement par les curés
de Paris et de plusieurs autres villes du Royaume, mais
encore par un grand nombre de prelats, qui, excitez par
la voix fidelle de ces pasteurs subalternes, se signalerent
à l'enuy pour condamner des opinions si monstrueuses,
et neantmoins auancées par tant d'autheurs qui vouloient
passer pour graues (2). Cet abbé étoit sans doute une des
meilleures testes de la prouince et il auoit fait une union
tres intime auec mon pere (3).

Nous y vîmes M. de Guerchoys (4), auocat general du
Parlement, qui pouuoit estre à juste titre, et qui étoit en
effet regardé comme un des grands orateurs de son siecle.
Il étoit fils et petits fils d'auocats generaux (5) ; et,

(1) « Il parla dans un sermon synodal, en présence de Mgr l'arche-
« vêque de Rouen, de plus de huit cents curés, et de plusieurs autres
« personnes de condition, contre les mauvaises maximes de quelques
« casuistes, qui troublent l'ordre de la hiérarchie et corrompent la
« morale chrétienne. » *Avis de MM. les curés de Paris*, etc. (13 septembre 1656.) Les Jésuites l'attaquèrent, et les curés de Rouen pu-
blièrent contre eux deux requêtes adressées l'une à leur archevêque,
l'autre à l'Official. (1656.) Ils revinrent à la charge dans un Factum
daté : « A Rouen, le 15 février 1658. »

(2) Dans les œuvres de Pascal (édition Lahure, in-12, 1858), il n'y
a pas moins de dix *Factums* pour les curés de Paris, sans parler des
Requêtes, Mandements, Déclarations, etc., pour les curés de Nevers,
d'Amiens, d'Evreux, etc., attribués à Pascal, et dont on croit que
Nicole et Arnauld ont fourni les matériaux.

(3) Son éloge était dans toutes les bouches, et Hercule Grisel ne
s'en est pas fait faute, en lui dédiant le *Trimestre d'Été* de ses Fastes
de Rouen. — Leur dévoûment commun à Port-Royal fut sans doute
l'une des causes de cette grande intimité.

(4) Pierre Le Guerchois, second avocat-général, en 1653. — L'Imprimé l'appelle « de Guierchois. »

(5) Petit-fils d'Hector Le Guerchois, second avocat-général, en 1612,
et fils de Pierre Le Guerchois, second avocat-général, en 1623.

ayant perdu son pere, lorsqu'il se croyoit encore trop
jeune pour luy succéder dans cet employ important,
comme il se voyoit pressé par ses proches et ses amis,
qui connoissoient l'excellence de son genie, de songer à
soutenir la gloire de ses ancestres, il ceda à leurs instances
et s'acquitta de sa charge d'une maniere qui étonna, non
seulement la prouince, mais ceux mêmes qui, bien qu'é-
bloüis de l'éclat du parlement de Paris, trouuoient dans
cet homme une lumière, une sagesse, un feu, une pene-
tration et une érudition qui les surprenoit et qui les charmoit en même temps. Il étoit parent et amy intime de la
maison, et sa mere auoit été une des dames de tout Roüen
auec qui ma mere auoit eû une liaison plus étroitte, lorsqu'elle étoit engagée dans le monde. Nous y vîmes M. de
Bernieres, Procureur General (1), et frère du Maistre des
Requestes, dont j'ay tant parlé (2); et je n'oublieray jamais ce qu'il me dit, quand je l'allay voir, après la mort
de mon pere; Qu'il n'auoit pas seulement perdu en luy le
meilleur amy qu'il eust, mais qu'il le pleuroit comme
ayant perdu son pere; puisqu'il luy auoit tenu lieu de
pere veritablement, et qu'il luy auoit les dernieres obligations. Aussy il est vray que mon pere l'auoit seruy
admirablement dans les affaires qu'il eut auec Madame la
presidente de Bernieres sa mere (3), ayant trauaillé
heureusement à concilier les esprits effarouchés et remis
la paix entre la mere et le fils, contre toutes les apparences.

Je ne pretends pas faire icy un catalogue ennuyeux de

(1) Philippe Maignart, sieur de Hauville, nommé en 1653.

(2) Une dizaine de fois, dans le tome I, et, dans le tome II, lors de
son exil et de sa mort, en 1662, pp. 102-112.

(3) Françoise Pachot, parente du père de l'auteur. Voir t. I, p. 137.
Elle demeurait à Rouen, rue des Murs Saint-Ouen, à deux pas des
du Fossé, dont l'habitation paraît avoir été rue des Arsins.

tous les gens que mon pere nous laissa pour amis. Et il
me suffit d'auoir confirmé, par ce peu d'exemples, ce que
j'auois auancé touchant le genre et le caractere du païs.
Si donc quelque consideration auoit pu me tenter de m'y
établir, c'eust été de voir tant d'amitié et de cordialité
dans ceux qui étoient veritablement les amis de la famille.
Mais Dieu me faisoit la grace d'auoir d'autres veuës; et
la vie que j'auois menée jusqu'alors ne s'accordoit nullement auec ces sortes d'etablissemens, où la lumiere que
j'auois receuë, de bonne heure, me faisoit enuisager tant
de périls, auxquels ceux qui s'y trouuent engagez ne
songent pas.

Je pensay donc tout de bon à faire, le plus promptement qu'il m'étoit possible, ce qui me restoit, pour me
disposer à m'en retourner à Paris. Aussy M. de Sacy,
qui veilloit de loin sur moy, comme un excellent amy, et
qui obseruoit deuant Dieu mes démarches, pour empescher par ses prieres que je ne sortisse de la voye de mon
salut, m'écriuit et me fit entendre cette voix salutaire (1)
qui auoit accoutumé de me parler pour mon bien. Et,
afin de m'engager dauantage à me déclarer, il me manda
qu'il se sentoit obligé, pour les raisons que je sçauois (2).
de quitter nostre maison pour en prendre une autre ; et
que, si j'étois résolu de reuenir auec luy, il en loüeroit
une ailleurs qui pust nous estre commode. Je l'assuray
que j'irois le joindre auec mon frere, aussitost après que

(1) Le premier éditeur a mis, en manchettes, un renvoi sur ce mot :
« Il y a ici une lacune dans le Manuscrit. » La phrase est complétée,
dans le nôtre, par les neuf mots qui suivent. D'après cela il est clair
que la première édition n'a pas été faite sur notre Manuscrit, mais
plutôt sur une copie, présentant tous les retranchements et tous les
rajeunissements d'orthographe qu'on y remarque.

(2) Comme il avait été reconnu, il n'y avait plus de sécurité pour lui
dans le quartier Saint-Eustache. Voir plus haut, p. 201.

nous aurions terminé toutes nos affaires et satisfait à
certains deuoirs, dont nous ne pouuions nous dispenser.
Un de ces deuoirs étoit d'aller passer quelque temps à la
campagne, pour juger nous mêmes des partages et du
choix que nous auions fait, sans y rien connoistre. Nous
allâmes donc tous ensemble au Fossé, pour la premiere
fois. Et nous y fûmes parfaittement satisfaits de tout,
parce que ni mon frere ni moy nous ne cherchions point
à disputer, comme des étrangers, mais à viure en paix et
en commun, comme freres, et que, les partages étant une
fois réglez par des personnes intelligentes, il ne falloit
plus se mettre en peine que de se préuenir mutuelle-
ment par des témoignages et par des effets d'une amitié
sincere. C'est ainsy que luy et moy nous auons tâché
de viure ensemble dans toute la suitte, sans nous préua-
loir des auantages que la Coutume nous donnoit, sinon
pour nous entr'aider dans les occasions, et pour réduire,
selon le conseil du grand apostre, toutes choses, autant
qu'il se peut, à l'égalité. Nous fûmes encore obligez de
faire un voyage vers le Haure de Grace, chez ma sœur,
qui étoit mariée en ce quartier là (1), et qui nous pressa
de l'aller voir dans son établissement, auant que de retourner à Paris. Ce fut alors que nous vismes la premiere
fois la mer, cette viue image de la puissance et de
l'immensité de Dieu.

Ayant peu tardé, en ce païs là, nous retournâmes à
Roüen ; et de là, nous nous mismes, mon frere et moy,
dans le carrosse public, pour reuenir à Paris (2).

---

(1) Marie Thomas, épouse du sieur de Durdent, habitait près de
Rouville, au pays de Caux. Voir t. I, pp. 16 et 144, et plus haut, p. 230.

(2) Vers la fin de novembre ou le commencement de décembre 1665.
— Tout ce chapitre a été résumé en trois pages et demie (258-260) par
le premier éditeur, parce qu'il y était surtout question de la Normandie.

CHAPITRE XX.

— 1665—1666. —

L'auteur, accompagné de son frère, retourne habiter avec M. de
Saci, rue du Faubourg Saint-Antoine. — Description de ce logis.
— Avantages et inconvénients. — Perte de papiers dans le démé-
nagement. — Il assiste aux funérailles de la Reine Mère. —
Réflexions à ce sujet. — Mort de M. Guillebert, ancien curé de
Rouville. — Leur maison devient suspecte. — Projet d'une descente de justice. — Feinte de la Police pour s'assurer de l'état
des lieux. — Préparatifs militaires. — Un voyage à Pomponne fait
échouer l'affaire. — MM. de Saci et Fontaine se rendent à l'Hôtel
de Longueville. — Les Suisses et les Archers du Guet envahissent
la maison des Solitaires. — Surprise de du Fossé. — Le Colonel
des Suisses Molondin et le Lieutenant civil Daubray. — Occupation militaire. — Interrogatoire de du Fossé. — Le Lieutenant civil
le blâme d'être resté célibataire. — Sa réponse. — On lui fait vider
ses poches. — Visite du cabinet, des papiers et des livres. —
Exception pour la correspondance de famille. — Interrogatoire
sommaire de son frère Augustin Thomas. — Arrestation de MM. de
Saci et Fontaine. — Interrogatoire de M. de Saci. — Le lieutenant
civil, arrivé à six heures du matin, se retire à neuf heures du soir.
— M. Rousseau, lieutenant du Chevalier du Guet, chargé de sur-
veiller la maison et les habitans. — Gêne qui en résulte pour eux. —
Bons procédés de M. Rousseau. — Espérances données par Daubray
dans une nouvelle visite. — Du Fossé consent à venir avec lui, à la
Bastille, pour une demi-heure. — Confrontation avec le libraire
Savreux, qui s'y trouvait prisonnier. — Leurs rapports sont incri-
minés. — Le Lieutenant civil s'emporte contre Savreux. — Retour
de du Fossé chez lui. — En route, il discute avec un commissaire
sur le Jansénisme. — Ce dernier est remis à sa place par le lieutenant Rousseau.

Je trouuay que M. de Sacy auoit déja non seulement
loüé une autre maison, mais fait transporter nos meubles
et nos liures, et qu'il y étoit actuellement logé. C'étoit au
bout de la grande ruë du faubourg Saint Antoine, vers le

lieu où le thrône auoit été dressé (1), pour l'entrée du
Roy et de la Reyne, dont j'ay parlé (2). Cette maison donnoit sur la grande ruë, et consistoit en un corps de logis,
accompagné de deux petites aîles, du costé de la court,
dont l'une faisoit l'escalier, et l'autre un beau cabinet, à
chaque étage. Il y auoit une grande court, ornée des
deux costez de plusieurs bustes, enchassez dans les murailles, terminée au bout par deux jolis cabinets, et une
grande balustrade de fer entre deux, qui séparoit le jardin d'auec la court. Ce jardin étoit assez long, auec un
berceau d'un costé, et un tres grand tableau dans l'en-
foncement du bout, qui representoit une fort belle perspectiue, et qui auoit serui aux arcs de triomphe qu'on
auoit dressez pour l'entrée du Roy (3). Et il y auoit, au
bout du même jardin, une porte de derriere, qui donnoit
dans la ruë de Charonne (4). On pouuoit dire que ce lieu
étoit charmant. Mais s'il auoit ses beautez, il auoit aussi
de tres grandes incommoditez. L'éloignement où l'on
étoit de toutes choses nous tuoit : et soit dans le froid, soit
dans le chaud, nous auions une extrême peine à aller en

(1) « Le Throsne étoit un peu audessus de notre logis, » et ce logis
se trouvait « à vingt maisons audessus de la porte de l'Abaye de
« S. Antoine. » Fontaine, *Mémoires*, t. II, p. 302 et 308. Ce serait
donc, à gauche, en montant vers Vincennes, presque en face de
l'endroit où la rue de Reuilly débouche dans la rue du Faubourg
Saint-Antoine. Le Plan de Paris, joint à la *Nouvelle Description de
la France*, de Piganiol de la Force, (t. II,) montre qu'il n'y avait point
alors de rues entre la rue de Charonne et celle du Faubourg Saint-
Antoine, et que des terrains vagues occupaient le futur emplacement
de la place et de la barrière du Trône.

(2) Voir plus haut, pp. 51-53.

(3) Voir l'Appendice I, où il est question d'une Planche représen-
tant : *Le Pont Notre Dame réparé et enrichi de nouveaux ornements
réduit en Perspective.*

(4) Elle débouche sur le Boulevard extérieur, au Nord de la rue du
Faubourg Saint-Antoine.

16

ville. Et quand nous voulions aller à Saint Paul nostre
paroisse (1), ce qui arriuoit tous les dimanches et toutes
les festes considérables, il falloit prendre nostre résolution de faire un grand quart de lieuë pour aller et autant
pour reuenir. D'ailleurs l'appartement que M. de Sacy
me laissa, qui étoit celuy du milieu et tres beau, auoit
des croisées depuis le haut jusqu'en bas.; et, pour estre
plus à la mode, il étoit tres incommode, également en
hyuer et en été. Car je pensay y mourir de froid, auprès
du feu même, pendant l'hyuer que j'y passay, n'y ayant
aucun moyen de me garantir contre de si grandes ouuer-
tures. Et dans les premieres chaleurs de l'année suiuante, le soleil et la poussiére m'y faisoient souffrir plus
que je ne puis l'exprimer.

Nous allâmes donc loger, mon frere et moy, dans cette
maison, vers la fin de l'année 1665. Et dans la reueuë que
je fis de mes meubles et de mes liures, je remarquay
aussitost que j'auois fait une perte tres considerable, par
la faute de ceux qui auoient été employez au démenage-
ment, qui étoit celle de la plus grande partie de mes papiers. Je les auois arrangez fort proprement, dans un retour derriere la cheminée de la chambre de l'autre logis (2).
Et ceux qui la demeublérent n'y prirent point garde,
mais les laissérent à des gens qui, étant venus après moy,
furent bien aises d'en profiter, sans faire scrupule de
s'approprier ce qui ne leur appartenoit pas. Aussitost que
je me fus apperceu de cette perte, j'enuoiay redemander à
nostre ancien hoste ce qui étoit demeuré dans sa maison.
Mais il témoigna n'auoir rien veû. Et je me vis obligé

<hr>

(1) Dans la rue Saint-Antoine, au bout d'une petite rue débou-
chant à la hauteur de la Place Royale. Supprimée en 1790, cette église
a été démolie depuis.

(2) Dans la rue du Bout du Monde. — Voir plus haut, p. 200.

d'en demeurer là, étant trompé, moy Normand, par un badaut de Paris (1), auec toute sa franchise (2).

Ce fut dans le temps que nous demeurions en cette maison que la Reyne Mere, Anne d'Autriche, cette princesse qui auoit sceu se soutenir auec tant de fermeté et de sagesse, pendant les guerres intestines et étrangeres, qui attaquoient le royaume, mourut (3), extrémement regrettée du Roy, qui l'auoit toujours singulierement honorée, non seulement comme sa mere, mais encore comme une princesse qui auoit de grands talents pour regner et pour soutenir la gloire de la royauté (4). Je fus curieux de voir la pompe funebre, et les restes de la gloire qui accompagne les Grands jusqu'à leur tombeau (5). Et j'admiray le fracas que font les princes, même après leur mort. Mais cette pompe est bientost finie, et l'on reconnoist, un moment après, la vérité de ce qu'a dit un fameux poëte de nostre temps, dans ces vers également beaux, pour la noblesse de l'expression et pour la solidité du sens :

> Ont ils rendu l'esprit ? ce n'est plus que poussiere,
> Que cette majesté, si pompeuse et si fiére,

(1) Tel est le sobriquet donné encore aujourd'hui aux habitants de Paris.

(2) Les Parisiens s'en vantaient déjà, par opposition, sans doute avec les Normands.

(3) Au Louvre, le mercredi 20 janvier 1666.

(4) Le P. Rapin accuse « les Jansénistes de n'avoir pu s'empêcher « de donner des marques de leur joie dans le deuil public de cette « princesse. » *Mémoires*, t. III, p. 354. Le motif aurait été « qu'elle « éleva le roy son fils dans l'aversion horrible qu'il avoit contre une « si maudite erreur. » (*Ibid.*) Du Fossé dut faire exception, d'après ce passage où il loue la princesse, en rappelant seulement l'égalité de tous les hommes devant la mort et la vanité des pompes humaines.

(5) Le corps fut porté avec pompe à Saint-Denis, dans la nuit du 28 janvier, où il fut enterré le 12 février suivant.

Dont l'éclat orgueilleux étonnoit l'uniuers.
Et dans ces grands tombeaux, où leurs ames hautaines
    Font encore les vaines,
    Ils sont mangez des vers (1).

C'est donc sur la poussiere de ces sépulchres qu'il faut que l'homme jette sans cesse les yeux, pour n'estre point ébloüi par cet éclat passager des grandeurs du monde. C'est le souuenir de ce lict funebre, qui doit occuper l'esprit des princes mêmes, au milieu de toute leur magnificence, s'ils veulent, comme un Saint Loüis, n'estre point surpris par cette heure redoutable, qui égale les plus grands aux plus petits, les princes aux particuliers, les rois aux moindres de leurs sujets, et les papes aux derniers de tous les fidelles. Car c'est à tous, sans exception, que l'Eglise, mettant des cendres sur leur teste, leur dit ces paroles étonnantes : *Souuiens toy, ô homme*, qui que tu sois, Souuerain Pontife, Empereur, Roy, Prince, riche ou pauure, grand ou petit, *que tu es poussiere, et que tu retourneras en poussiere*. Malheur à celuy qui regarde ces paroles qu'on luy dit, et ces cendres qu'on luy jette sur la teste, comme une simple ceremonie, et qui ne s'en applique pas la verité tres réelle, ainsy qu'il le doit; puisqu'elle sera d'autant plus réelle et plus funeste à son égard qu'il y aura fait une moindre attention, pour se repaître seulement de l'idée vaine de sa grandeur, qui passera auec luy, lorsqu'il y pensoit le moins (2).

Nous perdîmes, vers ce même temps (3), un de nos

---

(1) Malherbe, *Paraphrase du Psaume CXLV*, sur la Vanité de l'ambition humaine. Il n'a paraphrasé que les trois premiers versets, mais en leur prêtant des ailes.

(2) Tout ce passage, sur la mort d'Anne d'Autriche, a été supprimé par le premier éditeur.

(3) Il mourut à Paris, le 1er mai 1666, âgé de 61 ans.

meilleurs amis, qui étoit M. Guilbert, ce docteur si
humble, ce scolastique, dont le cœur et les paroles étoient
si remplies de l'onction de la charité et du Saint Esprit,
enfin cet ancien curé de Rouuille, de qui Dieu s'étoit
serui pour donner la connoissance de la Religion à tant
de personnes qui auoient vécu, comme des payens, au
milieu du Christianisme (1). Sa mort ne fit pas grand
bruit dans le monde. Car il ne songeoit qu'à viure inconnu
aux hommes, d'autant plus qu'il s'efforçoit de plaire à
Dieu, en la presence duquel il viuoit toujours. Et le
sacrifice qu'il luy offroit, dans le secret de son cœur
brisé et humilié deuant luy, deuoit estre d'autant plus
agréable à ses yeux qu'il immoloit, pour le dire ainsy,
par le sentiment d'une humilité tres sincere, un esprit
capable d'enrichir les autres des dons eminens de grace
qu'il auoit receus luy même du Pere des misericordes.
Car ce n'étoit pas par lâcheté, comme le mauuais seruiteur de l'Euangile, qu'il cachoit alors ces dons ; puisqu'il
les auoit employez pour l'auantage de ses freres, tant
qu'il crut y estre engagé par l'ordre de Dieu. Mais il fit
voir, en renonçant à l'éclat des applaudissements publics
que les hommes luy donnoient, aussitost qu'il crut entendre sa voix qui l'appelloit autre part (2), combien son
cœur étoit détaché de ce qu'il y a d'éclattant dans les
fonctions du Ministere Ecclesiastique, et soumis parfaittement à l'ordre de la Prouïdence, qu'il enuisageoit

<hr>

(1) Du Fossé en a déjà parlé, avec éloge, t. I, pp. 139, 140, 148,
207, 313, etc. — Le père et la mère de l'auteur s'étaient mis les premiers sous sa conduite, et leur exemple avait été suivi par Pascal le
père, Blaise Pascal, et les deux frères des Champs des Landes et de
la Bouteillerie. Voir le *Supplément au Nécrologe de Port-Roïal des
Champs*, qui contient un article sur le curé Guillebert, pp. 591-594.

(2) A Paris, sur les conseils de M. de Barcos, et dans l'abbaye de
ce dernier, à Saint-Cyran.

comme la boussolle qui deuoit estre la régle de sa conduitte. Nous eûmes la consolation, mon frere et moy,
d'aller baiser les restes pretieux de ce grand homme, ce
corps qu'il auoit toujours regardé auec respect, et conserué auec soin, comme le temple du Saint Esprit. Il fut
enterré dans la paroisse de Saint Medart (1), sur laquelle
il étoit mort, et sa memoire sera en benediction parmy
tous ceux qui non seulement ont connu son grand merite,
mais à qui ses instructions, qui ne respiroient que
l'amour de Dieu, et son exemple, qui étoit comme un
miroir de pieté, seront un sujet éternel de reconnoissance.

Il y auoit enuiron huit mois que mon pere étoit mort (2),
et cinq ou six que nous étions établis en nostre nouuelle maison du faubourg Saint Antoine, lorsqu'il nous
arriua la plus grande affaire que nous ayons euë en nostre
vie. On fit entendre au Roy que nostre maison étoit un
repaire de cabalistes; qu'il s'y tenoit des assemblées et
s'y faisoit des cabales contre l'Eglise et l'Etat; qu'il y
auoit des imprimeries secrettes où l'on faisoit imprimer
mille choses pernicieuses (3); qu'il s'y tenoit bien des
gens cachez; et qu'enfin ce seroit un coup d'Etat d'in-

---

(1) Dans la rue Mouffetard, quartier Saint-Marcel. — M. Hamon lui
fit une Epitaphe, que le *Supplément au Nécrologe* donne en latin et
en français, 1re partie, p. 594.

(2) Il mourut, le 5 septembre 1665, comme on l'a vu plus haut,
p. 227.

(3) On supposait qu'il y avait deux imprimeries, l'une chez M. de
Saci, l'autre chez Le Petit, imprimeur de la rue Saint-Jacques, qui
possédait une maison dans la rue de Charonne. — Cette double visite
nous rappelle la réflexion de Clémencet, à l'occasion d'une autre visite
domiciliaire faite à Port-Royal des Champs, pour le même objet :
« On voit ici, dit-il, combien les presses incommodent les ennemis
« des gens de bien et de la Vérité, » L'impression clandestine des
Provinciales en était la preuve.

uestir cette maison, un matin, pour surprendre ceux qui
y étoient, et d'y aller, à main forte, afin que la résistance que l'on pourroit y trouuer ne pust point faire
manquer l'entreprise. Nous estions nous autres fort paisibles et dans un grand calme, pendant qu'on formoit
toute cette grande intrigue et que l'orage étoit prets à
fondre sur nous. Aussy quel sujet aurions nous eû de
nous allarmer, nous qui n'auions d'autre intrigue dans
le monde que de songer à nostre salut ; qui étions trop
assurez de nostre parfaitte fidélité enuers le Roy, pour
auoir lieu d'appréhender la moindre chose sur ce sujet ;
qui faisions trop exactement tous les deuoirs de bons
chrestiens, par nostre assiduité à la grande Messe, et au
prosne de nostre paroisse, pour mériter d'estre soup-
çonnez d'impieté ; et qui enfin nous cachions si peu, mon
frere et moy, que nous sortions hautement, tous les
jours, ou toutes les fois que nous voulions, tantost par
la grande ét tantost par la petite porte ? De plus nous
sçauions que nostre étude ne pouuoit faire d'ombrage à
personne, puisque de lire Baronius, de trauailler sur
l'Histoire Ecclesiastique, et de faire tout au plus le procès à quelques historiens, ou à quelques anciens autheurs,
sur quelques endroits où ils peuuent bien s'estre trom-
pez, ce n'étoit pas assurément nous rendre coupables de
crimes d'Etat, ni meriter que le Prince, occupé d'ailleurs
à tant de grandes et importantes affaires (1), jettast le
moindre regard sur nous. Enfin toute nostre maison, qui
fut capable de jetter de la terreur dans l'esprit du Roy
même, selon les fâcheuses impressions qu'on s'efforça de

---

(1) Louis XIV songeait alors à la conquête des provinces que l'Espagne possédait au Nord de la France, et à celle de la Franche-
Comté, et, par une série d'habiles négociations, il s'était assuré la
neutralité des autres puissances.

luy en donner, ne consistoit qu'en M. de Sacy et une personne qui étoit à luy (1) ; en nous deux, mon frere et moy; en un jeune gentilhomme de nostre païs (2), qui, ne sçachant où donner de la teste, nous auoit priez de le recouoir chez nous, pour quelque temps, et en un valet (3) et une seruante. Voila tres sincerement ce qui composoit toute nostre maison, grossie neantmoins de telle sorte, dans l'idée de ceux qui cherchoient du mal où il n'y en auoit point, qu'ils eurent assez de crédit pour faire mettre sur pied contre nous la Compagnie colonnelle du Regiment des Gardes suisses et les principaux officiers, sans beaucoup d'autres, ainsy que je le diray aussitost après.

Mais ce qu'il y a encore de remarquable, c'est que les autheurs de cette grande entreprise auoient eû tout le loisir de s'assurer de la verité des choses, ayant posé des espions en diuers endroits, quinze jours ou trois semaines auant que nous fussions arrétez, et nous faisant obseruer dans toutes nos démarches differentes, jusqu'à employer des Commissaires, que j'ay reconnus depuis, à me suiure, lorsque je passois la riuiere dans un batteau, pour aller voir quelques uns de mes amis par delà l'eau (4). Nous crûmes même, dans la suitte,

(1) C'était M. Fontaine, dont le nom se trouve plus loin, ajouté par une main qui n'est point celle de du Fossé, ni. du copiste de ses *Mémoires*. Au lieu de « qui étoit à luy, » l'Imprimé a mis , « qui écri- « voit sous lui. » P. 265.

(2) Il s'appelait Claude, comme on le voit dans les *Mémoires de Fontaine*, t. II, p. 314. — M. Aubineau, dans une note des *Mémoires du P. Rapin*, l'appelle « *Deslandes*, qui mourut à la Trappe sous le « nom de François Benoît. » T. III, p. 362. *Claude* était-il un pseudonyme, comme celui de *Desloges*, sous lequel se cachait Fontaine lui-même?

(3) Ce devait être le fidèle Herissant, domestique de M. de Saci.

(4) « Nous passâmes l'eau à la porte S. Antoine, pour aller à « S. Medard, aux funérailles de M. Guillebert : l'espion étoit dans le

qu'on feignit exprès une dispute et une querelle de jeu, qu'on disoit auoir été entre des gens qui auoient logé auant nous dans cette maison ; et que l'ordonnance qui interuint, en vertu de laquelle le lieutenant particulier et le procureur du Roy vinrent faire la visite de mon appartement, pour obseruer un endroit d'où l'on prétendoit que les cartes de celuy qui auoit perdu auoient pu estre veuës facilement, étoit aussi une feinte et une ordonnance simulée, à dessein d'examiner par auance nostre maison. Ils auroient dû donc estre mieux instruits de la verité des choses, ayant pu ainsy s'en assurer par eux mêmes. Cependant et toutes leurs informations, et leurs espions, ne les purent détromper de la fausse idée qu'ils auoient prise : et ils crurent que tout au plus, s'ils se trompoient, ils remporteroient, comme je l'ay dit ailleurs (1), l'auantage d'auoir fait un grand fracas, et donné lieu au simple peuple de juger par là qu'il falloit que ceux qu'ils persecutoient fussent tres réellement de grands ennemis de l'Etat, puisque le Roy employoit toute son authorité et faisoit marcher ses meilleures trouppes contr'eux. Voici donc, pour ne tenir point dauantage les esprits en suspens, comment cette entreprise si mémorable s'exécuta, à la grande satisfaction, et en même temps à la honte de ceux qui nous haïssoient, sans nous connoistre.

Le Roy donna ordre à M. Molondin (2), colonnel de son

« même bateau, et il fut quinze jours à nous observer de la sorte. » *Mémoires de Fontaine*, t. II, p. 307.

(1) Voir plus haut, p. 184.

(2) Laurent d'Estavayer de Molondin, d'une noble famille du canton de Vaud, né en Suisse vers 1608, nommé, en 1655, colonel du régiment des Gardes Suisses françaises. La *Muze historique* de Loret en fait souvent l'éloge. Voir les lettres des 18 décembre 1655, 15 juillet 1656, t. II, pp. 134 et 218 de l'édition P. Daffis.

regiment des Gardes suisses, et nostre voisin (1), de faire tenir sa compagnie colonnelle souz les armes, pour un certain jour qu'il luy marqua, afin de nous inuestir et de se rendre maistre de nostre maison. Mais il receut aussitost après un contre ordre par la raison que je vais dire. Nous auions fait partie, M. d'Auissonne, de qui j'ai parlé ailleurs (2), et moy, d'aller à Pomponne (3) rendre une visite à M. d'Andilly, qui y demeuroit pour lors. Et le onziéme de may de l'année 1666. il vint, dès cinq heures du matin, m'attendre auec son carrosse, à l'abbaye de Saint Antoine (4), où nous étions conuenus que je me rendrois. Je m'y rendis en effet, mais après beaucoup d'allées et de venuës, parce que, comme il vint exactement à l'heure marquée et qu'il ne me trouua point, il craignit de s'estre trompé et d'auoir pris l'abbaye de Saint Antoine pour l'église des Peres de Saint Antoine (5), ce qui le porta à m'y aller chercher. Et dans le temps qu'il y alla, je le vins chercher à l'abbaye, où je ne le trouuay point non plus; ce qui m'obligea de retourner au logis. Je remarque exprès ces choses, parce que ceux qu'on auoit établis pour nous obseruer ne manquerent pas de trouuer de grands mysteres dans toutes ces differentes démarches et en firent une affaire de consequence. Nous partimes cependant, et par là nous fîmes manquer l'entreprise, qui deuoit estre exécutée le lendemain. Nous

(1) « Sa maison tenoit à la nôtre, » dit Fontaine, *Mémoires*, t. II, p. 311.

(2) Voir plus haut, pp. 45-47. — L'imprimé a mis *Davisson*, p. 265.

(3) Seine-et-Marne, arr. de Meaux, cant. de Lagny.

(4) L'Hôpital Saint-Antoine, dans la rue du Faubourg de ce nom, à peu de distance de la rue de Reuilly, occupe aujourd'hui une partie de l'emplacement de l'Abbaye Saint-Antoine.

(5) Dans la rue Saint-Antoine, à peu de distance de la maison des Jésuites, aujourd'hui Lycée Charlemagne.

trouuâmes M. d'Andilly dans une parfaitte santé. Et il nous receut auec sa bonté ordinaire. Il voulut me retenir plusieurs jours, étant bien aise de me faire voir, selon sa coutume, les ouurages où il trauailloit, et les exposer à ma critique (1), auec une humilité qui me donne de la confusion, toutes les fois que j'y pense. Mais la personne qui m'auoit mené chez luy étoit pressée de reuenir à Paris. Et j'y auois aussy moy même, sans le sçauoir, une petite affaire, qui étoit d'aller à la Bastille, où la Prouidence me conduisoit, lorsque j'y pensois le moins. Nous reuinsmes donc à Paris, le jour suiuant, qui étoit le douzieme de May, n'ayant couché qu'une nuit à Pomponne.

Le lendemain, qui étoit le treiziéme du même mois, M. de Sacy, et la personne qui l'accompagnoit toujours (2), sortirent de grand matin, c'est à dire sur les cinq heures et demye, pour aller à l'hostel de Longueuille trouuer un de nos amis qui y logeoit et à qui ils auoient affaire. Comme on m'auoit veû reuenir, le jour de deuant de la campagne, on prit ce jour là pour donner l'assaut à nostre maison, de peur qu'on ne me manquast encore une fois : je dis, pour donner l'assaut, car c'en fut un du costé de ceux qui auoient ordre de nous inuestir, quoy qu'il n'y eust et qu'il ne pust y auoir aucune resistance de nostre part. Le colonnel Molondin, ayant receu son ordre à minuit, enuoya à l'heure même commander à cent hommes, ou enuiron, de la premiere compagnie de son regiment de se rendre incessamment en armes chez luy. Les archers d'un autre costé étoient aussi en

<hr>

(1) Nouvelle preuve de la confiance que les meilleurs écrivains de Port-Royal avaient dans le goût et dans le jugement de notre auteur.

(2) Fontaine, racontant l'arrestation de M. de Saci, dit : « J'eus « l'honneur de l'accompagner. » *Mémoires*, t. II, p. 307. — L'Imprimé l'a nommé en toutes lettres, p. 366.

armes (1) sous la conduitte du lieutenant du cheualier du
Guet, nommé M. Rousseau, qui vit encore. M. le lieutenant ciuil (2), auec deux ou trois commissaires, étoit
sur pied dès deux heures du matin, quoy qu'ils ne dus-
sent executer ce qu'ils auoient entrepris que vers les
cinq ou six heures. Comme j'étois fatigué du voyage dont
j'ay parlé, à cause de l'excessiue chaleur qu'il faisoit
alors, je me leuay ce jour là un peu plus tard qu'à mon
ordinaire ; et étant allé ouurir, selon ma coutume, aussitost que je fus leué, c'est à dire sur les six heures du
matin ou enuiron, une des fenestres de mon cabinet, qui
étoit proche du mur qui nous separoit d'auec la maison
voisine (3), afin d'y donner de l'air, je rentray ensuitte
dans ma chambre pour acheuer de m'habiller. Peu de
temps après, j'entendis grand bruit dans mon cabinet,
comme de gens qui sautoient dedans. Je m'auançay aussitost pour voir ce que c'étoit : et je vis dans ce moment
trois ou quatre suisses tout effarez, qui auoient la main
sur la garde de leur épée, prets à la tirer et à fondre sur
moy, si j'auois fait mine de résistance ; et d'autres qui
entroient encore, jusqu'au nombre de dix ou douze, auec
un de leurs sergeants qui les soutenoit. Je ne veux point
faire le braue mal à propos ; et j'auouë que cette surprise
m'étonna plus que je ne puis l'exprimer, ne pouuant du
tout comprendre ce qu'ils vouloient faire, ni à qui ils en
vouloient, et croyant d'abord que c'étoit des gens qui

(1) « On auoit fait aller de même une centaine d'Archers au Thrône
« qui étoit un peu audessus de notre logis, pour se tenir prêtz en cas
« de besoin. » *Mémoires de Fontaine*, t. II, p. 312.

(2) François Dreux Daubray ou d'Aubray, lieutenant civil au Châtelet, le même qui avait procédé à l'enlèvement des Religieuses, en
1664. Voir plus haut, p. 179.

(3) Vraisemblablement celle du colonel Molondin. Voir plus haut,
p. 250. De l'autre côté était le boulanger de ces Messieurs. *Mémoires
de Fontaine*, t. II, p. 313.

auoient fait ou qui vouloient faire quelque méchant coup.
Je leur demanday neantmoins auec assez de résolution
ce qu'ils vouloient, de quelle part ils venoient, et qui les
authorisoit pour entrer ainsy par dessuz les murs, et par
les fenestres, dans ma maison. Les premiers me répondirent, moitié Suisse, moitié François, qu'ils venoient de
la part de Monsieur le Colonnel. « Messieurs, leur dis je,
« si c'est de la part de Monsieur le Colonnel, vous pouuez,
« entrer hardiment et vous ne trouuerez point icy de
« resistance. » Ils passerent tous de la sorte, se hastant
d'aller ouurir, sans que je le sceusse, la porte de la maison
à leur Colonnel, au lieutenant Colonnel son fils, au lieutenant ciuil, au lieutenant du Cheualier du Guet, aux
Commissaires, et à tous les autres Suisses et archers qui
attendoient, sans faire de bruit, qu'on leur vînt ouurir,
pour nous mieux surprendre. Ainsy, lorsque j'étois dans
la dernière inquietude sur ce qui venoit d'arriuer, et que
je cherchois en moy même quelle pouuoit estre la cause
d'une telle entrée, et d'un tel passage de ce grand nombre
de soldats tout effarez, je vis paroistre, à la porte de ma
chambre, un ou deux commissaires qui, en leuant la
tapisserie qui la couuroit, me dirent : « Monsieur, c'est
« M. le lieutenant ciuil. » Il entra en même temps auec
le Colonnel et le lieutenant Colonnel, et quantité d'autres gens qui auoient la curiosité de voir quels étoient
donc ces hommes de consequence, contre qui on auoit
mis tant de gens sur pied.

Je n'étois pas, comme j'ay dit, encore habillé, ne
faisant presque que sortir du lict. Le Lieutenant ciuil,
qui me vit extremement surpris, me fit la grace de me
vouloir rassurer auec sa douceur ordinaire, en me
disant : « Monsieur, ne vous etonnez point, ne vous trou-
« blez point. » Je luy repondis auec plus d'esmotion que
d'assurance : « Vraiment, Monsieur, il y a assez sujet

« d'estre étonné de voir monter des Suisses, en plein
« jour, par dessus les murs et par des fenestres, dans la
« maison d'un Gentilhomme. Je crois, Monsieur, que
« c'est une chose inoüie en France ; et on ne traitte de
« la sorte que des capitaines de voleurs, ce que je suis
« bien éloigné d'estre par la grace du Seigneur. » Il n'eut
rien à me repondre. Et je fis le même compliment au
Colonel, au Lieutenant Colonnel, et aux principaux de
la Compagnie. Ils me repondirent que c'étoit un ordre du
Roy, et qu'ils étoient obligez d'obéir. « Un ordre du
« Roy, leur répliquay-je ! Quoy, Messieurs, le Roy
« auoit ordonné que la maison d'un genthilhommme qui
« n'auoit jamais rien fait contre son seruice, fust esca-
« ladée en plein jour ! La grande porte, Messieurs, est
« l'entrée royale et elle n'a jamais été refusée à per-
« sonne. » J'étois assurement beaucoup ému et je ne
pouuois souffrir cet affront, et un tel scandale, sans la
derniere douleur. Dieu me fit pourtant la grace de me
remettre un peu et de reuenir de ce premier trouble, que
tout le monde jugera, sans doute, n'auoir pas été sans
fondement.

En même temps que les Suisses furent entrez, ils inuestirent toute la maison, établirent un corps de garde
à la grande porte, à celle de la grille de fer qui donnoit
dans la ruë de Charonne (1). Ils mirent des sentinelles

(1) La police connaissait sans doute l'usage que nos solitaires faisaient de cette porte. « Pour aller trouver les amis, nous leur don-
« nions un rendez-vous au logis de M. Petit, qui étoit dans la rue
« Charonne, où nous allions par une rue fort détournée ; et les portes
« de derrière pour sortir de chez nous et pour entrer chez M. Petit,
« nous mettoient fort à couvert. » Fontaine, *Mémoires*, t. II, p. 304.
— Il s'agit de Pierre Le Petit, imprimeur-libraire, rue Saint-Jacques,
à la Croix d'Or, en rapport avec les Jansénistes, et chez lequel du Fossé
fit imprimer l'un de ses ouvrages. (Voir plus haut, p. 120.) Pendant
les interrogatoires qui vont suivre, les commissaires y firent « d'é-

partout, au bas de l'escalier, sur l'escalier et à l'entrée des appartements. On arréta mon frère dans sa chambre et on donna aussi des gardes à nos gens. En un mot nostre maison deuint tout d'un coup comme une place de guerre qu'on auroit prise d'assaut. Pour moy, je me hâtay de m'habiller le mieux que je pus, tandis que le Lieutenant ciuil fit préparer une grande table au milieu de la chambre, pour en faire comme son bureau, où il put dresser ses procès verbaux, et faire écrire nos interrogatoires. Au reste je n'eus pas sujet de me plaindre de la maniere dont il en usa à mon égard; puisqu'il le fit auec toute la ciuilité possible, et qu'étant un homme d'esprit et d'experience, comme il étoit, il jugea bien aussy tost, sans doute, que nous n'étions pas des gens tels qu'il se l'étoit imaginé, et qu'il y auoit bien de la béueuë dans ceste affaire, du costé de ceux qui auoient commis si mal à propos l'authorité du Roy, pour faire marcher, si je l'ose dire, une armée contre des mouches. Il est vray qu'il fit une faute et qu'il auroit dû ne pas permettre que le Colonnel et le Lieutenant Colonnel fussent presens à mon interrogatoire : car je crois que cela est contre les regles. Mais je l'excuse volontiers, en ce qu'il cessa dès lors de me regarder comme criminel et qu'il jugea qu'un homme de guerre pouuoit bien estre témoin des bagatelles qu'il auoit à me demander. Après donc que je me fus assis et couuert, il déplia une grande feuille de papier, sur laquelle il auoit écrit vint cinq ou trente articles, qui pouuoient seruir sans doute à faire voir le peu de fondement qu'il y auoit eû à faire voir un si grand éclat contre des gens aussi paisibles et éloignez de toute cabale que nous étions. C'étoient, à les bien

« tranges perquisitions pour y découvrir une imprimerie qui n'y fut « jamais. » Fontaine, *ibid.*, t. II, p. 314.

qualifier, de tres grandes pauuretez, ou, pour mieux dire, de vrayes puerilitez, dont il étoit étonnant qu'un homme de la consequence d'un Lieutenant ciuil de Paris eust bien voulu se charger. Mais il faut luy faire justice, en disant qu'il n'étoit que l'instrument, et que d'autres mains le faisoient agir (1).

La pluspart de ces articles regardoient toutes les démarches que j'auois faittes, depuis trois semaines ou enuiron, et les visites que quelques uns de nos amis nous auoient renduës. Par exemple, il me questionna beaucoup, et fort inutilement, sur ce qu'un jour j'auois passé la riuiere pour aller voir un gentilhomme de mes amis dans le faubourg Saint Marceau. Il regardoit cette visite éloignée comme un rendez vous et un party fait à quelque mauuais desscin. Il me pressa de luy déclarer le nom de ce gentilhomme. D'abord l'indignation que j'eus de me voir mis à la question, sur le sujet d'une visite ordinaire et tres innocente, m'empescha de le luy dire, et je ne pouuois souffrir qu'on me demandast raison, pourquoy j'auois été voir un de mes amis. Mais la prompte réflexion que je fis que ce seroit donner lieu à chercher du mal, où il n'y en auoit point, que de luy cacher ce nom qui ne pouuoit nuire en aucune sorte à ce gentilhomme ni à moy, me porta à luy déclarer que c'étoit le frere du premier Maistre d'hostel de la Reyne

(1) Moins circonspect que du Fossé, Fontaine rapporte cette persécution « au confesseur du roi plein d'un zèle qui n'étoit pas selon la « science.... Il fit tant de crieries et tant de vacarmes, par lui-même et « par ses satellites, » que bien du monde n'osa plus parler en faveur de M. de Saci et de ses amis. *Mémoires*, t. II, p. 324. Ce confesseur était un Père Jésuite, François Annat, qui avait pris une si grande part à la condamnation des cinq propositions de Jansénius, et auquel Pascal adressa la XVIIe et la XVIIIe *Provinciales*. C'est lui qu'on regarde encore comme l'auteur des autres persécutions de Port-Royal.

Mere (1), nommé M. d'Epinoy. Il me demanda ce que
j'alois faire chez luy. « Ce que vous allez faire chez vos
« amis, Monsieur, luy dis je, quand vous allez leur
« rendre visite. Mais de quoy vous entretintes vous, me
« répliqua t'il? De toutes les nouuelles du temps, luy
« repartis je ; et comme l'on s'entretient ordinairement
« dans ces sortes de visites. Il faudroit auoir bonne
« memoire pour me souuenir de ce que j'ay dit et de tout
« ce qu'on m'a dit, dans les visites que j'ay renduës à
« mes amis. » Je luy faisois bien connoistre, par mes
réponses, que j'auois pitié de la pauureté de ses demandes.

Il me questionna fort particulierement sur une visite
que nous auoit renduë depuis peu M. de Tillemont, qui
demeuroit alors à Beauuais, et qui, étant venu à Paris
exprès pour nous voir, auoit passé quelques jours chez
nous. Comme nous le reconduisions, M. de Sacy et moy,
dans le carrosse d'un de nos amis, jusqu'à Epinoy (2),
d'où il prit ensuitte le chemin de Beauuais, et qu'on
obseruoit, comme je l'ay dit, toutes nos démarches (3),
depuis quelque temps, on se figura quelque chose de
consequence dans ces allées et venuës, n'y ayant rien de
plus vray qu'une idée forte qu'on a dans l'esprit est
comme un verre jaune ou rouge, qui represente tous les
objets de la couleur dont il est. Il me parut donc que le

(1) M. de Saint-Ange, dont il a été question plus haut, aussi bien
que de M. d'Epinoy, p. 43.

(2) Epinay-Champlatreux, Seine-et-Oise, arr. de Pontoise, cant. de
Luzarches. — Fontaine dit qu'ils n'allèrent que « jusqu'à Saint-Denis. » *Mémoires*, t. II, p. 306.

(3) « On mettoit des gens en sentinelle pour observer tout ce qui
« entroit au logis, ou ce qui en sortoit. On le suivoit (M. de Saci)
« toutes les fois qu'il sortoit. On marchoit sur tous nos pas. » *Mémoires
de Fontaine*, t. II, p. 306.

17

Lieutenant ciuil faisoit un grand fonds sur cet article,
et qu'il prétendoit en tirer de grandes lumieres pour
découurir les intrigues dont on luy auoit parlé. Il me
pressa de luy dire qui étoit cette personne, qui auoit
passé quelques jours chez nous et que nous auions ra-
menée dans un carrosse, un tel jour qu'il me marqua (1).
J'eus peine à le luy nommer, non qu'il y eust le moindre
mal à le faire, mais parce que je ne croyois point qu'il
eust aucun droit d'exiger de moy que je luy nommasse
aussy nos amis qui me venoient voir ; comme si
ç'auoit été un crime à de fidelles sujets du Roy de se visiter innocemment les uns les autres. Et d'ailleurs il me
paroissoit desagreable de nommer particulierement celuy
cy, à cause que M{^r} son pere pourroit auoir du chagrin de
voir son nom dans les interrogatoires (2) publics. Cependant, comme il me pressoit sur cela d'autant plus qu'il
remarqua que j'auois peine à le dire, je consideray en
moy même qu'il scroit plus auantageux de le déclarer
que de le taire, et que, dans le fonds, il n'étoit d'aucune
consequence de cacher le nom d'un amy, qui n'étoit
meslé, non plus que nous, dans aucune mauuaise affaire,
ny dans aucune intrigue. C'est ce qui me détermina à
luy donner la satisfaction qu'il me demandoit. « Vous me
« pressez, lui dis je, Monsieur, de vous déclarer le nom
« de cette personne, et vous croyez qu'il y a là quelque
« mystere, à cause de la peine que vous remarquez que

(1) Fontaine donne le motif de cette grande précision : « Nous
« allâmes par honnêteté reconduire jusqu'à Saint-Denis M. de Tille-
« mont qui étoit venu de Beauvais, où il demeuroit, pour voir M. de
« Saci : l'espion étoit derriere le carosse. » *Ibid.* Voir aussi plus
haut, p. 257.

(2) Ici encore il y avait *interrogations* pour *interrogatoires ;* mais
la mauvaise lecture du Ms. était évidente, puisque « le copiste a mis :
« *Interrogations publics.* » A partir de cet endroit, il se corrige.

« j'ay à le faire. J'en suis fâché, en effet, à cause de
« M. son pere, qui ne sera pas bien aise que son nom
« soit écrit sur vos papiers. Mais, afin que vous ne vous
« figuriez pas des crimes d'Etat où il n'y a pas seule-
« ment ombre de faute, je vous diray que cet amy s'ap-
« pelle M. de Tillemont, que je connois depuis mon
« enfance, auec qui j'ay demeuré fort longtemps, et que
« j'aime comme un tres homme de bien et comme mon
« meilleur amy. » Il demeura un peu surpris, et même,
à ce que je crois, un peu fâché de m'auoir tant pressé
sur le sujet d'une personne dont la visite étoit tout à fait
innocente, et dont il connoissoit si particulierement le
pere et honoroit son merite.

Dieu m'assista singulierement, lorsque, ce magistrat
m'ayant demandé ensuitte si je connoissois un nommé
M. Lebrun (1), il m'ôta entierement du souuenir l'idée de
ce gentilhomme : ce qui fit que je répondis tres sincerement que je ne le connoissois point et que je n'en auois
jamais entendu parler. Car, comme ce nom n'étoit pas
celuy de sa famille, il ne me vint point du tout alors dans
l'esprit que je le connusse. Et je sçauois qu'on luy en
vouloit particulierement, quoy qu'il fust parfaittement
honneste homme. C'est pourquoy je regarday comme un
effet singulier de la diuine Prouidence de ce que l'oubly
passager de son nom me mit en état de parler tres sin-

(1) Ce nom-là s'était trouvé dans les papiers d'un nommé Hanche-
men, envoyé de Louis Fouquet, évêque d'Agde, désireux de s'affilier
au parti janséniste. Arrêté sous le pseudonyme de Villars, l'envoyé
fut mis à la Bastille, le 10 février 1666, et les commissaires, chargés
de son affaire, pensaient « que Le Brun pouvoit bien être Arnault, qui
« changeoit de nom et de quartier assez souvent selon le besoin
« des affaires. » C'est Desmarets de Saint-Sorlin, piqué au jeu par les
Visionnaires de Nicole, qui s'acharnait à faire prendre ce Le Brun.
Mémoires du P. René Rapin, t. III, pp. 358-361.

cerement et seruit à me tirer d'un grand embarras, où je
me serois peut estre trouué, sans cela.

Enfin le Lieutenant ciuil, ne remarquant dans tout mon
interrogatoire que des bagatelles qui lui donnoient de la
confusion à luy même, s'auisa de me reprocher de ce que
je me liois d'amitié et demeurois auec tous ces gens là ;
me désignant, par ce terme general et odieux, ces
Messieurs du Port Royal. « Hé, Monsieur, me dit il, vous
« estes homme de qualité. Que ne faittes vous comme
« tous les autres ? Que ne vous mariez vous ? et que
« n'achettez vous une charge, pour viure auec honneur
« dans le monde ? Car, tant que vous demeurerez auec
« ces gens là, on vous persecutera comme des chiens. »
Je luy répondis ; que chacun auoit son inclination particuliere ; que les uns se faisoient honneur de paroistre
dans les charges, et les autres trouuoient leur plaisir à
s'occupper dans le cabinet ; que, pour ce qui étoit du
mariage, j'en connoissois bien pour le moins autant qui
étoient heureux de n'y estre point engagez, que d'autres
qui y trouuassent leur bonheur. « Il est vray, me repli-
« qua t'il fort ingenuëment, que j'ay été aussy moy
« même marié (1). » Il n'acheua pas, mais il me fit
trop entendre ce qui a été si connu depuis, qu'il fut le
pere le plus malheureux du monde d'auoir eû pour fille
plutost un tygre et un monstre d'inhumanité qu'une
creature raisonnable (2). Quant à l'union que j'auois auec

(1) A Marie Olier, sœur du fondateur de Saint-Sulpice.

(2) Fontaine dit que : « parmi les empoisonneurs dont on parloit fort
« alors la plus criminelle étoit sans doute la Dame de Brinvilliers,
« fille du magistrat qui s'applaudissoit de notre capture, et qui avoit
« peut-être déja dans le corps le poison lent que sa fille lui donna, et
« dont il mourut deux mois après notre prise. » *Mémoires*, t. II,
p. 313. L'arrestation et l'interrogatoire étant du 13 mai 1666, et la

ceux qu'on persecutoit, et dont il vouloit en quelque
sorte me faire un crime, je luy laissois à juger si c'étoit
une raison pour moy de rompre auec eux, à cause qu'on
les persecutoit, et si j'eusse été bien aise que mes amis
m'eussent quitté, en me voyant exposé, comme je l'étois,
aux persecutions des mêmes personnes, quoyque je fusse
aussi innocent qu'il pouuoit bien le juger luy même.
Mon interrogatoire dura fort longtemps. Et l'émotion
qu'une si grande surprise me causa, jointe à la chaleur
extraordinaire qu'il faisoit alors et à la peine d'esprit que
je souffrois, me causa un si furieux épuisement que je me
vis en danger de tomber en foiblesse. Je le dis au Lieutenant ciuil et le priay de ne point trouuer mauuais que
je me fisse apporter un boüillon, parce que je n'en pouuois plus. Et je le pressay en même temps de vouloir
bien en prendre un aussy, jugeant qu'il n'en auoit guere
moins besoin que moy. Il s'excusa, pour ce qui étoit de
luy, sur ce que cela n'étoit pas dans l'ordre, et il fit dire
aussitost qu'on m'apportast un boüillon, lequel je pris
par pure necessité tel qu'il pouuoit estre ; car les Suisses
s'étoient rendu maistres de nostre cuisine et de nostre
pot, pour y faire ce qu'il leur plaisoit. Mais le Colonnel
au même temps enuoya donner ordre à ses gens d'apporter au Lieutenant ciuil un boüillon de sa cuisine, qui
étoit sans doute meilleur que le nostre.

Après qu'il eut acheué de m'interroger, il me fit souffrir, en présence du Colonnel, une humiliation à laquelle
je ne me fusse pas attendu. Car il voulut que je vidasse
toutes mes poches en leur presence. Cela me parut un
peu mortifiant et indigne d'un gentilhomme ; mais il fallut m'y soumettre. Et comme il n'auoit rien trouué, dans

mort du Lieutenant civil Daubray, le 10 septembre suivant, ce serait
quatre mois après.

mes paroles, qui pust donner lieu de me soupçonner de
la moindre chose, il cherchoit au moins dans mes poches(1)
de quoy justifier tout ce grand éclat qu'on auoit fait pour
nous arréter. Quelque peine donc qu'une telle indignité
me causast, je m'y soumis, sacrifiant volontiers l'honneur d'une certaine bienséance à une plus grande con-
uiction de ma parfaitte innocence. Ainsy je luy exposay
toutes mes lettres qui se trouuerent dans ma poche, et
qui ne seruirent qu'à le confirmer de nouueau dans la
pensée qu'on s'étoit furieusement mépris dans tout ce
qu'on auoit fait. Ensuite il voulut visiter mon cabinet,
mes papiers et mes liures. Et en entrant dans mon cabinet, comme il s'appliqua d'abord à regarder la belle veuë
du jardin et de cette perspectiue dont j'ay parlé, je sau-
uay les petites lettres prouinciales, de l'Impression
d'Hollande (2), qui se trouuerent sur ma table, et qu'il
eut pu mettre dans sa poche comme un liure méchant
pour moy et bon pour luy. J'écartay aussy une relation,
écritte à la main, de ce qui s'étoit passé à Port Royal de
Paris, lorsqu'il y alla auec l'archeuesque, pour en enleuer,
comme j'ay dit (3), quelques unes des principales Religieuses. Je l'auois trouuée dans les papiers de mon
pere (4), et l'auois laissée, je ne sçay comment, sur la

(1) Le premier éditeur a mis « papiers, » (p. 272), dont il sera
question, mais plus loin.

(2) *Les Provinciales, Ou les lettres escrites Par Louis de Montalte à
un provincial de ses amis, et aux RR. PP. Jesuites :* Sur le sujet de la
Morale et de la Politique de ces Pères. A Cologne, chés Pierre de la
Vallée (Amsterdam, Daniel Elsevier), 1657, pet. in-12. — L'édition
princeps, publiée clandestinement en dix-huit lettres séparées, du
23 janvier 1656 au 24 mars 1657, était in-4°.

(3) Voir plus haut, p. 181.

(4) Son père avait des rapports continuels avec Port-Royal. On a
déjà vu les lettres que la Mère Agnès lui adressait, à propos de la mort
de sa fille Anne Thomas et de la Mère Angélique Arnauld. Voir plus
haut, p. 66 et 100.

table de mon cabinet. Il n'y auoit qu'une seule que j'aurois été fâché qu'il eust veuë. C'étoit celle que j'écriuis
confidemment à ma sœur Melthide, Religieuse de Port
Royal, après toutes les affaires qui s'étoient passées
dans sa maison (1). Et pour empescher qu'il ne la vist,
sçachant bien qu'elle tomberoit entre ses mains, dans cette
reueuë de mes papiers, je le préuins de bonne heure, en
luy témoignant que je luy allois tout montrer ; mais que
je le priois seulement d'auoir quelque égard pour les lettres qui regardoient ma famille. Il m'assura aussitost
qu'il y auroit tout égard que je pouuois souhaiter et qu'il
sçauoit bien ce qui étoit dû au secret des familles. Je
commençay donc à luy apporter le premier tiroir d'un
cabinet de bois de noyer, où je serrois mes papiers (2).
Et il arriua que, dans ce tiroir, il y auoit quatre ou cinq
copies d'une même vie, qui étoit celle de Saint Alexandre,
patriarche d'Alexandrie, predecesseur de S. Athanase.
Cet ouurage auoit été, comme je crois l'auoir dit ailleurs (3),
mon premier essai, où M. le Maistre auoit fait beaucoup
de corrections et de ratures, et que j'auois fait et refait depuis plusieurs fois, à mesure que le jugement se formoit
et que la connoissance s'augmentoit en moy. C'est la
raison pour laquelle il s'en trouua tant de copies différentes dans ce tiroir : ce qui chagrina merueilleusement
ce magistrat, lorsque, cherchant dans mes papiers des
crimes d'État et des intrigues, il n'y trouuoit que des
Vies de Saints. Aussi il se dépita, en quelque sorte, et ne

(1) Voir plus haut, pp. 186-196.

(2) Ce passage pourrait servir à montrer qu'on se méprend quelquefois sur le lieu où Alceste place le sonnet d'Oronte, quand il lui dit :

Franchement, il est bon à mettre au cabinet.

Molière, Misanthrope, Acte I, sc. 1.

(3) Plus haut, pp. 4 et 5.

put point s'empescher de me dire encore une fois et auec
chaleur : « A quoy vous amusez vous, Monsieur ? Et que
« ne vous mettez vous dans le monde ? Que n'achettez
« vous une charge de Maistre des Requestes ? » Je le
laissay dire, voyant bien qu'il y auoit de la passion : et
pour moy, je crois que le nom d'un Rolland le furieux
l'auroit moins effarouché que la vie d'un Saint Alexandre,
et que, dans la préuention qu'il auoit conceuë contre
nous, il m'auroit pardonné plus aisément quelque piece
de théatre que cet ouurage de piété.

Après qu'il eut acheué de visiter ce premier tiroir, je
luy en presentay un autre, où il ne put découurir non
plus autre chose qui donnast le moindre soupçon contre
nous. Je luy apportay aussy tous les tiroirs les uns après
les autres, auec la franchise d'un homme qui se sentoit
innocent. Je me contentay seulement de luy dire, lorsque la lettre dont j'ay parlé luy tomba entre les mains,
et qu'après l'auoir ouuerte il eust lû au commencement;
Ma tres chere sœur : « Vous sçauez, Monsieur, luy dis je,
« ce que vous m'auez fait la grâce de me promettre tou-
« chant le secret des familles. C'est une lettre que j'ay
« écritte à une de mes sœurs. Ouy dà, Monsieur, me ré-
« pondit il ; cela est juste. » Et en même temps, repliant
la lettre, il me la rendit. Enfin, ayant acheué de visiter
et d'examiner toutes choses dans mon cabinet et dans ma
chambre, il me pria de me retirer et de luy faire venir
mon frere. J'allay donc dans la chambre de mon frere
auec le Colonnel, pendant qu'il alla subir son interrogatoire à son tour. Me voyant là seul auec cet officier, je ne
pus point m'empescher de lui témoigner de nouueau
l'étonnement où j'étois de tout ce fracas que l'on auoit
fait pour si peu de chose. « En vérité, Monsieur, luy dis
« je, je vous plains, et j'ay quelque confusion de ce qu'un
« officier de vostre qualité, destiné uniquement pour

« garder la personne sacrée du Roy, a été employé pour
« arréter d'une manière si scandaleuse deux ou trois
« personnes, qui ne songeoient à rien moins qu'à ce qu'on
« leur imputoit. » Il me répondit plutost par le chagrin
qui me parut sur son visage que par ses paroles, et me fit
assez connoistre la confusion qu'il auoit luy même de
s'estre veû engagé dans une si sotte affaire. Car sa présence à mon interrogatoire luy auoit encore mieux fait
connoistre la follie de tout ce projet.

Comme il y auoit peu de temps que mon frere étoit
sorti du college, et qu'il ne connoissoit rien à toutes les
affaires dont il s'agissoit, le Lieutenant ciuil abbrégea
beaucoup son interrogatoire, étant d'ailleurs conuaincu
par le mien, ainsy qu'il le dit luy même, que nous étions
fort innocens. Il ne laissa pas d'estre une heure apres
midy, quand tout cela fut fini. Car je fus bien cinq ou
six heures en conference auec ce magistrat (1). Mais
lorsque nous croyons estre quittes de tout, et que nous
auions au moins cette consolation, dans nostre malheur,
de sçauoir que M. de Sacy n'étoit point chez nous, quand
tout ce bagarre arriua, et de croire qu'il auoit heureusement éuité le piege que l'on nous auoit dressé, nous
fûmes bien étonnez de le voir arriuer, à une heure après
midy, dans le carrosse du Lieutenant ciuil, auec la
personne qui l'accompagnoit (2). Car voicy comment il

(1) Fontaine dit seulement : « Il le questionna pendant trois heures
« qui lui parurent bien longues. » *Mémoires*, t. II, p. 314. — Ce fut
l'interrogatoire proprement dit; le reste du temps dut être employé
à la visite des papiers.

(2) Fontaine, qui a consigné tous les détails de leur arrestation dans
ses *Mémoires* (t. II, pp. 304-323), a donné la date « du 14 Mai 1666,
« le même jour qu'avoit été pris M. de S. Cyran. » (P. 306.) C'est un
léger anachronisme pour rappeler un anniversaire vénéré. Le récit
de du Fossé prouve que ce fut le 13 mai, comme Fontaine l'a mis dans
un autre récit de leur arrestation. Voir *Vies intéressantes et édifiantes
des Religieuses de Port-Royal*, t. IV, p. 159.

fut arrêté. Ceux qu'on auoit mis en sentinelle vis à vis de notre maison, l'ayant veu sortir du matin par la porte qui donnoit dans la ruë de Charonne, le suiuirent. Et justement au détour de cette ruë, dans la grande ruë du faubourg, ils apperceurent le carrosse du Lieutenant ciuil qui passoit pour venir chez nous. Ils allerent dans l'instant luy donner auis que M. de Sacy n'étoit plus dans notre maison, mais qu'il en étoit sorty du matin pour aller en ville, et qu'il marchoit à cinquante pas du carrosse. Le Lieutenant ciuil donna ordre, au même temps, à un commissaire qui étoit dans son carrosse de le suiure et de l'arréter, quand il verroit qu'il le pourroit faire sans bruit. Ce commissaire suiuit donc M. de Sacy jusques vers la Place Royale, où la crainte qu'il eut de le laisser échapper le porta à s'assurer de sa personne, en s'approchant tout d'un coup de luy, auec sa robbe de commissaire, en le nommant par son nom et luy déclarant qu'il auoit ordre du Roy de l'arréter. Il le fit entrer en même temps, auec celuy qui l'accompagnoit, dans la maison du commissaire de Montauban (1), vis à vis de laquelle il l'auoit salué de ce compliment, qui le surprit fort, comme on peut bien le juger : et on les mit séparément dans deux chambres, où ils eurent tout le loisir, pendant six ou sept heures de temps, de se préparer sur ce qu'ils auoient à dire ; car ils se douterent bien du sujet pour lequel on les arrétoit, qui n'étoit autre que la

(1) Le passage suivant des *Mémoires de Fontaine* offre quelques légères différences : « Ils ne voulurent point faire d'éclat ; et comme « nous étions au bureau des carosses de louage, au coin de la Place « Royale, ils prierent le maître du bureau d'agréer que nous mon- « tassions dans un carosse qui étoit là pour passer seulement la rue, « et aller auprès de S. Paul, chez le Commissaire Vendôme. » T. II, p. **309.** Il faut entendre la rue S. Antoine, et le petit bout de rue où était l'église Saint-Paul. Voir plus haut, p. **242.**

liaison tres intime qu'auoit M. de Sacy auec la maison de Port Royal des Champs, dont il auoit tres longtemps conduit, auec toute la sagesse et toute la pieté possible, les Religieuses qui auoient encore une confiance toute particuliere en ses conseils ; car, quoiqu'il se vist éloigné d'elles par la violence de leurs ennemis, il ne croyoit pas pouuoir en conscience leur refuser les auis que le seul désir de se conseruer et de s'auancer dans la piété les portoit à luy demander.

Aussy tout le crime qui parut dans son interrogatoire, lequel dura bien deux heures et demye, fut la liaison toute de pieté que sa conscience ne luy permit pas de rompre auec de si saintes filles, qui auoient raison de se confier à la lumiere de sa conduitte, où elles n'auoient jamais remarqué rien que de saint et de digne de la grandeur de la Religion qu'elles professoient. Le Lieutenant ciuil luy ayant trouué, tant sur luy que dans son cabinet, plusieurs lettres de ces religieuses, luy reprocha de ce qu'il entretenoit toujours de la liaison auec des filles que l'on auoit interdittes : mais il répondit tres sagement que jamais elles n'auoient eû plus de besoin de soutient et de consolation, que lorsqu'elles paroissoient abandonnées de tout le monde ; qu'il auroit manqué à la fidelité qu'il deuoit à Dieu, si la crainte des maux temporels l'auoit empesché d'assister des filles dont il luy auoit donné la conduitte, et qui demandoient ses auis dans la seule veuë de Dieu ; qu'il n'auoit point même en cela contreuenu ni aux ordres de l'archeuesque, leur superieur, ni à ceux du Roy, puisqu'il n'en auoit reçu aucun sur cela. Ce magistrat le pressa beaucoup de luy déclarer les noms de celles qui luy écriuoient ces lettres qu'il présentoit. Mais il luy ferma la bouche par cette réponse également ferme et judicieuse : « Vous n'y faittes « pas, Monsieur, luy dit il, assez de réflexion. Et vous

« même deuriez estre le premier à me condamner, si je
« vous disois ce que vous me demandez, puisque je ne le
« pourrois, sans trahir mon ministere. Ce sont des
« lettres où des personnes me parlent confidemment de
« leurs consciences : je suis prestre et je leur dois en tou-
« tes manieres le secret. S'il auoit été en mon pouuoir de
« brûler leurs lettres, j'aurois dû le faire : mais ne
« l'ayant pû, parce que je n'y auois pas encore fait de
« réponse, lorsqu'elles sont tombées entre vos mains, je
« dois au moins faire ce qui est en moy, en taisant leurs
« noms, que je ne pourrois vous déclarer, sans me rendre
« criminel deuant Dieu et deuant les hommes. » Quoy
que le Lieutenant ciuil luy dist sur cela, il ne put tirer
d'autres réponses. Enfin il sceut se soutenir, dans tout
son interrogatoire, auec une si grande sagesse et une
telle fermeté qu'il a été admiré de ceux qui l'ont veû.
Et le Roy luy même, l'ayant fait lire en plein Conseil,
le loüa beaucoup et dit que c'étoit là l'interrogatoire d'un
homme qui auoit beaucoup d'esprit et de vertu (1).

Il étoit trois heures et demye, ou enuiron, lorsque le
Lieutenant ciuil nous quitta pour aller disner chez le Colonnel Molondin. Et pour nous autres, nous mangeâmes,
comme nous pûmes, les restes des Suisses, qui userent
de la liberté qu'ils auoient pour faire ce qu'ils voulurent
dans nostre cuisine. Il reuint encore, après son disner,

(1) Ce récit de du Fossé ajoute quelques circonstances au récit de
Fontaine, qui se rencontre avec lui sur ce dernier point. « Lorsque
« cet interrogatoire, dit-il, fut porté devant les Ministres, et ensuite
« devant le Prince, on avoua d'un commun consentement, que celui
« qui avoit répondu de la sorte, avoit beaucoup d'esprit et de sagesse,
« et qu'il avoit su compasser toutes ses paroles selon les regles de la
« prudence humaine et divine. » *Mémoires*, t, II, p. 317. Port-Royal
n'était pas insensible à ce genre de mérite et de succès, et il a toujours grand soin de le rappeler.

et fut jusqu'à neuf heures du soir à acheuer d'interroger ceux qui étoient chez nous (1). Alors il nous fit prier, mon frere et moy, d'aller le trouuer dans ma chambre, et, auant que de partir, il nous dit qu'il esperoit que nous aurions satisfaction, dans deux ou trois jours ; mais qu'en attendant il nous laissoit le lieutenant (2) du chevalier du Guet, auec ses gens, pour nous garder, et que les commissaires alloient mettre le scellé sur ce qui n'auoit point encore été veû. Puis il nous demanda s'il pouuoit nous seruir en quelque chose. Nous l'en remer-ciâmes ciuilement, n'étant que trop satisfaits du seruice qu'il nous auoit déja rendu. Le Colonnel Molondin me fit un semblable compliment ; et j'y répondis qu'ayant l'honneur d'estre de ses voisins, depuis quelque temps, je ne me fusse pas attendu à une telle entreueuë, pour la première fois ; mais que, dans notre malheur, nous ne pouuions tomber en des mains plus fauorables que les siennes ; et qu'il nous étoit trop honorable d'auoir été gardez par un des premiers officiers de la Garde du Roy même pour nous en plaindre. Ils s'en allerent ainsy, peu contents, à ce que je crois, de leur expedition aussy bien que nous : c'est à dire que, depuis six heures du matin jusqu'à neuf heures du soir, nostre logis fut remply de toutes sortes de gens, dont quelques uns s'appliquérent à leurs interets particuliers, tandis que les officiers publics trauailloient à exécuter les ordres du Roy.

Nous passâmes cinq jours entiers (3), auec nostre gar-nison, sans entendre parler du Lieutenant ciuil, que nous attendions tous les jours auec quelque sorte d'im-

(1) Le gentilhomme Claude, ensuite Hérissant, domestique de M. de Saci et une servante.

(2) L'Imprimé supprime ces deux mots (p. 277). Plus haut, il avait mis « Molandin. »

(3) Jusqu'au 18 mai.

patience, parce que, le Lieutenant du Cheualier du Guet couchant dans la chambre de mon frere, nous étions obligez de coucher ensemble, luy et moy. dans un lict assez étroit et pendant une chaleur extraordinaire. D'ailleurs nous étions extrémement géhennez, ayant deux archers couchez à la porte de nostre chambre, et M. de Sacy en ayant deux dans sa chambre même. Nous n'eûmes pas la liberté d'entendre la messe, le jour même du dimanche. Enfin tous ces gens étoient, contre l'ordre, à nostre charge, viuant à nos dépends, et leur officier mangeant auec nous à nostre table, ce qui nous tenoit dans une continuelle contrainte. Je secoüay neantmoins un peu le joug, et nous allions, mon frere et moy, prendre l'air et nous promener dans le jardin ; ce qui fit d'abord un peu de peine à nos gardes. Mais ils virent bien qui nous étions : et outre que M. Rousseau, leur lieutenant, étoit fort honneste à nostre égard, il se trouua même, par un hazard surprenant, qu'un de nos gardes, ayant entendu nommer le nom de nostre famille et sceu que nous étions de Roüen, nous vint faire beaucoup de ciuilité et nous témoigna qu'il auoit mangé du pain de nostre maison, ayant seruy chez ma grand mere. Nous fûmes rauis de cette heureuse rencontre, qui nous procura plus d'honnesteté de leur part.

Enfin le Lieutenant Ciuil nous vint voir, non pour nous donner la satisfaction à laquelle nous nous attendions, sur sa parole, mais plutost pour nous amuser par de belles esperances. Il nous témoigna, à mon frere et à moy, que nous auions un puissant patron à la Cour, qui étoit M. le Tellier, Secrétaire et Ministre d'État, et qu'il luy auoit parlé d'une maniere fort auantageuse sur nostre sujet ; que l'archeuesques de Paris (1) ne vouloit en au-

(1) M. de Péréfixe.

cune sorte agir contre nous ; qu'il témoignoit même la meilleure volonté du monde pour M. de Sacy, pour qui il faisoit paroistre de l'affection et de l'estime. Ce qu'il nous dit sur cela contribua au moins à nous faire supporter un peu plus doucement l'état pénible où nous étions. Nous commençâmes donc à espérer que nous serions bientost en liberté, et c'étoit le bruit commun. Quant à mon frere et à moy, on ne mettoit pas seulement la chose en deliberation. Et l'on trouuoit seulement un peu plus de difficulté pour ce qui regardoit M. de Sacy, à cause de l'engagement que son caractere luy auoit donné auec les Religieuses de Port Royal qu'on persecutoit d'une maniere si étonnante.

Mais le Lieutenant ciuil me fit aussitost après un compliment qui me surprit fort, et auquel je ne m'attendois en aucune sorte. « Voulez vous bien, Monsieur, me dit il, « vous fier à moy et vous assurer sur ma parole ? » Moy qui ne sçauois du tout de quoy il vouloit me parler, je demeuray un peu interdit. Il me pressa de nouueau, en me demandant encore si je ne voulois pas bien me fier à luy. Je luy répondis le plus honnestement que je pus, sans sçauoir de quoy il était question. Alors s'ouurant dauantage à moy : « Voulez vous bien, ajouta t'il, Mon- « sieur, venir auec moy, seulement pour une demye « heure, à la Bastille? Je vous donne ma parole que vous « serez de retour icy dans une heure. » Cette maniere si honneste, dont il me parloit et me demandoit mon consentement pour me mener à la Bastille, faisoit bien juger qu'il n'auoit point d'ordre pour cela, puisqu'on ne demande point l'agréement des gens pour les mener en un tel lieu, quand on a receu un ordre pour les y conduire. Mais me voyant obligé de faire ce qu'il disoit, je tâchay au moins de le faire de la meilleure grâce que je pus, et luy témoignay que j'étois prets d'y aller. J'eus neant-

moins beaucoup d'inquietude sur ce sujet, m'étant douté
que c'étoit une parole qui m'auoit échappé dans mon
interrogatoire, à l'occasion du sieur Saureux (1), libraire,
et de quelques liures qu'il m'auoit donnez. J'en eus un
tres grand chagrin. Mais la parole étoit ditte :

Et semel emissum fugit irreuocabile verbum (2).

Et je crois qu'on m'excusera un peu, si on songe à la
surprise effroyable où je me trouuay ; à l'inexperience où
j'étois dans ces sortes d'interrogatoires ; à la mauuaise
volonté de celuy qui, à chaque mot, me dressoit un
piége ; et au trouble que me causa l'entrée si choquante
de tous ces Suisses par ma fenestre. Je veux bien souffrir cependant d'estre blâmé, comme je le fus en effet par
mes amis, pourueu qu'on ne condamne pas mon intention ; puisque j'aurois souhaitté rachetter bien chérement
cette parole, pour mettre à couuert un fort honneste
homme, qui n'auoit jamais rien imprimé contre l'Etat,
et qui tout au plus ne pouuoit estre accusé que touchant
quelques écrits qui justifioient l'innocence des personnes
qu'on persecutoit sans sujet, depuis si longtemps ;
comme l'affaire qu'on nous auoit faitte tout nouuellement
en pouuoit estre une preuue conuainquante. Ce qu'il y
auoit de fauorable dans la faute que je fis, c'est que nul
liure n'étoit nommé dans mon interrogatoire au sujet du
sieur Saureux. Et ainsy j'eus un beau champ pour me
tirer de ce mauuais pas.

(1) Charles Savreux, l'un des libraires et imprimeurs ordinaires de
Port-Royal. Cela le fit mettre trois fois à la Bastille. L'une d'elles fut
le 2 février 1656, après la publication de la première *Provinciale*. Il
y était aussi en 1666, comme le prouve ce passage. Neuf ou dix mois
après sa dernière sortie, il mourra, d'un accident de voiture, le 21 septembre 1669.

(2) Horace a dit *volat* au lieu de *fugit*. EPITRES, liv. I, 18.

Lors donc que je fus arriué, auec le Lieutenant ciuil,
à la Bastille, et que nous fûmes entrez dans la salle
du Gouuerneur, j'y vis entrer, un moment après, le
pauure Saureux, qu'on y amena pour me confronter sur
mon interrogatoire. On peut bien juger de la peine qu'il
ressentit en me voyant. Et il remarqua aussy assez la
mienne. Car nous ne pouuions n'estre pas tous deux
également affligez de ce qu'une inaduertance de ma part
le mettoit dans l'engagement de se justifier sur une
chose qu'auoit ditte à son sujet l'un de ses meilleurs
amis (1). D'abord qu'il parut, le Lieutenant ciuil me produisit mon interrogatoire, me fit lire par son secretaire
ou son greffier l'endroit où j'auois parlé du sieur Saureux
en termes fort generaux, et me demanda si je ne reconnoissois pas ce que j'auois dit. Je ne pus pas le nier.
Mais le sieur Saureux, ayant pris à l'heure même la
parole, lui dit qu'il reconnoissoit aussy m'auoir vendu
plusieurs liures, dont il nomma quelques uns. J'y en
ajoutay de mon costé encore d'autres, tous liures imprimez auec priuilege et approbation. Et je suppliay ce
magistrat d'obseruer que je n'auois specifié, en particulier, aucun liure dans mon interrogatoire, et qu'ainsy il
ne pouuoit en tirer aucune induction contre ledit sieur
Saureux. Il demeura étourdi de nos réponses, n'ayant
pas luy même fait réflexion sur la maniere dont ma dépo-

(1) Cet imprimeur était en grande estime auprès des hommes de
Port-Royal. Le jour de leur arrestation, en passant le long de la
Bastille, Fontaine disait à M. de Saci : « En vérité nous ne pensons
« pas assez à ceux qui sont enfermés en ce lieu. On s'accoutume à
« leurs maux, on s'y endurcit. On n'a point cette compassion dont
« parle S. Paul, qui fait que l'on est aussi sensiblement touché de la
« captivité des autres que si l'on étoit captif soi-même. » Ils furent
« arrêtés, comme il disoit cela au sujet du bon M. Savreux qui étoit
« à la Bastille depuis longtemps. » *Mémoires*, t. II, p. 308.

18

sition étoit exprimée, et se trouuant tout d'un coup
déconcerté. La confusion qu'il en receut le fit entrer en
colère, et, regardant auec indignation le sieur Saureux,
il luy dit : « Ce sont là encore de tes deffaites. Tu es un
« coquin, et je te feray pendre. » Le sieur Saureux,
qui étoit fort sage, ne répondit rien à un tel emporte-
ment. Mais je pris moy même la parole et dis au Lieutenant ciuil, aussi froidement que je le vis échauffé :
« Il faudra du moins, Monsieur, d'autres preuues pour
« luy faire son procès ; car ce que j'ay dit ne peut luy
« nuire. » Il le reuoya ensuitte dans la prison (1). Et pour
moy, il donna ordre au Lieutenant du Cheualier du Guet,
qui m'auoit accompagné auec luy, et à un Commissaire,
de me remener dans son carrosse chez nous. Ce fut là
que je remarquay une petite jalousie du Commissaire à
l'égard de cet officier. Car, à l'heure même que je fus
monté en carrosse, le sieur Rousseau s'étant hasté de
monter aussy et de se mettre à costé de moy, dans le
fonds, le Commissaire en témoigna son chagrin et pensa
se prendre de parole auec luy, comme si cette place luy
eust été deuë. Ne connoissant point leur rang ni leurs pri-
uiléges, je me mis assez peu en peine de leur differend
sur cette sorte de préseance. Et j'étois d'ailleurs plus
porté en faueur du sieur Rousseau, qui me paroissoit
un fort honneste homme, et qui agissoit à nostre égard,
auec toutes les mesures de l'honnesteté et de l'amitié
qu'on peut attendre d'un officier qui fait sa charge,
selon les regles de l'honneur et de son deuoir. J'ajouteray seulement que le Commissaire, d'une maniere peu
honneste, sembla me vouloir choquer, en me mettant
sur les affaires du Jansenisme et en me parlant d'une

(1) Toute cette scène caractéristique est mentionnée en six lignes,
dans l'Imprimé, p. 278.

maniere assez ridicule. Mais je ne sçay en quelle humeur je me trouuay de le pousser. Et, comme il battoit la campagne, sans sçauoir où il alloit, s'ingerant de parler d'affaires qui n'étoient point de son mettier, je le turlu-pinay de telle sorte et luy fis si bien remarquer son éga-rement que le sieur Rousseau, le voyant suer, à force de ne rien dire qui vaille, acheua de le confondre par ce compliment : « Croyez moy, monsieur le Commissaire, « ce n'est point à vous à vous joüer auec Monsieur sur « ces matières ; n'entreprenez point de voler plus haut « que vos aîles ne peuuent porter. » Je crois neantmoins que cette dispute arriua aprés, dans le chemin, non depuis la Bastille jusques chez nous, mais depuis chez nous jusqu'à la Bastille, quand nous y fûmes conduits, au bout de quelques jours (1).

----

(1) Bien peu des détails intimes de cette longue narration ont trouvé grâce devant le premier éditeur. Du Fossé a fait de son arrestation deux récits. L'un, en 1697, pour complaire à Mme le Sesne de Temeri-court, dont il a parlé dans son *Avertissement*, est assez succinct et fut l'occasion de ses *Mémoires*. (Voir t. 1, pp. iii et iv.) L'autre, qu'on vient de lire, est de beaucoup le plus intéressant et le plus complet.

CHAPITRE XXI.

— 1666. —

Nous demeurâmes cependant quinze jours (1) arrêtez
dans nostre logis. Et le Lieutenant ciuil venoit nous voir

___

(1) Treize jours, du 13 au 26 mai.

de temps en temps, pour examiner encore quelques papiers, nous promettant, toutes les fois qu'il venoit, que
nous aurions bientost satisfaction. Il parloit peut estre
sincerement, comme n'ayant remarqué aucune chose
qui dust empescher qu'on ne nous rendist justice. Aussy
il parut assez (1), par ce grand espace de temps que l'on
nous tint arrétez chez nous, contre toutes les régles ordinaires, selon lesquelles la maison d'un particulier ne
doit point estre changée en une prison, y en ayant de
publiques pour les coupables; il parut, dis je, combien
il falloit que les autheurs d'un si grand scandale fissent
d'intrigues et de sollicitations puissantes contre nous
pour presser le Roy de se faire en quelque sorte violence
à luy même, et d'agir, pour le dire ainsy, contre le témoignage public qu'il auoit eû la bonté de rendre à la
loüange de M· de Sacy (2). Quoy qu'il en soit, après
toutes les esperances que le Lieutenant ciuil nous auoit
données, toute la satisfaction que nous eûmes fut de
voir un jour entrer chez nous, sur les deux heures après
midy, trois carrosses pleins de commissaires, de cadets (3) et de soldats de la garnison de la Bastille. Nous
ne pûmes point douter, quoy que fort surpris, du sujet
qui les amenoit. Mais nous en fûmes encore plus assurez,
lorsque l'un de ces Commissaires, qui étoit le sieur
Picard, portant la parole pour les autres, nous vint faire,
de la part du Lieutenant ciuil, cette espece de compli-

(1) Dans le sens latin *apparuit;* il fut clair, évident.

(2) Voir plus haut, p. 268.

(3) Jeunes gens de famille noble qui servaient en qualité de *cadets*
dans les régiments de la maison du roi. Ils étaient surnuméraires
dans les Mousquetaires. C'est en 1682 seulement que Louis XIV éta-
blira des *Compagnies de Cadets* pour servir d'*Ecole militaire* à la noblesse. Voir *Dictionnaire historique des Institutions, Mœurs et Cou-
tumes de la France,* par M. Chéruel, pp. 714 et 319.

ment; qu'il auoit tous les regrets du monde de se voir
obligé, par un ordre qu'il auoit receu, de nous faire conduire à la Bastille, et qu'il en auoit été tres surpris luy
même. Je luy répondis que j'auois bien lieu de l'estre
encore dauantage que le Lieutenant ciuil, après que,
conuaincu de nostre innocence, il nous auoit fait esperer
tout le contraire de ce que nous voyions, et que M. le
Tellier luy auoit parlé de nous en des termes si auantageux. Puis je fis cette réflexion en moy même : Si c'est
là une satisfaction à la mode du Lieutenant ciuil, une
seconde satisfaction de cette nature pourroit nous mener
bien loin. « Enfin, ajoutay je, en parlant au Commissaire,
« puisque c'est un ordre du Roy, il faut obéïr. Ce ne sera
« pas à ce que je crois, me dit il, pour longtemps. Pour
« autant de temps qu'il plaira au Roy, » luy repartis je.
Nous songeâmes aussitost à faire nostre paquet. Et
j'auoüe que je ne sçauois par où commencer : car j'étois
tout interdit de voir une si grande injustice de la part de
ceux qui osoient donner aux Puissances de si fausses
préuentions contre nous. Je voyois d'ailleurs nostre
maison et tous nos meubles à l'abandon. Enfin , comme
on nous pressoit, il fallut prendre le plus necessaire et
abandonner toutes choses à la prouidence de celuy qui
sçauoit bien les raisons pour lesquelles il permettoit
qu'on nous traitast de la sorte. On nous mena donc ainsy
séparément, dans trois carrosses tres bien escortez, à la
Bastille. Et comme cette affaire auoit fait un tres grand
éclat dans le faubourg (1), et même dans tout Paris, on
nous fit l'honneur, dans les ruës (2) où nous passions
auec ce grand appareil, de nous regarder comme des

(1) Saint-Antoine.
(2) Une seule rue, celle du Faubourg Saint-Antoine, qui menait
directement de leur logis à la Bastille.

criminels ; les uns disant que c'étoit pour de la fausse
monnoye ; d'autres pour caballe ou pour heresie (1) ; et
chacun regardant comme un bonheur pour l'Etat de pouuoir estre purgé de telles gens ; à l'exception neantmoins
de quelques uns qui, mieux instruits et mieux inten-
tionnez, nous plaignoient comme des personnes accablées
injustement. Et, afin qu'il ne manquast rien à ma mortification en cette rencontre, ce fut, à ce que je crois, dans
cet espace de chemin depuis chez nous jusqu'à la Bastille,
que le commissaire, dont j'ay parlé, m'entreprit sur le
fait du Jansenisme, quoy qu'il eut sujet sans doute de se
repentir, comme je l'ay dit, de m'auoir mis sur cette
matiere (2).

En arriuant à la Bastille, on nous fit entrer d'abord
dans la salle du sieur de Beusmos (3), le gouuerneur, qui
ne nous epargna pas plus que les autres. Car, comme un
gentilhomme qui se trouua là, luy demanda, tout étonné
de nous voir, ce que c'étoit et pour quel crime on nous
amenoit, il se contenta, pour toute réponse, de luy dire ;
Que, si d'abord que Caluin commença à s'éleuer contre
l'Eglise, on en eust usé de la même maniere, on ne verroit pas presentement, dans le royaume, un party aussy
formidable qu'étoit celui des Huguenots. Quoyqu'il dist
cela d'un ton de voix assez bas, je ne laissay pas de le
bien entendre. Et j'admirois en moy même la justesse du

<hr>

(1) Fontaine dit qu'on voyait encore en eux « des gens d'affaires (Trai-
« tants) dont on vouloit examiner la conduite, des voleurs, des em-
« poisonneurs. » *Mémoires*, t. II, p. 313. Une chambre de justice avait
été instituée, en décembre 1661, pour le jugement de tous les officiers de finance accusés de prévarication.

(2) Voir plus haut, p. 275.

(3) François de Monlezun, seigneur de Bezemaux. — Olivier Lefèvre
d'Ormesson, dans son *Journal*, a mis « M. de Besmot. » (T. II, p. 286.)
D'autres « Bessemaux. »

raisonnement de cet officier, qui comparoit à des gens publiquement réuoltez contre l'Eglise et contre l'Etat des personnes qu'on ne pouuoit accuser, sans calomnie, d'auoir jamais manqué au respect deû au Prince et à l'Eglise. J'auoüe que je me sentis picqué jusqu'au vif par une comparaison si déraisonnable, et que j'entray dans un vray chagrin contre le sieur de Beusmos. Aussi je ne pus m'en taire au sieur Barail, alors lieutenant de la Bastille (1), lorsque, m'étant venu prendre pour me conduire à l'appartement que l'on m'auoit destiné, je me vis seul auec luy. Je luy fis mes plaintes d'une parole si dure, et luy témoignay qu'il me sembloit qu'un officier de qualité, comme M. de Beusmos, deuoit auoir plus de consideration pour des gens de qualité et ne leur faire pas leur procès si viste. Il me répondit fort sagement; que je ne deuois pas m'arréter à ce que le gouuerneur auoit dit; que c'étoit un cauallier qui parloit à sa maniere; qu'il auoit un conseil à me donner en amy, qui étoit de parler peu en un païs comme celuy où j'étois, parce qu'on tenoit registre de tout; et que, pour luy, il me promettoit de ne me point faire parler mal à propos. Je me tins fort obligé à son honnesteté, et je commençay dès lors à connoistre ce qu'il étoit, c'est à dire fort honneste homme et très raisonnable (2).

(1) Telle était la fonction du major Barail, dont on a fait, bien à tort, « un compagnon de captivité de M. de Saci et de Fontaine à la « Bastille, » dans la *Table* du Port-Royal de M. Sainte-Beuve, t. V, p. 10.

(2) Fontaine en fait ainsi l'éloge : « Cet homme, qui dans un lieu « de dureté ne pensoit qu'à adoucir les choses, étoit comme le pere « de tant de prisonniers qui étoient à la Bastille. Toute l'inhumanité « la plus cruelle et la plus barbare qui l'environnoit, ne pouvoit rien « sur la candeur de son àme; et il se conservoit doux et traitable. » *Mémoires*, t. II, p. 330. — D'Artagnan montra aussi de la bienveillance pour Fouquet. *Mémoires sur Fouquet*, par M. Chéruel, t. II, *passim*.

L'appartement où l'on me logea étoit celuy d'où le comte de Bussi Rabutin étoit sorti peu de temps auparauant (1). Il consistoit en une tres grande chambre, voutée comme une église et éleuée d'enuiron vint pieds, auec une seule croisée, ouuerte sur le jardin et la porte saint Antoine (2); en une petite allée et en une petite garde robbe au bout. Les quatre murs, épais de sept ou huit pieds, étoient dans leur état naturel, sans tapisserie ni peinture. La fenestre étoit fermée par une double grille de fer. Tous les meubles consistoient en une buche posée sur deux tisons, et en un grès destiné pour frapper à la porte, quand on a besoin de quelque chose. Il y auoit trois portes l'une sur l'autre, toutes reuétuës de fer. Et on venoit visiter le soir les grilles de la fenestre, pour s'assurer si l'on n'y auoit point limé ou rompu quelque barreau. Pour moy, quand je vis venir ces sortes de visiteurs, je leur declaray qu'ils pouuoient dormir en repos sur mon sujet, et que je n'étois nullement d'humeur à me casser la teste; mais que je voulois sortir par la même porte par laquelle j'étois entré. Mon frere fut mis dans une autre chambre, audessous du comte de Mongommery, qui luy demanda, par un trou qu'il auoit fait au plancher, pourquoy il étoit en prison, et si ce n'étoit point pour fausse monnaye. Ce mot surprit fort mon frere, qui ne s'étoit pas attendu à un compliment de cette sorte. Et sur ce qu'il luy répondit qu'il ne s'étoit jamais meslé d'un tel mettier, le comte lui répliqua fort

(1) Mis à la Bastille, le 17 avril 1665, à cause de l'*Histoire amoureuse des Gaules*, publiée sans son aveu, par l'infidélité de Mme de la Baume, Bussy Rabutin y resta donc un peu plus d'une année, puisqu'il venait d'en sortir, au 26 mai 1666.

(2) La Porte et le Jardin étaient à l'Est de la Bastille, faisant face au Faubourg Saint-Antoine. Son appartement était donc sur l'un des grands côtés du rectangle que formait cette fameuse prison.

plaisamment : « Ho, Monsieur, vostre affaire va bien, « puisque ce n'est point fausse monnoie ; » comme si on n'auoit eû rien à craindre, à la Bastille, pour d'autres crimes. Mais c'est qu'en effet, se sentant luy même coupable de celuy là, pour lequel il courut risque d'auoir la teste couppée (1), il en étoit tout occuppé, jusqu'à regarder comme innocens tous ceux qui n'en étoient point coupables. M. de Sacy fut conduit dans l'appartement où auoit logé M. Fouquet, surintendant des Finances (2). Et M. Fontaine, qui l'accompagnoit, fut enfermé séparément dans une autre chambre, aussi bien que le jeune gentilhomme de nostre païs, que nous auions retiré chez nous (3).

Auant que de rapporter la suitte de nostre emprisonnement, je marqueray seulement icy qu'aussitost que nous eûmes été enleuez, Madame de Pomponne (4), auec une honnesteté et une generosité que nous ne pûmes assez reconnoistre, vint prendre possession de nostre maison, et n'en partit point qu'elle n'eust fait transporter generalement tous nos meubles dans son hostel de la ruë de la Verrerie (5), où elle logeoit alors. Monsieur de Pomponne, son mary, que le Roy auoit rappelé de son exil, après auoir reconnu son innocence et son

(1) Il y avait d'abord : « il eut quelque temps après la teste « couppée.»—Gabriel II de Montgommery, qui racheta, en 1611, le comté de Montgommery, avait laissé, de Susanne de Bouquetot, trois fils : 1° Gabriel III de Montgommery ; 2° Jacques, baron d'Escouché ; 3° Jean, comte de Chantelou, près Coutances. Ce Gabriel III eut un fils : François, comte de Montgommery. — La Chesnaye des Bois. *Dictionnaire de la Noblesse.* C'est probablement ce dernier qui était à la Bastille.

(2) Nicolas Fouquet avait été transféré de Vincennes à la Bastille, dès le 18 juin 1663, et il y était resté jusqu'au lundi 22 décembre 1664, jour de la signification de son jugement où il quitta la Bastille pour aller à Pignerol.

(3) Voir plus haut, p. 248.

(4) Catherine Ladvocat, marquise de Pomponne.

(5) Quartier des Lombards, à peu de distance de l'Hôtel-de-Ville.

mérite, étoit allé en qualité d'ambassadeur extraordinaire en Suede (1). Comme j'étois particulierement connu
de luy, à cause des visites frequentes que je rendois à
Monsieur son pere, qui nous chargeoit même quelquefois de reuoir conjointement ses ouurages, il me fit l'honneur, auant qu'il partist pour la Suede, de me demander
à Monsieur de Sacy, pour l'accompagner dans cette ambassade importante. Mais le dessein que j'auois pris de
ne me point engager dans le monde, ne se seroit pas accordé auec un tel voyage. Il est vray que j'eusse euité
par là une aussi grande confusion que fut celle que je
receus dans nostre emprisonnement. Mais il est bon
qu'un chrestien, qui a renoncé à la gloire et à la pompe
du siecle pour marcher après Jesus Christ, se souuienne
de la loüange que l'Ecriture donne à Moyse, d'auoir pré-
feré de souffrir l'opprobre auec ses freres à la gloire qu'il
auroit euë d'estre regardé comme un prince à la cour
d'un Roy. Je ne laissay pas neantmoins de sentir, comme
je deuois, la grace que ce grand homme, deuenu depuis
l'un des principaux ministres de ce royaume, me fit alors
de jetter les yeux sur moy, et de vouloir bien que j'eusse
l'honneur de luy tenir compagnie, dans le temps d'une
negociation si importante (2).

(1) Olivier d'Ormesson en donne la date. « Le mercredi 25 novembre,
« (1665), feste de S*-Catherine, je fus le matin voir M. de Pomponne,
« sur son ambassade en Suède. Il me tesmoigna en estre fort content,
« parce qu'il avoit esté choisi dans le temps qu'il y pensoit le moins.
« C'estoit M. Le Pelletier qui, ayant sçeu que l'on cherchoit pour y
« envoyer, l'avoit proposé à M. Le Tellier, et le roy l'avoit agréé. On
« luy donna la qualité d'Ambassadeur extraordinaire. » *Journal*,
t. II. p. 409. Edit. de M. Chéruel.

(2) On envoyait M. de Pomponne afin de renouveler le traité avec
la Suède, pour s'assurer son alliance contre l'Angleterre. *Journal
d'Olivier d'Ormesson*, t. II, p. 409. — C'est probablement en qualité
de secrétaire qu'il désirait prendre du Fossé.

J'auouë franchement que, les deux ou trois premiers jours que je passay dans cette effroyable solitude, sans liures, sans encre et sans papier, tres mal nourri, par l'auarice des differentes personnes, depuis le gouuerneur jusqu'au cuisiner, qui gagnent tous sur une tres grosse pension que le Roy paye pour chaque prisonnier, et enfin tres incommodé d'une palpitation de cœur qui me tourmentoit, principalement toutes les nuits ; j'auouë, dis je, que ces premiers jours me parurent d'une longueur bien ennuyeuse, surtout à cause que le repos de la nuit étoit troublé par ce mal, qui étoit alors tres violent. Je crois qu'il n'y auoit pas plus de deux jours que j'étois ainsy enfermé (1), que la charité des prisonniers se fit sentir jusqu'à moy, et que, lorsque j'y pensois le moins, je receus une fort grande consolation de celuy là même que le Lieutenant ciuil m'auoit confronté, la premiere fois qu'il me mena à la Bastille (2) ; c'est à dire du sieur Saureux, qui trouua moyen de m'écrire et de m'enuoyer du papier, de l'encre et des plumes. La maniere dont cela se fit est assez curieuse pour n'estre pas oubliée.

Après le disner, comme je me promenois assez triste dans ma chambre, j'entendis frapper, à la voûte, un ou deux grands coups. J'y fis d'abord peu d'attention, croyant que ce pouuoit estre quelque prisonnier qui auoit laissé tomber quelque chose. Peu de temps après, j'entendis encore de semblables coups. Et m'étant alors arrété, je raisonnois en moy même sur ce que j'auois entendu. Dans ce même temps, on fit de nouueau le même bruit, et je ne doutay plus que cela ne me regardast, ne pouuant pas neantmoins juger encore où ce bruit tendoit. Mais je m'auisay de prendre aussitost le grès qui étoit

(1) Ce serait alors le 28 mai.
(2) Voir plus haut, p. 273.

dans ma cheminée et d'en frapper contre la muraille deux
ou trois grands coups, pour répondre, à tout hazard, par
ce bruit, à celui que j'entendois. Ce que je fis me réüssit.
Car la personne qui faisoit ce bruit sur ma teste, voyant
que je l'entendois et que j'y faisois réflexion, me fit
entendre, un moment après, les mêmes coups, mais plus
auant dans la chambre. J'y répondis comme auparauant.
Il continua le même bruit, en s'auançant vers la porte de
la petite galerie, et ensuitte jusqu'à l'endroit où l'on
vouloit me parler. Lorsque j'écoutois à quoy se termine-
roit enfin tout cet exercice, j'entendis, comme de fort
loin, qu'on m'appeloit par mon nom. Ne sçachant d'abord
d'où pouuoit venir cette voix, qui me paroissoit si éloignée, je me tournois et me retournois pour mieux
obseruer de tous costez d'où elle venoit. Mais, comme je
l'entendois toujours de la même sorte, c'est à dire dans le
même éloignement, je m'auisay à la fin de [mettre mon
oreille à la muraille du lieu de commodité] (1). Et ce fut
là que je commençay à entendre plus distinctement cette
voix, qui, en m'appelant par mon nom, me demandoit
si je l'entendois. Alors la personne qui me parloit me
dit : que sur la brume, on frapperoit trois coups sur ma
chambre, et que, lorsque j'y aurois répondu par de semblables coups, on me [descendroit vis à vis de ma fenestre une ficelle, où je trouuerois attaché] un petit paquet,
auec une lettre, qui m'instruiroit de toutes choses. Je
remerciay cette voix si fauorable, le mieux que je pus,
dans la peine que j'auois de me faire entendre. [Ce qui la
faisoit paroistre si éloignée, étoit un mur de separation,

(1) Ce n'est pas sans peine qu'il a été possible de rétablir les passages mis entre crochets, tant ils sont illisibles. Peut-être trouvait-on
imprudent de révéler comment les prisonniers de la Bastille arri-
vaient à tromper leurs geôliers. Aussi le premier éditeur a-t-il supprimé tous ces détails, résumés en une douzaine de lignes, p. 281.

fait exprès dans le boyau même de l'aisement, et conduit presque jusqu'en bas, pour empescher la communication de l'appartemeut de dessuz d'auec le mien, ce qui étoit cause qu'il falloit que la voix descendit aussy en bas, auant que de remonter en haut.]

Je ressentis une grande joye par l'assurance de ce commerce ainsy étably si promptement. Car, pourueu que j'eusse de quoy m'occuper et de quoy écrire, je me consolois de tout (1). Le soir venu, j'entendis donner le signal et j'y répondis. Un moment après, on me [descendit la ficelle ; et, à force de regarder de tous mes deux yeux, je ne la vis point d'abord, comme s'il se fust fait, pour le dire ainsy, à force d'estre attentif, un épuisement d'espritz dans ma veuë, qui l'eust affoiblie. Ayant neantmoins repris ces mêmes espritz, j'apperceus le petit paquet, à trauers les doubles barreaux de fer, et l'ayant attiré à moy auec un petit bâton], j'y trouuay quelques cahyers de papier, et une écritoire, où il y auoit un canif, des plumes et de l'encre, auec un billet du sieur Saureux, qui me mandoit que, si je voulois récrire, [on me descendroit], le lendemain au soir, à la même heure, et après le même signal, [la ficelle où ce paquet auoit été attaché afin que j'y attachasse mes lettres et ce que je voudrois enuoyer ; que cette voye] étoit tres sure, et que je pouuois m'y fier entierement ; que je prisse garde à bien cacher mon écritoire et mon papier ; [que le tuyau de la cheminée étoit le meilleur endroit pour cela], parce que le porte clef foüilloit ordinairement dans la paillasse du lict, pendant que l'on entendoit la messe ; et que je me

---

(1) Montesquieu dira plus tard : « L'étude a été pour moi le souve-
« rain remède contre les dégoûts de la vie, n'ayant jamais eu de
« chagrin qu'une heure de lecture n'ait dissipé. » *Portrait de Montesquieu, par lui-même.*

deffiasse beaucoup de luy, comme d'un espion toujours
attentif aux moindres paroles et aux moindres choses. Je
ne fus jamais plus aise que lorsque je me trouuay en
état de pouuoir broüiller du papier et de donner et de
receuoir reciproquement des nouuelles. La premiere
chose que je fis fut de songer à nostre élargissement.
Car, ne voyant aucune raison qui nous eust fait meriter,
à mon frere et à moy, l'honneur de loger chez le Roy et
de manger son pain, je résolus de faire tout mon possible
pour détromper sa Majesté des sentiments trop honorables qué l'on s'étoit efforcé de luy donner sur nostre
sujet. Plus je m'examinois et moins je trouuois en moy
de merite, qui eust dû porter les personnes enuieuses de
la reputation des grands hommes, de me mettre de ce
nombre. Ainsy le plus sûr pour moy me parust de rentrer le plus promptement que je pouuois dans mon rang,
afin de ne point tromper le monde par cette sorte de confusion de gens du commun, comme j'étois, auec les personnes les plus distinguées par leur science, leur sagesse
et leur pieté.

Mais je crus deuoir, auant toutes choses, faire sur cela
une ciuilité à M. de Sacy. Ainsi je luy écriuis un billet,
par lequel je luy mandois en substance ; Que voyant
bien qu'on s'étoit beaucoup mépris sur mon sujet, lorsqu'on m'auoit jugé digne de luy tenir compagnie dans la
Bastille, j'auois eu quelque pensée de trauailler à faire
connoistre qui j'étois, et combien l'on se trompoit en me
regardant comme un homme de consequence ; Qu'ainsi,
s'il le trouuoit bon, je solliciterois par mes amis mon
élargissement auec celuy de mon frere, qui auoit été bien
étourdy de s'être veû enfermé, presque au sortir du college ; Que je croyois qu'il jugeoit luy même, aussy bien
que moy, qu'il y auoit en toutes manières une trop grande
difference entre luy et nous, pour que nostre cause ne

pust pas tres facilement estre séparée : Que son merite
le distinguoit assez dans le monde pour donner ombrage
à ceux qui en vouloient principalement au mérite ; mais
que, pour nous qui n'étions proprement que des écol-
liers, il y alloit même de l'amour de la verité d'effacer les
fausses impressions qu'on auoit données sur nostre sujet,
comme trop auantageuses ; Que cependant je ne ferois
rien qu'il ne m'eust mandé auparauant sa pensée ; et
que, si cette proposition que je prenois la liberté de luy
faire pouuoit nuire, en quelque maniere que ce fust, ce
que je ne croyois pas, à l'auancement de sa liberté, j'y re-
nonçois de bon cœur et me tiendrois en repos, en attendant
que la Prouidence, qui m'auoit conduit en ce lieu, m'en
tirast de même. M. de Sacy me répondit ; Que le grand
sujet de sa douleur auoit été que nous nous fussions veû
enueloppez, à cause de luy, dans l'embarras tres fâcheux
où nous étions ; et qu'ainsy le plus grand plaisir qu'il
pouuoit alors receuoir, seroit de nous sçauoir débarras-
sez : que, bien loin donc de trouuer mauuais que je tra-
uaillasse à nostre élargissement, il m'en prioit et me conjuroit d'estre persuadé qu'il ne m'en auroit pas moins
d'obligation que si c'étoit pour luy même.

Après m'estre ainsy assuré de ses sentiments, dont
je n'aurois pu neantmoins douter, connoissant parfaitement le fonds de son cœur, je me hâtay d'écrire à ma
mere pour luy marquer l'état tres penible où nous étions :
je luy enuoyay aussy une relation abregée de ce qui
s'étoit passé ; et luy témoignant l'infirmité actuelle où je
me trouuois, par les violentes palpitations de cœur qui
me mettoient tres souuent en danger de mort, je la sup-
pliois de vouloir bien m'enuoyer le valet de chambre de
feu mon pere, et trauailler tout d'abord à obtenir la permission que mon frere fust reüny auec moy dans la même
chambre, auec ce valet pour nous seruir. Il se passa

plusieurs jours sans que j'entendisse parler de rien ; car
il falloit quelque temps pour enuoyer cette lettre (1) et
pour faire venir à Paris ce domestique que je demandois.
Cependant, pour ne me plus ennuyer dans ma solitude,
je commençay à régler toute ma journée, que je parta-
geay en differens exercices, le mieux que je pus. Car on
ne peut se persuader, si on ne l'a éprouué, combien la
regle, quoy qu'elle paroisse d'abord assujettissante, est
auantageuse pour bannir l'ennuy de la vie. Ainsi desti-
nant certaines heures pour la priere ; d'autres pour la
lecture ; d'autres pour écrire, et d'autres pour chanter et
me promener dans la chambre, ou pour prendre l'air et
quelque diuertissement à la fenestre, je me trouuois,
sans beaucoup de peine, à la fin de ma journée.

Comme on m'auoit préparé à une visite du gouuerneur, et que j'étois auerty de me tenir sur mes gardes,
ayant affaire à un officier adroit qui venoit taster le poux
des prisonniers, sous prétexte d'honnesteté, je n'eus pas
de peine à me précautionner contre ses addresses, quand
il vint me voir ; puisqu'à parler franchement je n'auois
rien à menager, n'étant coupable de rien, sinon de passer
pour un plus grand homme que je n'étois. Mais, comme
j'auois été mécontent de luy, à cause du coup de pistolet
qu'il s'étoit hasté de nous tirer, à nostre entrée dans la
salle (2), je luy parlay froidement, comme à un homme
fort preuenu, qui gardoit peu de mesures. Il s'ouurit
neantmoins à moy, d'une maniere fort honneste, et me
témoigna qu'ayant été à la Cour, qui étoit alors à Fontainebleau, M. le Tellier luy auoit parlé de moy en des
termes fort obligeans ; et que, si je desirois luy faire sçauoir quelque chose, il s'en chargeroit de bon cœur : puis

(1) Sa mère résidait à Rouen ou dans les environs.
(2) Voir plus haut, p. 279

19

il ajouta qu'il ne sçauoit si ses gens auoient soin de me
bien traitter ; mais qu'il le leur auoit bien recommandé.
Je luy répondis, à l'égard de Monsieur le Tellier, que je
luy étois extrémement obligé, et que je sçauois qu'il
auoit toujours bien de la bonté pour nous ; mais je m'abs-
tins, à dessein, de luy faire aucune plainte sur la maniere
dont on me traittoit pour le manger ; et je pris de là seulement occasion, quand il fut sorty, de dire au porte clef :
qu'il auoit bien entendu ce que m'auoit dit le gouuerneur ;
que je n'auois point voulu me plaindre, mais que, si on
n'en usoit autrement à l'auenir, je ferois du bruit ; et que
c'étoit une honte qu'on traittast si mal des prisonniers
pour qui le Roy payoit de si grosses pensions, qui se
montoient à huit cents écus par teste, pour chacun de
nous (1). Ce petit auertissement, joint à la visite du
gouuerneur, produisit tout son effet, et je commençay à
estre traitté d'une autre manière. Nous auions aussy la
consolation, les dimanches et les festes, de nous voir
tous dans la cour de la Bastille, où l'on nous faisoit descendre, auant que l'on commençast la messe dans la Chapelle. Mais nous ne pouuions nous dire un seul mot en
particulier, parce que les officiers ne nous quittoient
point, et qu'aussitost que la messe étoit finie on nous
conduisoit séparément dans nos chambres.

Cependant ma mere ayant receu ma lettre demeura
dans la derniere surprise d'un éuénement si extraordinaire. Mais, reuenant à elle même, elle songea aussitost à nous donner toute l'assistance qu'elle pourroit. Elle

(1) Quelquefois le Roi faisait payer les frais de nourriture par les
prisonniers. « Ce jour (samedi 29 mai 1666), sortit de la Bastille
« M. Dejean, commis de M. Guénégaud, après avoir satisfait à sa taxe
« de quatre-vingt mille livres, et *avoir payé son séjour à la Bastille,*
« *à raison de huit livres par jour.* » *Journal d'Olivier d'Ormesson,*
t. II, p. 450.

fit venir le valet de chambre dont j'ay parlé, lui conta ce qui étoit arriué, et luy demanda en même temps s'il auroit assez de résolution pour se venir enfermer auec nous dans la Bastille. « Ne faittes rien à regret, luy dit elle ; « songez y bien, et vous m'en rendrez réponse. » Ce valet étoit tres affectionné à nostre maison, et, l'état même où il apprit que j'étois augmentant encore son zele pour nous, il dit à ma mere qu'il étoit prest de partir. Elle écriuit donc à M. le Tellier pour luy témoigner la méprise que l'on auoit faitte à nostre égard, en nous prenant pour tout autres que nous n'étions en effet, puisque jamais nous n'auions été meslez dans aucune affaire. Elle le pria de se souuenir de la bonté qu'il auoit toujours euë pour sa famille, et le conjura de ne nous point refuser, en cette importante conjoncture, l'honneur de sa protection ; en nous faisant reünir, mon frere et moy, auec le valet qu'elle enuoyoit luy presenter cette lettre ; et en obtenant même du Roy nostre liberté ; puisqu'il étoit contre toute apparence que l'on eust ainsi emprisonné des personnes que tout le monde sçauoit estre parfaittement innocentes, et dont l'innocence auoit même été reconnuë par le Lieutenant ciuil, dans la descente si violente qu'il auoit faitte chez nous. Ce valet, qui se nommoit Alleaume, vint donc à Paris, auec cette lettre. Et quelqu'un luy conseilla, fort mal à propos, de voir le Lieutenant ciuil, auant que d'aller à Fontainebleau, où la cour étoit. Car ce conseil qu'on luy donna paroissoit plutost nuisible que necessaire, et il retarda de plusieurs jours nostre liberté, à cause que ce magistrat, étant alors en une maison de campagne, fut encore quelque temps à reuenir à Paris. Il est vray que le valet, qui ne manquoit pas d'esprit, sceut profiter de l'entretient qu'il eut auec luy. Car, étant ensuitte allé à Fontainebleau, il dit au Ministre à qui la lettre de ma mere s'addressoit :

« Tout le monde, Monseigneur, est extrêmement surpris
« de la détention de ces Messieurs. Et M. le Lieutenant
« ciuil m'a dit à moy même qu'il les trouuoit tres inno-
« cens, et qu'il s'étoit étonné de l'ordre qui étoit venu
« pour les mener à la Bastille. » M. le Tellier luy demanda
beaucoup des nouuelles de ma mere et de toute la famille.
Et comme, dans ce moment même qu'il luy parloit, un
valet de pied luy vint dire que le Roy vouloit luy parler
et qu'il l'attendoit, il se contenta d'assurer le valet de
chambre qu'il alloit actuellement en parler au Roy, et
qu'il reuint le trouuer sur les deux ou trois heures après
midi. Etant pressé, il ne put point lire alors la lettre de
ma mere, qu'il mit dans sa poche, et il ne songea qu'à
obtenir ce qu'Alleaume luy demandoit principalement,
qui étoit que mon frere fust reüni auec moy dans ma
chambre, et qu'il y entrast aussy luy même pour nous
seruir.

Ce Ministre, quoy qu'appliqué à tant de grandes
affaires, n'oublia point celle cy. Il parla de nous au Roy
d'une maniere tres fauorable et obtint ce que nous demandions. Aussi le valet de chambre, s'étant rendu chez
luy à l'heure qu'il luy auoit ditte, trouua l'ordre tout
signé qu'il apporta en diligence à Paris. Je me souuiens
que, lorsqu'il vint à la Bastille, il auoit fait un orage
épouuentable, qui auoit rendu la court comme une mare
d'eau. Cependant la joie qu'eut mon frere, lorsqu'un officier luy alla porter l'ordre du Roy pour venir demeurer
dans ma chambre, fut si grande que, sans songer par où
il passoit, il marcha au milieu de l'eau et vint me trouuer
tout hors de luy, ne se sentant pas de se voir tiré de
cette affreuse solitude où il auoit demeuré, aussi bien
que moy, vint et un jours (1). Nous commençâmes donc

(1) Leur réunion dut avoir lieu le 16 juin.

à respirer, étant trois ensemble et pouuant nous entretenir autant que nous le voulions. Aussi auions nous bien
des choses à dire et bien des réflexions à faire sur tout
ce qui étoit arriué. Et comme on vit plus que jamais que
nous auions du credit en cour, le sieur de Beusmos
réitera ses ordres, pour nous faire traitter en gens de
qualité. Ainsy, dès ce jour, on nous seruit tres proprement et même magnifiquement. Car tout se gouuerne
dans le monde par la faueur, et, selon que l'on voit les
gens ou considerez, ou meprisez, on garde auec eux des
mesures différentes, n'y ayant que la piété solide qui soit
capable de retrancher l'inegalité de ces mesures et de ces
poids, que l'Écriture déclare estre une chose abominable
aux yeux de Dieu.

Cependant M. le Tellier s'étant souuenu de la lettre de
ma mere, qu'il auoit mise dans sa poche, en allant trouuer le Roy, se donna depuis tout le loisir de la lire. Et
comme il vouloit tres sincerement seruir ma mere, en
donnant sa protection à ses enfans, dont l'innocence luy
étoit assez connuë, il résolut de demander nostre liberté
au Roy, et, dans le crédit où il étoit, il n'eut pas de peine
à faire connoistre à Sa Majesté combien on s'étoit mépris,
en nous arrétant, mon frere et moy, qui n'étions meslez
en quoy que ce soit, et qui, de l'aueu même de son Lieutenant ciuil, étions reconnus tres innocens. L'ordre pour
nostre élargissement fut donné et expedié par les soins
si obligeans de ce Ministre remply de bonté pour nous.
Et cinq ou six jours après qu'on nous auoit réünis
ensemble (1), cet ordre fut apporté dans nostre chambre
par le Lieutenant de la Bastille et par le Commissaire
Picard, lorsqu'à peine nous commencions à goûter la

---

(1) Le 21 ou le 22 juin. Leur emprisonnement avait duré 26 ou
27 jours.

douceur d'estre en compagnie, après auoir demeuré longtemps solitaires, et lorsque la prison même n'auoit plus
pour nous que des charmes, par rapport à la maniere
dont on nous auoit traittez auparauant. Le sieur Barail
et le sieur Picard nous parurent fort contens de nous
apporter un tel ordre. Mais j'y remarquay une condition
qui me choqua fort, et qui nous parut auoir été ajoutée à
la marge par une main étrangere et ennemie. Car l'écriture, autant que je m'en puis souuenir, n'étoit point la
même. Cette condition portoit qu'on ne nous laisseroit
point sortir que nous nous retirerions incessamment en
Normandie, et que nous ne reuiendrions point à Paris,
sans un nouuel ordre. Nous jugeâmes aussitost que c'étoit
une addition contraire aux premieres intentions de M. le
Tellier. Et je fis assez de difficulté de signer, ayant peine
à me condamner moy même à cette espece d'exil, quoy
qu'au milieu de mon païs. Cependant, comme je vis la
necessité de le faire et que le plus méchant endroit de
tous est celuy de la prison, je me résolus de le signer ;
ce que fit aussy mon frere. Et dans le même ordre, le
jeune gentilhomme de Normandie, que j'ay dit auoir été
arrété auec nous, étoit compris. C'étoit l'heure du disner. Et nous sentions nostre conscience si nette de tous
les crimes pour lesquels on auroit pu nous retenir à la
Bastille, que nous jugeâmes à propos d'y prendre encore
un fort bon repas, auant que d'en sortir. Nous voulûmes
même auoir le plaisir de monter sur la terrasse, dont la
promenade est tres belle. Et parce que l'on me temoigna
que M. de Guenegauld, thresorier de l'Epargne, qui étoit
un des prisonniers (1), auroit souhaitté nous voir, nous

(1) Claude de Guénégaud, frère du secrétaire d'Etat, du Plessis-Gué-
négaud, avait été poursuivi par la Chambre de justice, pour les
affaires de finance, dès le mois de juin 1662. Son procès l'occupa une

allâmes luy rendre visite dans sa chambre, où étoit aussy la dame son épouse (1). Nous fîmes toutes ces choses auec une tranquillité qui étonna bien des gens, à qui il parut que des prisonniers ne pouuoient sortir trop tost de prison, après qu'ils auoient receu l'ordre de leur élargissement.

Nous sortîmes donc enfin de la Bastille, sans auoir eû la consolation de voir et d'embrasser M. de Sacy, qui y demeura plus resserré que jamais, pour l'honneur et la justification de ceux qui l'y auoient fait conduire sans aucun sujet. On eut même la dureté d'empescher qu'il ne receust la communion laïque. Ainsi il demeura à la Bastille, pendant l'espace de deux ans et demy (2), priué des sacremens comme un criminel, luy qui ne l'étoit que pour auoir conduit de saintes Religieuses dans la piété, et ne leur auoir pas persuadé de tomber dans un parjure, en signant contre leur conscience, et en jurant, à la face de l'Eglise, une chose qu'elles ne connoissoient pas. J'ose dire, et je ne crains pas d'estre démenty par tous les gens qui ont un peu de raison, que les siècles à venir rougiront de la confusion du nostre, et qu'ils auront peine à se persuader, quand tous les nüages de la préuention de ces jours mauuais seront dissipez, qu'on ait pu traitter, auec cette dureté et auec cette indignité, le plus doux de tous les hommes, dont la sagesse étoit admirée de tous ceux qui le connoissoient, depuis, les plus grands seigneurs jusqu'aux plus petits, et dont

grande partie de l'année 1665, immédiatement après celui de Fouquet. Longtemps prisonnier à la Bastille, il finit par obtenir des lettres d'abolition. Voir les nombreux détails contenus dans le *Journal d'Olivier d'Ormesson*, t. II, *passim*.

(1) Claude Alphonsine Martel, qui fit preuve de dévouement et d'énergie, pendant tout le procès. *Ibid*.

(2) MM. de Saci et Fontaine y resteront jusqu'au 31 octobre 1668.

l'interrogatoire, qui put seul seruir de fondement à une si longue et si dure détention, merita de receuoir un éloge public de la bouche même du prince le plus pénetrant et le plus judicieux qu'on vit jamais (1).

Disons neantmoins qu'il étoit juste, selon les decrets adorables de la justice de Dieu superieure à celle des hommes, que ce saint prestre souffrist sa part de l'injustice qu'on faisoit souffrir à de saintes filles qui le regardoient comme leur père (2) ; et que, s'il permit, pour éprouuer dauantage la fermeté de sa foy, qu'on le priuast si longtemps de la participation au corps sacré de son Fils, il y suppléa en quelque sorte par une plus abondante communication de son Esprit. Aussi sa vertu s'augmenta si sensiblement dans la prison qu'il s'en répandit, pour le dire ainsy, une odeur de vie sur tous les autres prisonniers, qui le regardoient comme un saint et qui en parloient ordinairement en ces termes. Il trouua moyen de remplir ce temps, qu'il passa dans la Bastille, d'une manière tres utile pour toute l'Eglise. Car ce fut là qu'il trauailla, auec la personne qui l'accompagnoit (3), à la traduction de l'Ancien Testament (4), dont il a donné de son viuant une partie au public, et dont le reste a été donné après sa mort (5). C'est pourquoy ce trauail si

(1) Voir plus haut, p. 268.

(2) L'Imprimé ajoute : « Mais s'il eut part aux souffrances de Jésus-« Christ, il eut aussi part aux consolations qui en sont le fruit. » (P. 290.)

(3) Fontaine, que du Fossé n'a jamais désigné autrement, avait été réuni à M. de Saci, le 13 août 1666.

(4) « Il venoit d'achever la traduction du Nouveau Testament, lors-« qu'on l'arrêta, et on en trouva même la preface dans ses poches le « jour qu'il fut pris. Dieu ne le mit à la Bastille que pour lui donner « plus de loisir de s'appliquer à la version de l'Ancien Testament. » *Mémoires de Fontaine*, t. II, p. 361.

(5) Le Nouveau Testament de N.-S. J.-C., traduction en françois selon l'édition Vulgate, *Mons, Gasp.* Migeot, 1667, 2 vol. in-8. De Saci,

grand et si saint merite d'estre regardé comme le fruit de sa prison et de ses souffrances. Je diray dans la suitte de ces Memoires, en parlant de la paix que le pape Clement IX et le Roy donnerent enfin à l'Église (1), comment il sortit alors de prison, sans auoir rien fait de nouueau pour en sortir, comme on ne pouuoit non plus luy reprocher aucun sujet raisonnable pour lequel il y fust entré. Je le laisse donc pour quelque temps auec Dieu dans sa solitude, pour reuenir à ce qui nous regarde, mon frere et moy.

Arnauld, Antoine Le Maistre, Nicole et le duc de Luynes y travaillèrent, et elle fut imprimée à Amsterdam, par les soins de M. de Pontchâteau. — On la joignit à la traduction de l'*Ancien Testament*, et on eut *La Sainte Bible en latin et en françois*, avec le sens propre et le sens littéral, par de Sacy, Paris, 1682 et années suivantes. 32 vol. in-8°.

(1) En 1668.

APPENDICES

ET

PIÈCES JUSTIFICATIVES.

I

Sur l'Entrée de Louis XIV et de Marie Thérèse d'Autriche dans la ville de Paris, après leur mariage, le 26 août 1660

Il y eut deux éditions de cette *Entrée triomphante*, l'une en 1660, chez Marot, l'autre en 1662, chez le Petit, Joly et Billaine, toutes les deux in-folio. C'est un exemplaire de cette dernière que possède la Bibliothèque publique de Rouen, fonds Leber, ouvrage magnifique, dont les planches et figures ont été dessinées par Le Pautre et gravées par Chauveau, avec un texte dû à la plume de Jean François, avocat au Parlement de Paris.

Les planches offrent un superbe « Portrait de Louis XIV ; l'*Arc de Triomphe à l'entrée de la rue du Faubourg S. Antoine ; l'Entrée du Pont Dormant de la porte St. Anthoine ; l'Arc de pierre sur le Pont dormant de la porte St. Antoine ; la Porte de la Ville du côté de la Porte Sainct Anthoine ; l'Arc de triomphe du carrefour de la Fontaine St. Gervais ; le Pont Notre Dame réparé et enrichi de nouveaux ornements réduit en Perspective ; l'Arc de triomphe élevé au bout du Pont Notre-Dame ; l'Arc de triomphe dressé dans le marché neuf ; l'Amphithéâtre de la Place Dauphine ; l'Obélisque de la Place Dauphine.*

On a représenté également : *Le Hault Dais ou Throsne royal.*

dressé à l'entrée du Faubourg Saint-Antoine, du côté de Vincennes, où le roi s'était établi ; l'*Hostel de Beauvais rue St. Anthoine*, où l'on voit la reine mère, placée à l'une des fenêtres pour assister au défilé du cortège ; sur une suite de planches la *Marche à l'entrée de leurs Majestés en la ville de Paris*, où tout le cortège est représenté ; la *Disposition de la Milice de Paris lorsqu'elle parut devant leurs Majestés entre le Bois de Vincennes et ladite ville le 23ᵉ du mois d'Aoust de l'année 1660, trois jours auant l'Entrée ;* enfin une vue intérieure de Notre-Dame, où fut chanté un *Te Deum*, le vendredi 27 août, le lendemain de l'Entrée.

Dans la Planche du défilé , on voit les *Carosses de son Eminance*, qui précèdent *le Roy*, monté sur un cheval, et le *Train de son Eminance*, à quelque distance du Monarque.

Voici la description qu'en a donnée l'auteur de cette réunion de harangues, de devises et de pièces diverses se rapportant à cette Entrée.

TRAIN DE SON EMINENCE.

« La marche en fut ouuerte par le Train de Monsieur le Cardinal
« Mazarini , à la tête duquel parurent deux des suisses à cheual
« precedez de deux Trompettes vestus de ses couleurs, et suiuis de
« soixante et douze mulets à la queüe les vns des autres , en trois
« bandes diuisées chacune par deux officiers à cheual, et encore
« plus distinguées par leur harnois, et autre accoutremens : car au
« lieu que les vingt quatre premiers n'auoient que des couuertures
« de drap rouge en broderie de soye , auec des plumes et des
« testieres ordinaires ; la seconde trouppe pareille en nombre portoit
« des couuertures d'vne tres fine haute lice, à fond de soye,
« rehaussées d'or ; elle auoit ses sonnettes, ses plaques, ses testieres,
« et ses muselieres d'argent massif et de tissu d'or et de soye. Et
« les derniers pour encherir par dessus ceux qui les deuançoient,
« outre leurs harnois qui n'estoient pas moins riches que les prece-
« dens, auoient de superbes bouquets de plumes blanches et incar-
« nates sur leurs testes surmontées d'une riche aigrette ; et pour
« couuertures de grandes pieces de velours rouge cramoisy semées
« de chifres et de deuises sur des cartouches, soutenues et accolées

« par des cornes d'abondance desquelles on voyoit sortir quantité
« de fruicts et de fleurs ; le tout d'une broderie si riche et si bien
« entendue, qu'on peut dire qu'il ne s'en vit jamais de plus accom-
« plie, soit pour l'ouurage, soit pour le dessein. Une trentaine de
« muletiers en chausses et pourpoints, marchoient à costé en égales
« distances. »

Il faut ajouter que l'artiste a mis des panaches semblables sur les
testières et sur les croupières des mulets, qu'il a représentés comme
le dit la description.

On conçoit dès lors la sainte indignation qu'inspire à du Fossé
cette partie du cortège, où Mazarin étalait tant de luxe et tant de
magnificence, pour le seul ornement des mulets de son Train.

II

« *Censure de Monseigneur l'Archevêque de Paris, contre le Livre*
LE JANSENISME CONFONDU, *par le Père Brisacier, etc.*

« Jean François de Gondy par la grâce de Dieu et du S. Siége
Apostolique, Archevêque de Paris : aux Archiprêtres de Sainte
Marie Magdeleine, et de S. Severin Salut. Ce n'est pas sans grande
raison qu'un des plus illustres Peres de l'Eglise a dit, qu'encore que
deux yeux suffisent à chaqu'un pour se conduire en particulier,
neanmoins l'Evêque qui est le Pasteur de tant d'ames, en avoit
besoin de plus de mille pour appercevoir toutes les necessités de
son troupeau, et pourvoir à une infinité de desordres qui surviennent
incessamment dans son Diocese. Nous experimentons de plus en
plus cette vérité en celui-ci, qu'il a plu à notre Seigneur de com
mettre à notre conduite. Mais nous souhaiterions autant d'yeux que
ce saint Pere desiroit à chacun Prelat, tant pour déplorer par nos
larmes les desordres et scandales qui y surviennent de jour en jour,
par l'artifice de l'ennemi commun du salut des hommes, que pour y
apporter les remedes convenables et necessaires. Or entre tous ces
tristes évenements, un qui est arrivé depuis peu, nous a très sensiblement touchés. N'a gueres certain livre a été mis au jour sous ce titre,
Jansenisme confondu, *par le Pere Brisacier, avec la défense*

de son sermon fait à Bois (lisez Blois) *le 29 mars dernier* : où cet Auteur, sous pretexte de défendre la sainte doctrine de l'Eglise, a tellement exercé sa passion, que non content d'user d'un style très picquant contre ceux qu'il tient pour adversaires, il s'est tant oublié que de charger une Communauté de Religieuses de cette ville d'infinité de calomnies et d'opprobres, jusques à l'accuser d'heresie quant à la doctrine, et quant aux mœurs d'impureté ; disant même en la page 6, de la seconde partie : *Que suivant les règles prescrites aux filles du S. Sacrement* (qu'elles seront tenues d'observer), *l'on fera une nouvelle Religion qu'on appellera les filles impenitentes, les desesperées, les asacramentaires, les incommunicantes, les phantastiques, etc., les vierges folles, et tout ce qu'il vous plaira. Dont l'original en sera au Port-Royal, et autre part la copie.* En quoi cet Auteur inconsideré nous taxe de connivence à ces desordres pretendus, attendû que cela ne pourroit être ainsi que nous ne fussions coupables des mêmes crimes, d'autant que ce Monastere de Religieuses est sous notre pleine jurisdiction, visite, et correction. Mais comme nous sommes fort enclins à pardonner les injures faites à notre personne, aussi sommes étroitement obligés de faire réparer celles qui choquent notre dignité ; et encore plus de protéger l'innocence des vierges consacrées à Notre Seigneur, que Saint Cyprien appelloit la plus illustre portion de son héritage, et la fleur la plus odoriferante de toutes celles de son Eglise. C'est pourquoi nous avons cru devoir incessamment remedier à un si grand scandale, pour empêcher les effets, et éviter les pernicieuses conséquences. De là est qu'après avoir vu et consideré le dit libelle, et celui fait voir et examiner par personnes doctes et pieuses, nous l'avons condamné et condamnons par ces presentes comme injurieux, calomnieux, et qui contient plusieurs mensonges et impostures. Declaré et declarons les dites Religieuses du Port Royal, pures et innocentes des crimes dont l'Auteur a voulu noircir la candeur de leurs bonnes mœurs, et offenser leur integrité et religion ; de laquelle nous sommes assurés par une entière certitude. Et pour obvier aux mauvaises impressions que cet Auteur a voulu donner à ses lecteurs au contraire, nous avons defendu et defendons très étroitement à toutes personnes de lire, vendre, ni debiter ledit Livre, sous peine d'excommunication. Et à ce que personne n'en ignore, nous ordonnons que ces presentes seront lues et publiées aux prônes des

Eglises paroissiales de cette ville et faux-bourgs de Paris, et encore
imprimées, et affichées aux portes de toutes les autres Eglises, nous
reservant de proceder contre l'Auteur, pour l'obliger à faire repa-
ration de ces excès, par les voies de droit et de justice. Fait à Paris,
en notre Palais Archiépiscopal le vingt-neuvième Décembre mille six
cens cinquante un.

Signé, I. Franc. P. Arch. de Paris.
Baudouyn. »

Cette censure contre le Père Brisacier occupe les pages 518—520
de la publication du premier editeur.

III.

Certificat délivré par « MM. Charles Bouvard, premier médecin
« du Roi, Jean Hamon, Isaac et Eusèbe Renaudot, médecins ; et
« Pierre Cressé, Martin Dalencé et Etienne Guillard, chirurgiens, »
à l'occasion du miracle de la Sainte Epine.

« Les médecins et chirurgiens, qui avoient eu connoissance de la
« maladie et qui étoient des plus fameux, donnèrent le 14 avril
« (1656), leur certificat, où ils di-ent qu'ils ont *vu plusieurs et diverses fois, séparément et ensemble, la damoiselle Marguerite
Perier, laquelle ils ont trouvée malade et incommodée depuis
trois ans et demi, d'un Ægilops ou fistule lachrymale en l'œil
gauche de la grosseur d'une noisette, avec intempérie de la peau
et inondation, la matière sanieuse sortant par l'œil, le nez et le
palais, tellement fœtide et puante qu'on étoit contraint de la
séparer des autres pensionnaires, encore qu'elle eut été pansée et
traitée pendant dix huit mois sans aucun bon succés, le mal
allant toujours en empirant ; jusqu'à ce que l'ayant de rechef
visitée depuis trois semaines, immédiatement aprés les symptômes
susdits, lorsque suivant leur resultat on étoit prêt d'y apporter
les derniers remédes, ils l'avoient trouvée et separement et ensemble, comme ils la trouvoient encore à present, entierement guerie
non seulement de la fistule lachrymale, mais aussi de la carie des
os, de la puanteur qui l'accompagnoit, et de tous les autres accidens qui en étoient inséparables ; et comme cette guérison faite*

ainsi en un instant, d'une maladie de cette importance, ne peut être qu'extraordinaire, de quelque façon qu'on la veule prendre, ils estiment qu'elle surpasse les forces ordinaires de la nature et qu'elle ne s'est pu faire sans Miracle : ce qu'ils assurent être véritable. »

Ce certificat nous paraît avoir été traduit du latin employé par les Médecins et mis sous la forme indirecte par la personne qui en a été l'éditeur.

Il est extrait du RECUEIL DE PLUSIEURS PIÈCES POUR SERVIR A L'HISTOIRE DE PORT-ROYAL ; ou *Suplément aux Mémoires de Messieurs Fontaine, Lancelot et du Fossé.* A Utrecht. Aux Dépens de la Compagnie. M. DCCXL. Pour abréger, on lui donne ordinairement le nom de *Recueil d'Utrecht.* Il a 600 pages.

La XIe PIÈCE, dont le second titre est : *Mémoire sur la vie de M. Pascal, contenant aussi quelques particularités de celle de ses parens,* est de beaucoup la plus étendue et la plus importante, puisqu'elle n'a pas moins de 167 pages (de 237 à 404), et c'est aux pages 288-289 que nous avons emprunté ce certificat.

Il nous paraît utile de joindre ici une curieuse lettre du fameux médecin Gui Patin, discutant la valeur des témoignages émis par ses confrères, et que M. Sainte-Beuve a citée dans le chapitre XII de son *Port-Royal,* où il donne « la suite du Miracle de la Sainte Epine, et « un aperçu d'explication physique. »

« Gui Patin, nous dit-il, peu crédule de sa nature, mais ici très- « chaudement disposé en faveur de Port-Royal contre les Jésuites, a « exprimé au vif, et avec son mordant habituel, le degré de con- « fiance qu'il accorde aux témoins et parrains de ce miracle ; en « homme de parti et en bon ennemi des *Loyolistes,* il ne deman- « dait pas mieux que de s'y prêter. »

« Ceux du Port-Royal ont ici fait publier un miracle, qui est arrivé en leur maison, d'une fille de onze ans, qui étoit là dedans pensionnaire, laquelle a été guérie d'une fistule lacrymale. Quatre de nos médecins y ont signé, savoir le bonhomme Bouvard, Hamon leur médecin, et les deux Gazetiers (1) : ils attribuent le miracle à un Reliquaire dans lequel il y a une portion de l'Epine qui

(1) Les frères Renaudot (Isaac et Eusèbe), rédacteurs de la *Gazette de France.*

étoit à la couronne de Notre-Seigneur, qui a été appliqué sur son œil. Je pense que vous savez bien que ces gens-là, qu'on appelle du Port-Royal, tant des Champs que de la Ville, sont ceux que l'on appelle autrement des Jansénistes les chers et précieux ennemis des Loyolistes. Lesquels voyant que ce miracle leur faisoit ombre, ont écrit, pour s'y opposer, un *Rabat-joye du Miracle nouveau du Port-Royal* (1), où l'on dit qu'ils n'ont rien fait qui vaille, mais surtout je m'étonne comment ils n'ont rien dit contre ces approbateurs de miracles, *qui non carent suis nervis* (2). Le bonhomme Bouvard est si vieux, que *parum abest a delirio senili*. Hamon est le médecin ordinaire et domestique du Port-Royal des Champs, *ideoque recusandus tanquam suspectus ;* les deux autres (les Renaudot), ne valurent jamais rien, et même l'aîné des deux est le médecin ordinaire du Port-Royal de Paris qui est dans le faubourg Saint-Jacques. *Imo ne quid deesse videatur ad insaniam seculi*, il y a cinq chirurgiens-barbiers qui ont signé le miracle. Ne voilà-t-il pas des gens bien capables d'attester de ce qui peut arriver *supra vires naturæ*. (3)? Des laquais revêtus et bottés, et qui n'ont jamais étudié. Quelques-uns m'en ont demandé mon avis. J'ai répondu que c'étoit un miracle que Dieu avoit permis d'être fait au Port-Royal, pour consoler ces pauvres bonnes gens qu'on appelle des Jansénistes, qui ont été depuis trois ans persécutés par le Pape, les Jésuites, la Sorbonne, et la plupart des Députés du clergé.... » (4)

« Combien de contemporains durent imiter en ceci Gui Patin, et « avoir l'air de donner les mains au miracle, pour faire pièce au parti

(1) Cet ouvrage était attribué au Père Annat, jésuite, mais la *Réponse* n'est pas de Pascal.

(2) « Dont il n'est pas difficile de découvrir les *ficelles*. On sait le vers d'Horace :

« *Duceris ut nervis alienis mobile lignum·* »

(Note de M. Sainte-Beuve.)

(3) Ces mots nous paraissent répondre à ceux du certificat où les médecins « estiment que cette guérison surpasse les forces ordinaires « de la nature. »

« Il faut faire la part ici de la prévention de Gui Patin contre les « chirurgiens; pourtant on ne peut s'empêcher de remarquer que « le seul témoin dont la déposition a quelque poids, le chirurgien « Dalencé, est compris dans l'anathème et qualifié d'ignorant. M. Sainte-Beuve.

(4) *Nouvelles Lettres* de Gui Patin à Spon (1718), tome II, page 216.

20

« d'Escobar ! Les Jansénistes étaient de bonne foi ; plus d'un incré-
« dule servit de compère. »

> M. Saint-Beuve — *Port-Royal*, tome III (2e édition), pp.
> 115-116.

IV.

Sur les Portraits et Tableaux faits à l'occasion des Miracles de la Sainte-Épine.

Ces deux portraits, qui ornaient les deux côtés « de la grille à
« Port-Royal de Paris, » étaient dûs à la piété et au talent de celui
que Port-Royal appelait « bon peintre et bon chrétien, » de Philippe de Champagne, comme nous l'apprend M. Bouchitté. « Parmi
« les guérisons dans lesquelles les religieuses de Port-Royal aimaient
« à voir le signe de la miséricorde divine, Philippe de Champagne
« consacra encore ses pinceaux à celles de Marguerite Perrier, nièce
« de Pascal et de Claudine Baudran, jeune pensionnaire de quinze
« ans. » *Notice sur la vie et les ouvrages de Philippe de Champagne*, p. 440.

Dans les *Notes et Pièces justificatives*, M. Bouchitté a eu le soin
de fournir de plus amples renseignements sur ces portraits.

« Voici la description de ces deux tableaux :

« 1o Toile de 1 mètre 27 centimètres sur 1 mètre 58 centimètres de
« hauteur, avec cette inscription :

« *Claudiæ Baudran XV annos natæ, horribili totius abdo-*
« *minis tumore, quo jàm per biennium et ampliùs laborabat,*
« *medicis jam ad periculosissimam sectionem properantibus,*
« *puncto temporis, nullo vel artis vel naturæ præsidio liberatæ*
« *hanc effigiem tanti miraculi monumentum vivificæ Salvatoris*
« *Spinæ cujus beneficio patratum est grati parentes dicaverunt.*
« 27 mai 1667 (1).

« Ce tableau représente une jeune religieuse en costume de novice,

____

(1) Au lieu de *1667*, il faut lire *1657*, date de la guérison, comme
on l'a vu, page 94.

« à genoux, en prière devant un autel sur lequel se trouvent deux
« chandeliers rouges portant des cierges allumés, et au milieu un
« reliquaire contenant une épine de la couronne du Christ. Le der-
« rière de l'autel est grillé. L'intérieur est celui d'une chapelle avec
« des stalles à l'entour (1).

« Ce tableau a de grandes qualités. La tête est belle, quoique un
« peu fatiguée par la poussière et la moisissure. Les guipures de la
« nappe de l'autel, le tapis qui le recouvre, les accessoires sont d'une
« exécution parfaite. Le costume a la simplicité, la naïveté de la ma-
« nière du maître.

« 2° Une toile de 1 mètre 15 centimètres de hauteur sur 1 mètre
« 12 centimètres, portant cette inscription :

Christo Sospitatori.

« *Hanc effigiem Margaritæ Perier decennis puellæ, cujus*
« *sinister oculus fœtá et insanabili ægilope jam triennium, vivi-*
« *ficœ Spinœ contacta momento curatus est die martii 24 anno*
« *1656, memores tanti beneficii parentes ejus sacraverunt.*

« Ce tableau représente une jeune religieuse en costume blanc de
« novice, à genoux, dans la même chapelle, devant le même autel.

« Tous les détails de la toile n° 1 se trouvent dans celle-ci : ce
« sont les mêmes flambeaux, le même reliquaire. C'est très certaine-
« ment l'intérieur de la chapelle de Port Royal.

« Ce tableau est le meilleur des deux ; il est bien évidemment de
« la même main que le précédent. La tête est admirablement peinte
« et d'une conservation parfaite. » (P. 462-465).

Ces deux tableaux de Philippe de Champagné existent encore.
Donnés à la fabrique de l'église de Linas (Seine-et-Oise), « ils n'ont
« pu rester exposés dans l'église par suite de difficultés sur leur
« orthodoxie. Parce qu'ils représentent des miracles accomplis à Port-
« Royal par la Sainte-Épine, et qu'ils n'ont pas été reconnus par l'au-
« torité ecclésiastique, ils sont relégués dans une salle au-dessus de
« la sacristie. » Id. *Ibid*, p. 461.

Nous ne pouvons que nous associer au vœu de M. Bouchitté : « Il

______

(1) Cette description répond, sans aucun doute, à l'état de la chapelle du Monastère de Paris, où la guérison eut lieu.

« serait à désirer qu'ils fussent acquis par un de nos musées, où
« leur présence n'éveillerait aucune susceptibilité religieuse. »

Il y eut donc d'abord ces deux portraits peints à l'huile, de Marguerite Périer et de Claude Baudran, et placés à Port-Royal de
Paris.

On fit ensuite une gravure, probablement d'après la même peinture,
du portrait de Marguerite, puisque, le 30 octobre 1656, sa tante, la
sœur Euphémie, écrivait à la mère de l'enfant, Madame Périer, en lui
rendant compte de l'office solennel, qui avait eu lieu, le 27 du même
mois à Port-Royal de Paris, en l'honneur du miracle de la Sainte-
Épine, après la sentence de vérification par le pouvoir ecclésiastique,
ces paroles qui terminent la lettre : « Je ne vois plus goute que pour
« vous dire, que Madame d'Aumont qui a beaucoup de bonté pour
« nous tous, vous envoie le portrait de ma petite sœur Marguerite en
« taille douce, ne doutant point que vous n'ayez bien envie de l'avoir
« On l'a fait toucher à la Sainte Épine. » *Recueil d'Utrecht*,
pp. 292, 293.

La note était ainsi conçue : « Elle a été aussi peinte et représentée
« devant la Sainte Épine. Ce tableau est encore à Port-Royal de
« Paris (1). Mais l'Épine miraculeuse n'y est plus, et les religieuses
« qui occupent aujourd'hui ce monastère (en 1740), bien différentes
« en toutes manières de celles qui y étoient en 1656, l'ont donnée
« comme chose inutile, à madame d'Orléans ci-devant Abbesse de
« Chelles. Il étoit bien juste en effet qu'ayant renoncé à l'ancien
« esprit du Port-Royal, elles méprisassent cette Relique. » Page 293.

Dans un volume de la Bibliothèque de Rouen (fonds Leber,
n° 3,270), *Recueil de la Constitution* (Bulle *Unigenitus*), dont
nous aurons l'occasion de parler plus longuement, se trouve une
gravure, qui a tout l'air d'avoir été faite d'après la réunion des deux
portraits ci-dessus.

On voit au milieu, devant une grille, un petit autel surmonté d'un
Reliquaire placé sur la tête d'un ange. Ce Reliquaire se compose
d'une couronne d'épines, surmontée d'une croix, et ayant au centre
de la couronne un fragment d'épine, entouré de pierres précieuses.
De chaque côté sont deux cierges allumés. A droite et à gauche de

____

(1) C'est le tableau de Philippe de Champagne dont il a été question
plus haut.

l'autel on voit deux religieuses, agenouillées, avec le costume de Port-Royal. Celle de gauche est Marguerite Périer ; celle de droite, Claude Baudran. Au-dessous de chacune d'elles se trouvent ces légendes, ainsi disposées, et qui sont le résumé des deux inscriptions latines rapportées plus haut.

« *A. J. C. le Véritable Médecin.*

« Marguerite Perier, jeune fille âgée de dix ans, incommodée d'une fistule incurable qu'elle avoit à l'œil gauche, en ayant été guérie en un moment par l'attouchement de la Sainte-Épine le 24 mars 1656.

Claude Baudran, âgée de quinze ans, malade depuis plus de deux ans d'un terrible enflure de tous les intestins, eut recours à la Sainte-Épine qui la guérit miraculeusement dans un instant au moment que les médecins se préparoient à luy faire une dangereuse opération le 27 may 1657.

« Les parens de l'une et de l'autre pleins de reconnaisance, et « pour conserver à la posterité la mémoire de ces miracles ont dédié « ce tableau à la Sainte Épine de Jésus-Christ notre Sauveur par la « Vertu de laquelle ils avoient reçu de Dieu ce bienfait. »

Les noms du peintre et du graveur ne sont pas indiqués.

M. Sainte-Beuve a dit : « La peinture de Champagne est le seul « luxe d'art que se permissent les religieuses du Port-Royal. » *Port-Royal*, T. IV, p. 46.

Il a fait pour elle le tableau de *Jésus-Christ célébrant la Pâque avec ses disciples.* (Hauteur, 1,58. — Largeur, 2,32. — Toile. — Fig. petite nature), et qui se trouve aujourd'hui au Musée du Louvre, parmi les tableaux de l'École flamande, Philippe de Champaigne (c'est ainsi qu'il signait) étant né à Bruxelles.

« 77. Au centre de la composition, le Christ, assis devant une « table, entouré de ses douze disciples, dont trois sont debout, lève « les yeux vers le ciel et il tient le pain qu'il va consacrer. On ne « voit sur la table qu'un petit vase à deux anses, un autre beaucoup « plus grand, en forme d'aiguière, est placé par terre sur le devant « du tableau. »

M. Frédéric Villot, auquel nous empruntons cette description, dans son catalogue du *Musée national du Louvre*, 2e partie, édition de

1852), ajoute : « Ce tableau, exécuté en 1648 pour le monastère de
« Port-Royal, représentait, dit-on, sous les traits des apôtres, les
« principaux solitaires de cette maison célèbre : Antoine Le Maître,
« Le Maître de Sacy, Arnauld d'Andilly, Le Nain de Tillemont,
« Blaise Pascal, Antoine Arnauld. Si l'on trouve quelque ressem-
« blance entre les traits de Pascal et ceux du disciple vu de profil,
« à droite près de la bordure, il est certain qu'il n'en existe aucune
« entre les traits bien connus d'Antoine Arnauld et la figure de
« Judas, ainsi que quelques personnes l'ont avancé. Cette tradition,
« qui n'est justifiée par aucune preuve, et dont on ne trouve aucune
« trace dans les ouvrages de Félibien, de Descamps, de d'Argen-
« ville, n'a pas peu contribué à la célébrité de ce tableau de Philippe
« de Champaigne. » P. 40. — Nous ajouterons que, pour Pascal, la
tradition est tout aussi peu justifiée. En 1648, époque où fut fait ce
tableau, Pascal était à Rouen, avec son père. Il quitta notre ville, au
mois de mai de cette même année, et il n'avait eu encore aucun rapport direct et suivi avec les Solitaires de Port-Royal. C'est à la fin
de 1654 que, rompant avec le monde, il les fréquenta assidûment. Il
n'aurait donc que plus tard encore eu droit de figurer parmi les plus
grands hommes de Port-Royal.

Après la destruction de Port-Royal des Champs, en 1710, le *Nécrologe* nous apprend que « l'original de ce tableau est maintenant dans
« le chœur de Port Royal de Paris, et la copie sur le retable de l'autel. » *Préface*, p. LXIV, 1723. C'est de là qu'il est passé au Louvre.

Dans le *Recueil des Estampes de l'Abbaye de Port Royal des
Champs*, que contient le *Recueil de la Constitution* mentionné plus
haut, on voit ce tableau reproduit par deux gravures : « 1° l'Autel de
« l'église de Port-Royal des Champs ; 2° Tableau de l'Autel de Port-
« Royal. » Ce dernier porte au-dessous, et à gauche : *Champagne
Pinx.* Il n'y a pas de nom de graveur, mais il est évidemment le même
que pour l'*Ex-Voto* des parents de Marguerite Périer et de Claude
Baudran, placé immédiatement après les deux gravures dont nous ve-
nons de parler.

Il y eut encore, à Port-Royal des Champs, un autre tableau fait par
le même peintre, à l'occasion de la guérison miraculeuse de sa fille,
l'une des Religieuses de cette maison, la sœur Catherine de Sainte-
Suzanne, qui ne pouvait marcher depuis quatorze mois, et fut guérie
subitement, à la suite d'une neuvaine à la Sainte-Épine, commencée

pour elle par la Mère Agnès. La neuvaine se terminait le jour des Rois,
6 janvier 1662, et le 7, à la Préface de la messe, « elle se leva à
« l'heure même sans aide et sentit qu'elle marchoit avec liberté »,
d'après le témoignage de la miraculée elle-même.

« Mais le miracle n'eut qu'assez peu de retentissement, à ce qu'il
« semble, hors du cercle de Port-Royal, et cette fois, l'Art seul le
« devait immortaliser. »

Si du Fossé n'en parle pas, « le père de la malade, le peintre
« Champagne, par reconnaissance pour cette guérison et pour en
« consacrer la mémoire, fit ce beau tableau qui fut longtemps au
« Chapitre de Port-Royal. » M. Sainte-Beuve, *Port-Royal*, Tome IV,
« p. 45 et 46.

Il faut entendre « Port-Royal des Champs : » car on voit distinctement l'esquisse de ce tableau placé sur la muraille de gauche, dans
les gravures qui représentent le chapitre de Port-Royal des Champs.
De là le tableau passa à Port-Royal de Paris, après la destruction de
l'autre Maison, en 1710, et enfin au Louvre, où il se trouve aujour-
d'hui, avec cette désignation, empruntée au catalogue de M. Fr.
Villot, *Ecole flamande*, article de *Champaigne* (p. 42 et 43).

« 85. *Portraits de la mère Catherine Agnès Arnauld et de
« Sœur Catherine de sainte Suzanne, fille de Philippe de Cham-
« paigne.*

« H. 1,65. — L. 2,29. — T. — Fig. gr. nat.

« La Sœur sainte Suzanne est assise dans un fauteuil de paille,
« les mains jointes, une boîte à reliquaire ouverte sur ses genoux,
« et les jambes étendues sur un tabouret couvert d'un coussin. À
« droite, près d'elle, un livre d'heures sur une chaise de paille ;
« derrière le tabouret, la mère Agnès à genoux, priant les mains
« jointes, et éclairée par des rayons célestes ; derrière la tête de la
« Sœur sainte Suzanne, une croix de bois suspendue à la muraille
« de la cellule. On lit sur le tableau l'inscription suivante :

CHRISTO VNI MEDICO

ANIMARVM ET CORPORVM.

SOROR CATHARINA SVSANNA DE

CHAMPAIGNE POST FEBREM. 14. MENSI

VM CONTVMACIA ET MAGNITVDINE

SYMPTOMATVM MEDICIS FORMIDATAM

INTERCEPTO MOTV DIMIDII FERE COR
PORIS, NATVRA IAM FATISCENTE, MEDICIS
CEDENTIBVS, IVNCTIS CVM MATRE
CATHARINA AGNETE PRECIBVS PVNCTO
TEMPORIS PERFECTAM SANITATEM
CONSECVTA SE ITERVM OFFERT.
PHILIPPVS DE CHAMPAIGNE HANC
IMAGINEM TANTI MIRACVLI, ET
LÆTITIÆ SVÆ TESTEM
APPOSVIT.
Aº 1662.

Une petite notice expose les faits rappelés par l'inscription latine,
placée au coin supérieur de la toile, à gauche, et se termine ainsi :
« C'est en mémoire de cette guérison miraculeuse que l'artiste
« exécuta ce tableau, qui est son chef-d'œuvre. »

Enfin, le même Catalogue mentionne deux Paysages, également au
musée du Louvre, dûs au pinceau du même peintre, en nous apprenant que : « tous les deux viennent de l'Abbaye de Port-Royal et
« faisaient partie d'une suite de quatre paysages peints par Philippe
« de Champaigne pour une salle de réunion de ce monastère, où il
« s'était retiré. »

Nous croyons devoir citer la description donnée de ces deux
tableaux parce que, pour nous, ils représentent deux sites du paysage
de Port-Royal des Champs.

« 84. *Paysage*.

« A droite, une masse de rochers d'où se précipite en cascade un
« torrent qui vient se perdre dans un étang. Outre l'étang et les
« rochers, un religieux à genoux et en adoration devant un autel
« rustique. A gauche, et de l'autre côté d'un pont de bois qui passe
« sur le torrent, Marie, nièce de saint Abraham, ermite, recevant
« dans sa cellule la visite d'un solitaire (p. 43).

« 85. *Paysage*.

« Au premier plan, à gauche, un torrent sur lequel on a jeté deux
« planches fixées par des pieux. Près de ce pont, deux hommes por-
« tant une femme couchée sur un brancard. Plus à gauche, une
« grotte entourée de grands arbres, au milieu de laquelle Marie
« pénitente, à genoux, les mains jointes, adresse au ciel des prières

« pour un malade agenouillé devant elle et soutenue par un homme.
« Dans le fond un sentier conduit à des fabriques situées au bord
« d'un lac borné à l'horizon par de hautes montagnes » (p. 44).

Bien des traits de ces deux descriptions conviennent à la Vallée de
Port-Royal des Champs, telle que l'a chantée Racine dans les sept
odes intitulées : *Le Paysage ou Promenade de Port Royal des
Champs*; telle encore que nous la représentent aux yeux les cinq
vues de l'Abbaye de Port-Royal des Champs, contenue dans le
*Recueil des Estampes de l'Abbaye de Port Royal des Champs depuis
1709 jusqu'à présent* (vers 1723), recueil sur lequel nous revien-
drons plus tard, à cause des éclaircissements qu'il peut fournir pour
expliquer le texte de notre auteur. Enfin il ne faut pas trop s'étonner
de voir le paysage de Port-Royal servir de cadre à un sujet religieux.
N'est-ce pas ainsi qu'à la même époque « le génie du Poussin lui
« enseignait à approprier les monuments de Rome et les sites de ses
« campagnes à des sujets auxquels ils semblaient étrangers? »

M. Bouchitté. — *Le Poussin, sa Vie et son OEuvre*, p. 396.

V.

*Epitaphes de ceux des membres de la famille Maignart de Ber-
nières, dont les corps ont été déposés dans l'Eglise des Capucins de
Rouen.*

« *En la chapelle de S. Ioseph sur cinq tables de marbre avec
« leurs ornemens, sont écrites en lettres d'or les Epitaphes
« suivantes :*

Autre Epitaphe.

« A la memoire de Messire Iacques Maignard, de Bernières, Che-
« valier de Malthe.

« Sa valeur et sa conduite luy ayant acquis l'estime des Chevaliers
« ses confreres, sa vertu les porta à le faire Infirmier de l'Ordre; il
« s'y appliqua avec tant de zele, qu'il prit le mal contagieux qu'ap-
« porterent dans l'hôpital des malades ceux qui en estoient attaints,

« et à moins de huit jours de maladie, il mourut à Malthe le 23 jan-
« vier 1662, âgé de 39 ans, et avec des sentimens qui le firent regar-
« der comme vne victime de la charité.

« Cy gist Messire Charles Maignard de Bernières, capitaine aux
« gardes Françoises du Roy, apres avoir servi sa patrie et son Prince
« en **17** campagnes, s'y estre signalé dans toutes les batailles, siéges
« et rencontres, et avoir merité par sa piété dans le Catelet, dont il
« fut Gouverneur après la Paix generale, qu'on y fasse mention de
« lui dans les prieres publiques avec l'éloge de restaurateur des
« Eglises et du service divin, il fut envoyé dans le Boulonnois, et y
« fut tué le Mardy 12 luillet 1662, à la teste de sa compagnie, execu-
« tant les ordres du Roy. C'estoit sa dix huitième campagne, et bien
« qu'il n'eust que 36 ans, il estoit vieil officier, et plein de tout le
« merite, et de toute la gloire d'une plus longue vie.

Autre Epitaphe.

« Cy gist Messire Charles Maignard de Bernières, conseiller du
« Roy en ses conseils, Seigneur de Bernières, la Rivière Bourdet,
« Bostieres, Berquetot, etc., lequel, apres avoir mené vne vie pleine
« d'integrité dans les charges, de charité envers les pauvres, et de
« toutes les bonnes œuvres du veritable juste, et d'un parfait Chres-
« tien, mourut à Issoudun dans le Berry, le 31 luillet 1662, âgé de
« 45 ans. Les ordres pour son retour chez luy, que le Roy lui accor-
« doit, mieux informé de sa piété et de sa vertu, arriverent trois
« heures apres sa mort ; ainsi le Roy des Roys l'ayant retiré de l'exil
« du monde, sa famille voulut avoir la consolation de faire ramener
« son corps, pour le deposer icy avec ses ancestres.

« Cy gist aussi Dame Anne Amelot son épouse, issuë de l'Illustre
« maison des Amelots de Paris. Sa vie fut exemplaire, et elle secon-
« da avec des dispositions admirables la piété et la charité de son
» mari. Elle mourut à Paris le 12. juillet 1635, âgée de 33 ans lais-
« sant plusieurs enfans de leur mariage »

Histoire de la ville de Roven, troisième partie, par Farin,
Edit. de 1668. p. 593-596.

C'est en vain qu'on chercherait aujourd'hui la trace de cette puissante famille Maignart de Bernières qui avait, à Rouen, deux lieux de

sépulture bien distincts, l'Eglise paroissiale de Sainte-Croix-Saint-Ouen, et la chapelle de Saint-Joseph du couvent des Capucins. Leurs tombeaux et leurs ossements ont été exhumés et dispersés, en chacun des deux endroits où ils avaient espéré trouver un repos éternel.

VI.

Robert Le Carpentier, vicaire de la paroisse du Fossé.

« Après avoir été vicaire du Fossé pendant 52 ans, il fut, vers la
« fin de 1682, appelé à la cure de Sommery, et il revint mourir au
« Fossé, le 19 octobre 1685.

« Voici un extrait du Registre des Baptêmes, Mariages et Sépul-
« tures de la Paroisse du Fossé, pour l'année 1685, copié textuelle-
« ment :

Mr Robert Le Carpentier, P^{re} curé de Sommery, et cy-devant vicaire de la paroisse du Fossé, est mort au presbitaire dud. lieu du Fossé, le dix neufvème octobre 1685, aagé de soixante et neuf ans, et a été inhumé dans l'église de la paroisse, le vingt et unième dud. mois. Pierre Gilles, son frère en lay, Nicolas Carpentier, Joseph Eurard, et Jean Richard, ses nepueux ont assisté à son inhumaôn.

« Signé : Pierre Gilles, Joseph Eurard, Nicolas Carpentier,+la
« marque de Jean Richard. »

Communication due à l'obligeance de M. Malicorne.

VII.

Le duc de Liancourt et Arnauld, à propos du système de Descartes sur l'âme des bêtes.

« Mais puis-je oublier le plaisant entretien où ce bon seigneur
« ferma la bouche à M. Arnauld, tout savant qu'il étoit? On parloit

« de la philosophie de M. Descartes, qui étoit alors l'entretien de
« toutes les compagnies. M. Arnauld qui avoit un esprit universel et
« qui étoit entré dans le système de Descartes sur les bêtes, soute-
« noit que ce n'étoient que des horloges, et que quand elles crioient
« ce n'étoit qu'une roue d'horloge qui faisoit du bruit. M. de Lian-
« court lui dit : *J'ai là bas deux chiens qui tournent la broche*
« *chacun leur jour. L'un d'eux s'en trouvant embarrassé se*
« *cacha lorsqu'on l'alloit prendre, et on eut recours à son ca-*
« *marade pour tourner au lieu de lui. Le camarade cria, et fit*
« *signe de la queue qu'on le suivît. Il alla dénicher l'autre chien*
« *dans le grenier et le houspilla. Sont-ce là des horloges ?* dit-il à
« M. Arnauld qui trouva cela si plaisant qu'il ne put faire autre chose
« que d'en rire.

Mémoires pour servir à l'Histoire de Port-Royal, par
M. Fontaine, (1738), t. II. p. 470.

VIII.

*Noms des douze Religieuses enlevées de Port-Royal de Paris, le
26 août 1664, et des différents couvents où elles furent trans-
férées.*

« On les mit toutes douze dans quatre carrosses, dont les deux
« premiers en contenoient chacun quatre, le troisième trois, et le
« dernier ma sœur Anne-Eugénie seule, parce qu'on vouloit la me-
« ner à Chaillot.

« Dans chaque carrosse il y avoit une femme de celles que M.
« l'Archevêque avoit fait venir, et un Ecclésiastique pour les con-
« duire au lieu où on les devoit mettre.

« L'Ecclésiastique qui accompagna ma sœur Angélique de St-Jean
« ayant voulu lui dire quelques paroles de consolation, elle regarda
« tout aussitôt sa Croix rouge, et lui dit : « Hélas, Monsieur, je
« n'attends plus de consolation des hommes, mais de J. C. Nous
« portons sa croix avec nous, et c'est en elle que je veux mettre
« toute ma confiance. »

« Elle fut conduite aux Filles Célestes ou Bleues.

« Notre Mère Abbesse aux Urselines du Faubourg S. Jacques
« pour quelques jours seulement, devant être transférée ensuite
« dans un couvent de S. Marie du Diocèse de M. l'Evêque de Meaux
« son frère.

« La Mère Agnès et ma s^r Angelique Therese à la Visitation du
« même Faubourg.

« La Mère Prieure a la Visitation de la rue Montorguëil.

« Ma Sr. Agnés de la Mère de Dieu à la Creche au Faubourg
« St. Marceau.

« Ma Sr. Madeleine-Candide et ma sœur Marguerite Gertrude
« ensemble aux Benedictines de la Madeleine du Faubourg
« St. Antoine.

« Ma Sr. Marie Claire aux Filles de St. Thomas, rue Vivien (ne).

« Ma Sr. Helene de Ste Agnés au Calvaire.

« Ma Sr. Anne Eugenie à Ste Marie de Chaillot.

« Et ma Sr. Anne Cecile à Montmartre.

Relation de ce qui s'est passé à Port Royal, depuis le commencement de l'année 1664, jusqu'au jour de l'enlevement des Religieuses, qui fut le 26 Août de la même année. Edition de 1724,
in-4°, à deux colonnes, p. 107-108.

IX.

Remarques sur le récit de du Fossé, à l'occasion des luttes soutenues
par les Religieuses de Port-Royal pour la signature du Formulaire.

Cet exposé si simple, si clair et si complet des luttes que Port-
Royal soutint, à l'occasion de la signature du fameux Formulaire,
nous paraît avoir été fait, dans l'origine, pour une autre destination.

Voici nos motifs en peu de mots.

M. Saint-Beuve, dans son *Port-Royal* (T. IV, p. 112), a publié une
lettre de Mme de Longueville, « qui honoroit ce Monastere de sa pro-
« tection particulière » (*Nécrologe*, p. 136), à Mme de Sablé, « amie
« particulière et Bienfactrice de la Maison de Paris, » (*Ibid*, p. 34),
où elle logeoit. Elle nous retrace l'effet produit par l'enlèvement des
Religieuses, le 26 août 1664, sur les amis du dehors, et la façon

dont ils en parlaient, dans l'intimité, quelques jours après ce coup d'autorité.

Il est vraisemblable que la Princesse répond à une lettre de son amie, qui l'avait instruite de tout ce qui s'était passé.

« De Châteaudun, ce 4e Septembre (1664.)

« Je suis si pleine de l'indigne traitement qu'on a fait à nos
« saintes amies que je ne puis vous parler d'autre chose. Plus nous
« allons avant, plus nos cœurs en sont ici pénétrés de douleur, et
« nous ne nous voyons point sans larmes. Vous nous feriez un sin-
« gulier plaisir de nous faire faire des relations de tout par M. Tho-
« mas, car M. de Lalane n'en fait point, et elles ne seraient pas inutiles;
« je ne vous les demande donc pas pour notre seule édification,
« *mais parce que j'en puis faire de fort bons usages ; qu'elles*
« *soient, s'il vous plaît, exactes et modérées, c'est-à-dire que*
« *l'indignation n'y paraisse pas*, et qu'on montre seulement en ne
« célant aucune des circonstances dures qui ont accompagné cette
« cruelle action, combien elle en mérite, et non pas combien ceux
« qui écrivent en ont. »

A défaut de M. de la Lane, abbé de Valcroissant, qui est, avec Nicole, l'auteur de la *Réfutation du Rabat-joie*, dû à la plume du P. Annat, voilà donc du Fossé, bien connu de Mme de Longueville, grâce à M. Singlin et à Mlle des Vertus, mis en demeure de composer une Relation des événements accomplis, lors de l'enlèvement du 26 août 1664.

L'a-t-il fait? Nous ne saurions répondre à cette question. Mais il faut remarquer que le récit, contenu dans ses *Mémoires*, est un Mémoire qui a le mérite de présenter, comme le demandait la duchesse de Longueville, avec calme, dans un cadre restreint, l'ensemble de cette longue querelle, tandis que les publications contemporaines n'en offraient que les éléments épars, avec de longs développements, où perçait l'indignation

Pour se guider, il eut toutes ces publications, faites à part et à l'époque des événements, *Relations, Apologies, Lettres, Procès-Verbaux*, etc., imprimés presque aussitôt, comme le dit (p. 115) une note finale de la *Relation de ce qui s'est passé à Port Royal des Champs, depuis le commencement de l'année 1664, jusqu'au jour de l'enlèvement des Religieuses, qui fut le 26 Août de la même année*. Il eut aussi une « Relation, écritte à la main, sur ces événe-

« ments, qu'il avait trouvée dans les papiers de son père, en 1665. »
(*Mémoires*, t. II, p. 262.) Bien qu'il en ait été témoin, elle ne doit
pas être de M. du Fossé père lui-même. Mais elle lui aura été en-
voyée par quelqu'une des Religieuses ou par quelqu'un des amis de
Port-Royal.

Le fils en aura profité pour la fin de son récit, et cela nous explique comment on y retrouve le même ordre, les mêmes faits et
jusqu'aux mêmes phrases et aux mêmes mots que dans la *Relation*
in-4° imprimée en 1724. C'est que l'une et l'autre émanaient de la
même source, de Port-Royal même.

Le passage qui suit immédiatement celui où notre citation s'arrête,
n'est pas moins curieux à citer. « Je crois M. Thomas bien penaud,
« dit Mme de Longueville, de n'avoir point eu de miracle à son
« secours ; pour moi je suis un peu comme lui, car je ne puis croire
« que Dieu n'en fasse pas pour la punition d'un tel excès. » Depuis
le commencement de la lutte, les miracles n'avaient jamais manqué à
Port-Royal, et ils étaient tous venus à temps. En 1656, celui de la
Sainte-Épine avait suspendu la persécution imminente ; en 1662,
celui de la sœur sainte Susanne, fille du peintre Champagne, guérie
d'une espèce de paralysie, s'était produit comme une sorte de désaveu
contre la persécution de 1661, mais sans un grand retentissement.
Des présages, des visions, étant venus encore, à diverses époques,
redonner quelque confiance aux Religieuses de Port-Royal et à leurs
amis, du Fossé, vers 1664, n'aura pas pu se persuader que l'intervention divine ne ferait pas un nouveau miracle en faveur de Port-
Royal si vivement persécuté. Il l'aura dit à Mme Sablé, qui en aura
instruit Mme de Longueville, et, sans le correctif de la fin de la
phrase, on pourrait soupçonner une légère pointe d'ironie dans le
début, quand elle croit : « M. Thomas bien penaud de n'avoir point
« eu de miracle à son secours. » Mais ces mots : « Pour moi je suis
« un peu comme lui », rachètent tout.

X.

Détails sur la Chapelle de Bourbon l'Archambaul où se trouvait
un morceau de la vraie Croix.

« La troisième Chapelle est appelée le Trésor. Elle est souterraine,
« et bien claire. On y descend par un escalier de pierre de taille de

« vingt marches de quatre pieds de longueur. C'est dans cette Cha-
« pelle que l'on garde une très belle croix d'or de ducat, qui pèse
« environ quatorze marcs, dont le montant est long d'un pied et
« demi, le travers d'environ un pied, et la largeur de l'un et de
« l'autre est de quatorze travers de doigts. Au haut de cette croix
« est une couronne d'or, qui porte cette inscription sur une de ses
« bandes : *Loüis de Bourbon, second duc de ce nom, fit garnir de
« pierreries et de dorures cette croix l'an 1393.* Cette croix est enri-
« chie de trente grosses perles, et de cinq pierres précieuses, mais ce
« qui est encore plus précieux, c'est une des Epines de la couronne de
« Jesus Christ qu'elle renferme, comme aussi une croix faite du vrai
« bois de la Croix, sur laquelle le Sauveur du monde a souffert la
« mort. Une montagne de vermeil sert de piedestal à cette Croix. Au
« bas sont à genoux le Duc Jean de Bourbon et la Duchesse Jeanne
« de France sa femme, couronnez et revêtus des habits de cérémonie.
« Le haut de cette montagne, ou Calvaire, est fait en pointe, et
« comme une colonne torse percée au bout, où est plantée la croix
« d'or. Cette colonne est embrassée d'un côté par la Madelaine, qui
« est à genoux, et vis-à-vis est la figure de la Vierge dans l'attitude
« d'une personne qui ne peut se soutenir, et qui est supportée par
« saint Jean. Sur cette montagne il y a une tête avec quatre ou cinq
« petits ossemens de mort, qui sont d'argent. La colonne et la mon-
« tagne sont d'argent doré, et pèsent avec tout ce qu'elles portent,
« treize livres poids de marc. »

Piganiol de la Force, *Nouvelle Description de la France* (1709),
t. V, pp. 265-266.

XI.

*Fondation de deux obits dans la paroisse de Sainte-Croix-Saint-Ouen
de Rouen, par Gentien Thomas, maître en la Chambre des Comptes
de Normandie, en donnant au trésor de cette église [une hypothè-
que de vingt livres de rentes sur une maison de la rue des Arsins,
à Rouen, le 9 août 1623.*

(1) A tous ceux qui ces présentes lettres verront ou orront le garde
héréditał du scel des obligations de la Vicomté de Rouen salut

(1) En marge il y a : « 1623. Fondation de M⊦ Thomas. »

sçauoir faisons que pardeuant Abraham Theroude et Lucas le Page
tabellions royaux à Rouen fut present Gentien Thomas sieur du
Fossey conseiller du Roy et Maître ordinaire en sa Chambre des
Comptes de Normandie seul fils et herittier de feu noble homme
Me Gentien Thomas en son viuant sieur dudit lieu et M^e en lad.
Chambre des Comptes demeurant en la paroisse de Sainte Croix
Saint Ouen de Rouen, lequel pour l'exécution de l'une des clauses apo-
sées au testament fait et passé par ledit feu sieur Thomas son père, le
16e jour de nouembre 1621, de sa bonne volonté confessa auoir donné
quitté et delaissé et par ces presentes donne (1) quitte et delaisse au
tresor de la ditte Eglise Sainte Croix Saint Ouen de Rouen a ce presents discrette personne Maitre Charles Maignard prestre curé de
lad. paroisse honorable homme Guillaume le Couteux marchand, et
Me Jacques Pollin procureur au Bailliage et Vicomté de Rouen tresoriers de la ditte paroisse ce acceptans au nom dudit tresor suiuant la
deliberation qui en a esté faitte lesd. sieurs curé anciens tresoriers
et Paroissiens issuë de la messe paroissiale audit lieu duëment assem-
blés Dimanche dernier. C'est a sçauoir vingt liures de rente hipote-
que a perpetuité a prendre et auoir par chacun an par priuilege sur
une maison apartenante audit sieur assise en la rue des Arsins au
derrière de son jardin laquelle maison depuis peu de temps a été
remise entre leurs mains et en la possession dudit s^r Thomas par le
sieur du Taurouy icelle maison a present tenue a louage par Jean
Caué M^e tailleur. Et moiennant jcelle donation les tresoriers dessus
nommés pour eux et leurs successeurs se sont obligés de faire dire (2),
et celebrer tous les ans a perpetuité en laditte église Sainte Croix
Saint Ouen deux obits ou seruices solennels l'un au jour du decès
dud. feu sieur Thomas qui fut le 25e jour de nouembre 1621. Et
l'autre au jour du decès de deffunte damoiselle Jaqueline Quatre sols
femme en premières nopces dudit feu sieur Thomas et Mere dudit
sieur donateur qui fut le dix^e jour de feurier 1607. Lesquels obits ou
seruices seront celebrés en la forme et manière qui ensuit, que les
dimanches precedents le sieur curé ou vicaire en son prosne dire
publiquement le jour de la célebration de l'obit auquel jour

(1) En marge : « Don de 20 livres de rentes N^a que lad. rente estoit
« sur la maison qui a été donnée au tresor cy apres. Voyez page 339. »
(2) En marge : « Charges de la d. donation. »

21

seront chantez Vigilles et trois leçons, et puis une haute messe a
diacre et sous diacre le tout chanté par dix prestres de laditte Eglise
et pendant lequel seruice sera sonné à uollée la grosse cloche
d'icelle Eglise auquel sieur curé ou vicaire sera payé des deniers
dud. tresor pour la célébration de la Messe trente sols, et aux dits
dix prestres a chacun quatre sols, qui seront quarante sols, au clerc
dix sols. Et pour le sonueur huit sols. Et pour leffet que dessus l'on
se seruira des chasubles de lad. Eglise et seront aux dépens dudit
tresor posés sur l'autel deux chandeliers et deux cierges ardans,
et un sur la tombe, et outre du consentement desdits sieurs curé et
tresoriers ledit sieur fondateur est permis faire mettre à ses frais, et
depens contre et dedans le premier Pillier de la nef de lad. Eglise a
main gauche une epitaphe au moien de laquelle a donné au tresor de
laditte Eglise et presentement payé comptant audit le Couteux treso-
rier en charge la sôme de trente six liures dont jecluy sieur curé et
tresoriers se sont tenus pour contents et a ce tenir jnteriner garantir et
duëment accomplir ainsi que dit est, ledit s^r Thomas en obligea et
oblige par ces presentes laditte maison dessus declarée, et lesdits
s^{rs} curé et tresoriers dessus nommés les biens et reuenus dudit tresor
en tant que faire le peuuent. En temoin de ce nous a la relation desd.
tabellions auons mis a ces lettres led. seel. Ce fut fait a Rouen lan de
grace 1623. le mercredy apres midy neuf aoust presents Me Claude du
Buisson clerc matriculier de laditte Eglise et Pierre Brunette demeurant
à Rouen qui ont auec lesd. partyes signé a la notte des presentes
suiuant lordonnance. Signés Theroulde et le Page auec paraphes. Et
plus bas est ecrit controllé et registré au controlle des titres de la
Ville et Vicomté de Rouen au volume 200. des immeubles fol. 523
par moy controlleur soussigné ce 25 oct. 1623. Signe Delamare.

Archives de la Seine-Inférieure — Chartrier de la Paroisse de
Sainte Croix Saint Oüen de Rouen — pp. 555 558.

Augmentation de la fondation ci dessus par le don de la maison
de la rue des Arsins, que font au Trésor de la même Eglise,
pour deux nouveaux obits, Pierre Thomas du Fossé et son
frère Augustin Thomas, d'après les dernières volontés de leur
père. — 7 mars 1666.

(1) A tous ceux qui ces presentes Lettres verront ou orront le garde
du seel des obligations de la Vicomté de Rouen salut. Comme ainsy

(1) A la marge il y a : « Augmentaôn de fondation. »

soit que feu Monsieur Gentien Thomas es^{er} sieur du Fossé, conseiller du Roy et M^c ordinaire en la Chambre des Comptes de Normandie par son testament et derniere volonté en datte du 18e jour de
juillet 1665 eust desir de fonder par chacun (an) a perpetuité en
l'eglise et paroisse de Sainte Croix Saint Ouen par augmentation
de la fondation faitte en ycelle eglise par le feu sieur Thomas son
pere, deux obits à célébrer l'un le jour du déceds arriué aud. feu
s^r Thomas Maître des Comptes le 5e 7bre dernier et l'autre au jour
du déceds arriuant à Dame Magdelaine Benzelin son Epouse et en
attendant qu'il soit dit le jour de l'octaue des Morts, ayant pour cet
effet ledit sieur Thomas donné par son dit testament au Trésor de
laditte Eglise de Ste Croix Saint Ouen tant pour la presente fondation que pour demeurer par sa famille quitte enuers iceluy tresor
de vingt liures de rentes pour la fondation dud. feu s^r Thomas son
père (1), une petite maison lieu et herittage scise en laditte paroisse
de Sainte Croix Saint Ouen rue des Arcins concistant en une salle
basse une chambre et grenier pardessus auec son comble une petite
cour aussy et cloacques communs auec une autre maison apartenant
aux herittiers dudit feu sieur Thomas ou demeure a present M^r du
Tremblay con^{er} du Roy en sa cour des Aydes de Normandie lesquels
seront vuidez aux communs tant des herittiers dudit feu sieur Thomas propriétaires de lad. maison tenue a louage par ledit sieur du
Tremblay, que dud. tresor donataire de la ditte maison dont la paroy du costé de la maison tenue par ledit sieur du Tremblay sera et
demeurera en propre audit tresor sur laquelle il pourra faire bastir
quand il luy plaira sans qu'il puisse obliger lesdits herittiers à faire
une contre paroy et lesquels se pourront afficher contre la paroy
de laditte maison donnee au dit Tresor, touttes fois et quantes qu'ils
voudront faire bastir, et ne poura led. tresor prendre aucunes vuës
sur les maisons et jardins desdits sieurs herittiers soit que le dit
tresor fasse rebastir la ditte petite maison ou autrement laquelle petite maison se borne d'un costé et d'un bout par derriere lesdits
sieurs herittiers d'autre costé la Ve Hedou et (2)   d'autre
bout par deuant le pané du Roy de laditte rue des Arsins. A la
charge par ledit tresor de payer vingt quatre sols de rente de telle

(1) A la marge : « Don de la maison ruë des Arsins. »
(2) Le nom manque dans l'original.

nature quelle est aux reuerends Peres de L'oratoire de cette ville
de Rouen, et desirant lesdits herittiers satisfaire a la derniere volonté
dudit feu sieur Thomas, ils se seroient retirés plusieurs fois vers les
s^{rs} Curé et tresoriers de lad. Eglise de Sainte Croix Saint Ouen et
yceux priez et requis vouloir accepter lad. foundation ce qu'ils auroient mis en délibération entr'eux et inclinant à leur volonté leur
auroient accordé leur demande et pour en passer lettres, sçauoir
faisons que pardeuant Jean Borel et Nicolas Maubert, notaires et tabellions royaux aud. Rouen fut presente dame Magdeleine Beuzelin
venue dudit feu sieur Thomas tant en son nom que au nom et comme
procuratrice de Pierre et Augustin Thomas frères Escuyer enfans et
herittiers dud. feu s^r Thomas par procuration passée deuant Simon-
net et Gallois nottaires au Chastelet de Paris le dix^e de ce present
mois et auxquels elle a promis faire ratiffier le present touttesfois et
quantes, laquelle a par les presentes quitté ceddé et délaissé la
proprieté, possession et jouissance de lad. maison cydessus specif-
fiée au Trésor et Eglise de Ste Croix St Ouen a ce presents discrette
persöne Me Charles Desmarets prestre curé de lad. Eglise, Jean
Brice Es^{er} Sr de Mesenguemare, André Drncl, Es^{er} sieur du Thuit
con^{er} du Roy et cor,ecteur en Chambre des Comptes de Normandie,
Me Charles Langlois greffier en chef en laditte chambre, Adrien
Lecornu, es^{er} sieur du Couppé, Me Jean le Noble, Antoine Herem-
bourg, Angren Vaussier et Guillaume Fossard touts tresoriers tant
anciens que modernes de lad. Eglise et acceptant pour ledit tresor
laditte petite maison aux charges que dessus au moſen et parce
qu'ils ont tenu quitte et déchargé lesdits herittiers des vingt liures
de rente creez pour la fondation dudit feu sieur Thomas leur ayeul
laquelle ils se sont obligez faire dire et continuer aux charges et con-
ditions portez au contraſ de ladifte fondation passe deuant les nottaires dudit Rouen le neuf aousſ 1625. Comme auſsi se sont sumis
et obligez faire dire et celébrer en lad. Eglise a perpetuité deux
obits et auxquels seront chantez vigilles a trois leçons auec une
haute messe a diacre et sousdiacre et chappiers, auec un LIBERA et
DE PROFUNDIS, sçauoir l'un audit jour cinq de septembre jour du decès du feu sieur Thomas Maitre des Comptes, et l'autre au jour du
decès arriuant à laditte Dame Magdeleine Beuzelin son Epouse et en
attendant s'oblige ledit tresor le faire dire et celebrer le jour de
l'octaue des morts et de fournir pain vin luminaire et ornemens a

ce necessaire, même faire sonner la grosse cloche pendant ledit seruice et ainsi continuer a perpetuité la presente fondation ainsi
faitte pour les causes susdittes laquelle lesdittes parties ont promis
tenir sçauoir laditte dame veuue tant pour elle que pour lesdits sieurs
ses enfants sous l'obligation de tous leurs biens. Et lesdits sieurs
curé et tresoriers sous l'obligation de tout le reuenu dudit trésor.
En temoin de ce nous a la relation desdits nottaires auons mis a ces
lettres ledit scel. Ce fut fait et passé audit Rouen l'an de grace 1666,
le dimanche auant midy sept° de mars presence de Jean Nouin, et
Nicolas Fleury demeurant aud. Rouen lesquels ont auec lesd. partyes signé a la notte des presentes demeurée vers ledit Borel, l'un
desd. nottaires soussignez suiuant lordonnance Agnez Borel, Maubert auec paraphes. Et plus bas est ecrit controllé et registré au controlle des titres de la Ville et Vicomté de Rouen au volume 1165 des
meubles et immeubles fol. 60 par moy soussigné ce 17ᵉ jour de juin
1666. Signé J. Robert auec paraphe.

Ibid. pp. 339—347.

G. Fabriques.

Rouen. Sᵗᵉ Croix Sᵗ Ouen.

Chartrier.

1736.

Ces deux pièces se trouvent aux *Archives de la Seine-Inférieure*,
où elles nous ont été obligeamment communiquées par M. de
Beaurepaire.

TABLE

DU TOME DEUXIÈME.

CHAPITRE XIII.

— 1657—1658. —

CHAPITRE XIV.

— 1659—1661. —

CHAPITRE XV.

— 1661—1662. —

CHAPITRE XVI.

— 1662. —

CHAPITRE XVII.

— 1663—1664. —

CHAPITRE XVIII

— 1664—1665. —

CHAPITRE XIX.

— 1665. —

CHAPITRE XX.

— 1665 -1666. —

CHAPITRE XXI.

— 1666. —

APPENDICES ET PIÈCES JUSTIFICATIVES.

ERRATA.

Page et ligne.	Au lieu de :	Lisez :
P. 23, l. 4,	beaucouq,	beaucoup.
P. 48, l. 20,	laquella,	laquelle.
P. 64, l. 29,	*sans* sa source,	*dans* sa source.
P. 139, l. 1,	*dan sle* temps,	*dans le* temps.
P. 141, l. 8,	(1)	(2)
P. 144, l. 21,	Arnaud,	Arnauld.
P. 157, l. 24,	suffiroit,	suffisoit.
P. 172, l. 11,	*déjur*,	*déja.*
P. 172, l. 12,	auez,	aurez.
P. 179, l. 2,	qu'on auoit veû,	qu'on *n'*avoit veû
P. 222, l. 21,	*le* moins,	moins.
P. 253, l. 7,	si c'est la part	de la part.

Rouen. — Imp. H. Boissel.